经济史与国富策译丛

| 经济史与国富策译丛 |

贾根良 梅俊杰 主编

重商主义政治经济学

〔瑞典〕拉斯·马格努松 著

梅俊杰 译

The Political Economy of Mercantilism

Lars Magnusson

The Political Economy of Mercantilism

© 2015　Lars Magnusson

根据卢德里奇出版社 2015 年英文版译出

All Rights Reserved
Authorized translation from the English language edition
published by Routledge, a member of the Taylor & Francis Group
如果本书的封面没有粘贴 Taylor & Francis 公司的标签，
则为未经授权的非法版本。

《经济史与国富策译丛》总序

2008年全球金融危机爆发时,我们就判定,我国通过大力引进外国直接投资、承接发达国家产业转移、奉行自由贸易原则、利用低工资劳动力比较优势和外部市场需求、融入全球价值链分工的出口导向型经济发展模式已在走到尽头。不仅如此,在我们看来,中国经济发展的这种模式与发达国家历史上经济崛起的道路大异其趣,它不但不符合落后大国经济崛起的历史规律,而且恐使我国难以摆脱所谓"中等收入陷阱",反而会被固化在发达国家的边缘轨道。

有鉴于此,经长时酝酿,我们觉得有必要未雨绸缪,主编一套丛书,为我国选择一种全新的经济发展战略准备思想资源。2011年5月,我们两位主编和商务印书馆朱希滨编辑在北京讨论后认为,翻译出版国外有关经济史和经济思想史的反思性名作是达到这一目的最直接的办法。于是,便有了这一"经济史与国富策译丛"。

处理经济问题,如同处理其他问题一样,总能得益于历史视角,这也是经济学中历史学派的独特价值所在。然而必须承认,我国主流经济学界尚且缺乏对世界经济史的基本了解,以致无力透视发达国家经济政策与经济理论的历史沿革,难以分辨其今日所言与其当年所行之间的严重背离。在世界经济史知识普遍欠缺,尤其是发达国家富强机制已被遮蔽或遭扭曲的背景下,本丛书无疑将有助于我们还原相关经济史真相，特别是有助于我们借鉴外国藉以实现富强的那些务实思想和有效战略。

观念的决定力如同制度的塑造力一样不容低估。凯恩斯有段名言："经济学家与政治哲学家的思想，不论正确与否，其力量之大往往出乎常人意料。实际上，统治世界的不过就是这些思想。许多实干家自以为不受任何理论的影响，却往往已沦为某个过往经济学家的奴隶。"如果说错误的观念使人看不清自身利益归属并做出错误的政策抉择，那么，成功的经济崛起背后必定有正确的思想战略指导着。19世纪，当处落后境地时，美国幸而洞察英国推销自由贸易背后的伎俩，其时在美国主政者中流传着这一警句："照英国人过去所做的去做，不要照英国人现在所说的去做。"

如今，对于后发国而言，面对美国的金融寡头等利益集团的理论灌输和政策药方，是否也存在"照美国人过去所做的去做，不要照美国人现在所说的去做"这一问题？这个世界上，受主流经济教条误导而踏上边缘化之路的后发国案例，无论在历史还是现实中，诚可谓屡见不鲜。故此我们不禁要问，当今中国经济的某些方向性隐患中，除了经济的结构性因素和我们自身的操作问题外，难道没有经济界和政策圈被某些非历史的流行教条所左右这样的成因吗？边缘化问题因此究竟在远离我们还是反而在尖锐起来？

自20世纪70年代以来，世界经济发生了两个重大的结构变化，即全球价值链的打造和美元霸权的膨胀。全球价值链的打造成形使得一般工业制造作为发达国家的特征已然消失，国家致富的原则也从"进口原材料并出口工业制成品"转变为"进口低端产品并出口高端产品"，所以成为"世界（加）工厂"远不再能保障应得的利益份额。同时，美元霸权在布雷顿森林体系崩溃后由失控而膨胀，美国仅靠印刷美元钞票，便可大举"买下"他国的资源、商品、企业,等等,这种所谓"超级帝国主义"特性正是美国鼓动他国实行金融自由化的缘由所在。

在此格局下,我国迫切需要深入考察世界各国发展史的经验教训,结合世界经济的新情况,锻造我们全新的自主发展战略,借以摆脱美元霸权的支配,占据全球价值链的高端,积极拓展国内市场,着力改善民众福祉,推进基础宽阔的发展,实现国家的长治久安。可以说,我国能否真正跨入较发达国家的行列,得失成败全在于眼前这个阶段中,是否能够依据正确的战略去改革开放并转型升级。但愿我们的这套丛书能够秉持鉴往知来、兼听则明的精神,为构建我国新的经济发展战略作出独特的思想贡献。

贾根良　梅俊杰

2014 年 3 月 18 日

译序:重商主义问题辨析与总结

梅俊杰

重商主义,作为内容宽泛又自成一格的经济理念和政策实践,曾广见于欧美国家,尤其盛行于16—18世纪。据本书作者拉斯·马格努松查考,法国重农学派最晚在1763年即已名之曰"重商体系"。[①] 此后,亚当·斯密在《国民财富的性质和原因的研究》(简称《国富论》,1776年)中接过这一概念,将他严词批评的聚敛金银、奖励出口、限制进口、垄断专营等管制手段统称为"重商主义"。[②] 一个聚讼纷纭的术语由此进入经济等领域。

随着斯密影响力的上升,重商主义被定格为自由经济体制的对立面,成了实施过度政府干预、排斥市场竞争机制、违背自由贸易原理、损人不利己之类有害经济思想和行为的代名词。从古典到新古典自由经济学普遍相信,"重商主义论点来自彻头彻尾的思维混乱","重商主义不过是胡说八道"。[③] 此种观点也左右了中国学界,有国内知名经济学家即称:"重商主义者都是把财富和货币混为一谈","以守财奴的眼光来看货币","未能渗透到现象的深

---

① Lars Magnusson, *Mercantilism: The Shaping of an Economic Language*, Routledge, 1994, p. 25.
② 亚当·斯密:《国民财富的性质和原因的研究》下卷,郭大力等译,商务印书馆1997年版,第1—253页。
③ 参见约翰·梅纳德·凯恩斯:《就业、利息和货币通论》,高鸿业译,商务印书馆2004年版,第344—346页。

处","不能为经济科学提供理论基础"。①

然而,学界历来不乏异议。弗里德里希·李斯特认为,不仅自由经济学派对重商主义的责难有失公允,而且有关命名本身就有误导性,故而他干脆改称"重商主义"为"工业主义"。② 约瑟夫·熊彼特则指出:"斯密不恰当地批评重商主义从而树立了坏榜样",重商主义的所谓"谬误也主要是想象出来的"。③ 事实上,其他经济史学家或具有历史眼光的经济学家,从德国历史学派到英国历史学派,再到约翰·梅纳德·凯恩斯、沃尔特·罗斯托等当代大家,以及极少数中国学者,也对重商主义给予了积极评价。

面对如此截然不同的观点,甚有必要就重商主义作出实证的澄清。重商主义的具体主张到底是什么,它们产生于何种历史背景,这一学说在各国有何异同,在历史上发挥过何种作用,为何主流学派对它大加挞伐,其他人士却为之大力辩护,自由经济学与之是否水火不容,该学说的利弊得失究竟何在,它为当今后发国家提供了哪些政策启示?凡此种种,都是围绕重商主义而值得深究的问题。本文力图提供某种正本清源的答案,亦可作为对马格努松著作的导读和补充。

一、重商主义的基本主张

世人对重商主义的解读之所以大相径庭,一定程度上是因为

---

① 陈岱孙:《陈岱孙遗稿和文稿拾零》,北京大学出版社 2005 年版,第 123—124 页。

② 弗里德里希·李斯特:《政治经济学的国民体系》,陈万煦译,商务印书馆 1997 年版,第 282—287 页。

③ 约瑟夫·熊彼特:《经济分析史》第一卷,朱泱等译,商务印书馆 1991 年版,第 535、354 页。

该学说内容十分庞杂。在沿用俗成定名时,必须看到,重商主义的历史跨度很长,不限于16—18世纪,而不同时期的理念阐发与政策实践有着不同的侧重。从地理范围看,该学说曾流行于意大利、西班牙、葡萄牙、荷兰、英国、法国、德国、瑞典、美国等,国情的差别难免带来各异的关注。重商主义的著述更是林林总总,其作者之间的利益诉求、学术立场多有分歧,同一作者的前后观点也未尽一致。

然而,这些庞杂性并不妨碍重商主义呈现某种一以贯之的思想框架和政策指向。一方面,固然无法把重商主义视为"畅行几个世纪的某种固定的思想流派或严密的理论教义",另一方面,该派别还是存在"足够的一致性和连贯性"。[①] 经济思想史家在追踪数世纪的学说脉络后感叹,在有代表性的重商主义著作之间,"关于商业政策的观念居然变化得如此之少"。[②] 正是这种经久的一贯性构成了重商主义的内在共性,值得重点把握。

重商主义的思路大体一贯且清晰:基于内部立国及对外竞争的需要,首先应当积累金银钱财并增强综合国力,为此应当加强货币管制并争取贸易顺差,更进一步则应当扶植本国工业并促进国内就业。这里以"集大成"的英国为主,对重商主义的基本主张作出概括,分为三个方面:一、关于国民财富的增长和国家实力的增强;二、关于贸易顺差的实现和金银钱财的积累;三、关于本国工业的扶植和国内就业的保障。

[①] Lars Magnusson (ed.), *Mercantilist Economics*, Kluwer Academic Publishers, 1993, p. 3.
[②] 道格拉斯·欧文:《国富策:自由贸易还是保护主义》,梅俊杰译,华东师范大学出版社2013年版,第56页。

（一）关于国民财富的增长和国家实力的增强

重商主义的主张体现为：

- 确立了以民族主义为基础的国富新价值观。随着王权的加强和民族国家的兴起，欧洲各国竞争加剧、国际冲突连绵不断。值此历史变局，各种经邦济国的策论纷纷出笼，旨在"让经济政策效力于国家强盛"。① 重商主义者明确提出财富增长乃优先要务，他们视"财富为国家和战争之命脉"（托马斯·史密斯语，此人曾被误作"约翰·海尔斯"），而且相信，"一国之富有仅仅在于比邻国更富有"（威廉·配第）。"经济民族主义的基石就此得以奠定"，② 从而深刻塑造了欧洲及世界的近现代史。
- 提出将财富增长与国家实力增强结合起来。"国家实力与经济繁荣不可分割地连在一起，这是众多作家的共同特点。"③ 重商主义者"倡导利用国家实力系统地增殖国民财富，也利用国民财富培植国家实力，富与强往往就是同一件事"，④ 并认定"这些目标长远而言和谐共进"。⑤ 最典型的表述是："对外贸易能带来财富，财富能带来实力，而实

---

① Eli F. Heckscher, *Mercantilism*, (1931, reprinted by) Routledge, 1994, vol. 2, p. 17.
② Max Beer, *Early British Economics from the 13th to the Middle of the 18th Century*, (1938, reprinted by) Routledge, 2003, p. 89, p. 193, p. 73.
③ 前引熊彼特：《经济分析史》第一卷，第 516 页。
④ 埃里克·霍布斯鲍姆：《工业与帝国：英国的现代化历程》，梅俊杰译，中央编译出版社 2017 年版，第 249 页。
⑤ Jacob Viner, "Power versus Plenty", in Douglas A. Irwin (ed.), *Jacob Viner, 1892-1970: Essays on Intellectual History of Economics*, Princeton University Press, 1991, p. 137.

力又能维持我们的贸易和宗教"(乔赛亚·蔡尔德);①"财富即实力,实力即财富"(托马斯·霍布斯)。为此,"财富和实力绝对应当统筹谋划"(乔赛亚·蔡尔德)。②

- 相信对外贸易是实现财富增长的关键手段。内贸被认为仅仅是财富转手,"国内消费完全不能使国家更富有","国家获利的关键在于不消费进口货"(查尔斯·达维南特)。③只有外贸堪称经济增长的发动机,是"王国致富的唯一手段"(罗杰·科克)、"王国繁荣的真正试金石"(托马斯·孟),"也是借以判别王国健康状况的脉搏"(威廉·配第)。"贸易兴盛时,国王的岁入得到增加,土地和租金得到提升,航运得到发展,穷人得到就业。而假如贸易衰败,所有这些部门都会跟着衰落"(爱德华·米塞尔登)。④

- 清醒地认识到现实世界的"无政府"本质。"普遍的开放贸易"固然令人向往,但这种自由贸易格局需要某个"以相同的法律来治理、按协调的计划来行政"的"世界政府",现实中却"存在不同的国家,各自必然利益各异"。有鉴于此,"各国利益都应单独加以考虑",包括应当尽量追求自给自足,减少对外国的依赖。在贸易领域,"任何一国若将本国港口向种种外来货物开放,却同时不能保证得到所有邻国的互惠许可,它会很快遭遇毁灭"(詹姆斯·斯

---

① Jacob Viner, *Studies in the Theory of International Trade*, George Allen & Unwin Ltd., 1955, p. 112.
② Charles Wilson, *Mercantilism*, Routledge and Kegan Paul, 1958, pp. 26-27.
③ Ibid. Heckscher, *Mercantilism*, vol. 2, p. 115.
④ 前引欧文:《国富策:自由贸易还是保护主义》,第36—37页。

图尔特)。①

- 冷峻地以零和博弈眼光看待国际经济关系。典型的表述是:"要增加财富理当瞄准外国人,一方有所得必致另一方有所失"(弗朗西斯·培根);②"财富不在于拥有更多金银,而在于比世界其他地方或比邻国拥有得相对更多"。据信,贸易利润所得、贸易点与贸易线的控制等都具有零和博弈特征,通常削弱他人便等于增强自身。③ 故此,应借由国家干预来保证贸易利益流向己方,保证"与我们同业竞争的其他国家无法从我手中夺走贸易,而我方却能排挤他人,让本国贸易持续并增长"(乔赛亚·蔡尔德)。④

- 把上述独占战略系统地落实到航运管制中。当时能将财富与实力合为一体的产业首推航运业,大家认定,荷兰的成功"须臾离不开"捕鱼与航运(托马斯·孟),况且"在海上比在陆上能更快建起一个帝国"(尼古拉斯·巴贲)。⑤ 为此,英国从 1651 年起进一步完善并落实《航海法》,"让孟等人的建议在实践中充分生效"。⑥《航海法》旨在排挤对手,最终促进了英国商船力量和海上贸易的成长,⑦乃至

---

① 前引欧文:《国富策:自由贸易还是保护主义》,第 55 页。
② Ibid. Beer, *Early British Economics from the 13th to the Middle of the 18th Century*, p. 59.
③ Ibid. Heckscher, *Mercantilism*, vol. 2, pp. 22-23, p. 27.
④ 前引欧文:《国富策:自由贸易还是保护主义》,第 39 页。
⑤ 托马斯·孟:《英国得自对外贸易的财富》,袁南宇译,商务印书馆 1981 年版,第 79 页;尼古拉斯·巴贲:《贸易论》,刘漠云等译,载托马斯·孟、尼古拉斯·巴贲、达德利·诺思:《贸易论》,商务印书馆 1997 年版,第 72 页。
⑥ Ibid. Wilson, *Mercantilism*, p. 17.
⑦ 前引李斯特:《政治经济学的国民体系》,第 41 页。

"奠定了英国殖民制度的基石"。① 连斯密也承认,"在英国各种通商条例中,《航海法》也许是最明智的一种"。②

(二) 关于贸易顺差的实现和金银钱财的积累

重商主义的主张体现为:

- 强调外贸的主导目标就是获得收支顺差。重商主义者反复呼吁,"必须时时注意,我们向外国人所购买不应多于我们向其所销售,否则,我们会穷了自己而富了他人"(托马斯·史密斯)。③ "必须时时谨守这一原则:在价值上,每年卖给外国人的货物,必须多于我们消费他们的货物";"最大的问题莫过于进口大于出口";"只有对外贸易顺差带给我国的财富,才会留在我们中间,从而使我们致富";"对外贸易收支表,是衡量我国财富多寡的真正标尺"(托马斯·孟)。④

- 要求全力鼓励出口并同时严格限制进口。"若要繁荣昌盛,必须想方设法通过贸易出售多余产品,换回外国货币和我国所需物品"。⑤ 应采取保障商人海外安全、修通航运河道、设立自由港口、减免各种税费、给予出口补贴、保护幼稚产业、提高产品质量等手段,推动制成品出口并赢得

---

① Random Cameron, *A Concise Economic History of the World: From Paleolithic Times to the Present*, Oxford University Press, 1997, pp. 159-160.
② 前引斯密:《国民财富的性质和原因的研究》下卷,第 36 页。
③ 前引欧文:《国富策:自由贸易还是保护主义》,第 34 页。
④ 前引孟:《英国得自对外贸易的财富》,第 4、21、84 页;托马斯·孟:《论英国东印度贸易》,顾为群译,载前引孟、巴贡、诺思:《贸易论》,第 40 页。
⑤ 前引孟:《论英国东印度贸易》,第 36—37 页。

海外市场。① 同时,应利用关税方式限制甚至禁止进口本国"可自行供应"的货物,"在衣食方面不要过多消费外国货";"输入的外国货物凡要转口者,应予照顾……否则就可开征重税"(托马斯·孟)。②

- 区分出了"好"的与"坏"的两类不同贸易。并非只要出口就必然有利,"切莫为了增加贸易量而削价出售,以致损害本国利益"(热拉尔·马利内)。③ 尤其应当"出口我们的制成品,这样的贸易对王国有利"(约翰·卡里)。同时,要避免进口一般消费品特别是奢侈品,因为这种贸易"只增加耗费,不增加生产"(布鲁诺·苏维冉塔),"必然持续消耗国家财富"(威廉·佩蒂特)。对外国制成品的花费,"谅必是一国最糟糕的支出,应尽量防范"(乔赛亚·蔡尔德),对之"只能计征重税"(威廉·伍德)。④

- 鉴别了商人利益与国民利益的不一致性。"对商人有利的贸易,未必对全体国民有利"(西奥多·詹森),商人为了自身收益最大化,"通常不会考虑王国的总体利益"(热拉尔·马利内)。可见,"某一特定群体会因一宗贸易而致富,国家却可能因此而致穷"。故此,政府应该对贸易活动加以指导、监督、管控,"贸易管制最能有效而明确地保障一国的和平,一旦把对外贸易调节至最佳状态,可让一国变得比放任自流时强大得多"(威廉·佩蒂特)。⑤

---

① Ibid. Viner, *Studies in the Theory of International Trade*, pp. 60-74.
② 前引孟:《英国得自对外贸易的财富》,第 6、11 页。
③ 前引凯恩斯:《就业、利息和货币通论》,第 355 页。
④ 前引欧文:《国富策:自由贸易还是保护主义》,第 41—44、50 页。
⑤ 前引欧文:《国富策:自由贸易还是保护主义》,第 40—41 页。

- 指出追求贸易顺差存在多重现实合理性。贸易顺差带来的铸币和贵金属,形同"政治机体的命脉"(弗朗西斯·培根),"为一国提供着血液"(托马斯·霍布斯),①有助于"备战备荒"(托马斯·史密斯)②。其他商品不过是"此时此地的财富",只有金银钱财才是"时时处处的财富",堪称"通用财富",可以方便地转化为国内外各种商品(威廉·配第)。③ 另一方面,英国乃至欧洲"缺乏矿藏……故而只能靠贸易"寻求贵金属(约翰·洛克),④有了"更多的现金",商人才能"雇佣更多人手去工作"(热拉尔·马利内)。⑤

- 注意到在出口与进口之间存在依存关系。尽管出口乃重中之重,但进出口之间存在某种对应关系,"上天注定,没有哪个国家可拥有一切商品","我们必然需要他人,他人也必然需要我们"(托马斯·史密斯)。从支付能力的角度看,"难道我们希望自己不购买或不交换其他国家的某些商品,让他们无钱来购买我们的制品吗"(托马斯·孟)?更何况阻止外国商品输入还存在被报复的可能。因此,为遏制进口而设置高关税终究"会减少我们自己的出口",不过是"只治标不治本"的权宜之计(P. 帕克斯顿)。⑥

---

① Ibid. Beer, *Early British Economics from the 13th to the Middle of the 18th Century*, p. 66.
② Ibid. Heckscher, *Mercantilism*, vol. I, p. 213.
③ Ibid. Beer, *Early British Economics from the 13th to the Middle of the 18th Century*, p. 155.
④ Ibid. Magnusson, *Mercantilism: The Shaping of an Economic Language*, p. 129.
⑤ Ibid. Heckscher, *Mercantilism*, vol. I, p. 228.
⑥ 前引欧文:《国富策:自由贸易还是保护主义》,第 34、48、47 页。

（三）关于本国工业的扶植和国内就业的保障

重商主义的主张体现为：

- 早就从出口角度认识到工业化的特殊价值。重商主义者区分了得自土地的"自然财富"与得自技艺的"人造财富"，相信后者潜力更大、更能致富：①"农业耕作和畜牧养殖固然会改善必需品供应，但工业制造才能增加货币财富"（克莱门特·阿姆斯特朗）；应"尽量减少天然物产出口，改为依靠制造业和运输业，因为这些行业成就了最大价值，最能增益一国财富"（弗朗西斯·培根），而"天然物产并不能像工业那样带来高额利润"（托马斯·孟）。② 对财富源泉的这一判断必然指向工业化，从而引导社会走上产业升级、技术创新、市场开拓的现代之路。

- 抓住了制造业能提高附加值这一关键环节。"爱尔兰出口多于进口，却照样变得更穷"（威廉·配第）；③"弗吉尼亚和巴巴多斯都有贸易顺差，但还是亏损，症结就在于仅用原料交换制成品"（乔赛亚·蔡尔德）。④ 显然，"如果一国天然拥有工业原料，则以制成品而非原料的形式出口它们，会有利很多。这是因为，制成品价值要高出很多，比起原料来，可为该国带来五倍、十倍甚至二十倍的财富。此外，

---

① Lars Herlitz, "Conceptions of History and Society in Mercantilism, 1650-1730", in ibid. Magnusson (ed.), *Mercantilist Economics*, pp. 92-93, p. 118.

② Ibid. Beer, *Early British Economics from the 13th to the Middle of the 18th Century*, p. 159, p. 161.

③ Ibid. Heckscher, *Mercantilism*, vol. 2, p. 117.

④ Ibid. Magnusson, *Mercantilism: The Shaping of an Economic Language*, p. 121.

出口原料最危险,会把制造业转移到某个邻国。……可假如外国人愿意输出其原料,则不妨放手进口,将其投入到我国制造业中"(威廉·佩蒂特)。①

- 倡导商业政策应细致区分制成品与原材料。既然最有利的贸易是输出制成品、输入可加工的原料及能增强我制造业的物件,最不该进口那些会阻挠本国制造业发展的外国制品,则"政府的最大智慧在于,以最利于促进我国制造业的方法来管理全部对外贸易"(约翰·卡里)。② 落实到政策即,对外来原料或其他投入品仅征收低进口税乃至免税,而对外来制品设置高进口税乃至禁入,同时对国内原料的出口则设置高出口税乃至禁出。"出口品税率的高低应与其加工制成的程度成反比,直至绝对禁止原料出口,而进口品税率的高低应与其加工制成的程度成正比"(乔赛亚·塔克)。③

- 具备了要培植长远工业生产力的明确意识。"虽然外国人提供的商品可能比我们自产的同类品更便宜,但我们最好购买本国产品,哪怕它们更贵"(托马斯·史密斯)。④ 如此放弃眼前盈利,旨在为国内生产提供需求支撑,借以激励本土工业生产力的成长。重商主义者之所以倡导低工资,并"在对雇主与雇员关系的干预中,十有八九会站在雇主利益一边",⑤之所以说"宁愿把一千人劳动得来的产品烧

---

① 前引欧文:《国富策:自由贸易还是保护主义》,第49页。
② 前引欧文:《国富策:自由贸易还是保护主义》,第50页。
③ Ibid. Viner, *Studies in the Theory of International Trade*, p. 64.
④ Ibid. Beer, *Early British Economics from the 13th to the Middle of the 18th Century*, pp. 180-181.
⑤ Ibid. Heckscher, *Mercantilism*, vol. 2, p. 124, p. 146, p. 167.

掉，也不要让这一千人失业而丧失了技艺"（威廉·配第），之所以反对为了眼前利益而输出原料、机器等生产要素，均缘于其打造本国生产力及国际竞争力这样的长远考虑。

- 日益将扩大就业置于对外贸易的核心地位。据称，消除贫困关键有三，除开展贸易并实现顺差、发展制造业外，还要"消除懒惰"（弗朗西斯·培根），① 而"贸易之伟大在于雇佣国民并令其致富"（P. 帕克斯顿）。据此，重商主义者从原先注重贸易顺差和附加值创造，延伸到强调"劳动顺差论"或"外国付酬论"（理查德·坎蒂隆）。"劳动顺差"是指，出口所包含的本国劳动应大于进口所包含的外国劳动；至于"外国付酬论"，是相信出口导向产业中的工资、租金、经营利润形同由外国支付。归结到一点，就是"应阻止劳动成果的进口，鼓励劳动成果的出口"（詹姆斯·斯图尔特）。②

- 注重从劳动就业角度设想人口与殖民政策。重商主义者多倡导广殖人口，相信"民寡则国穷"（威廉·配第），③"一国就业者越多就越富裕"（尼古拉斯·巴贲）。④ 他们也"担心人口过多"（热拉尔·马利内），故重视人口的"质量而非数量"（弗朗西斯·培根），并认为"有多大就业需要，才该有多大人口规模"。对富余人口及其就业的忧虑强化了殖民政策。"凡购买母国产品、利用母国船运，并因此给母国

---

① Ibid. Beer, *Early British Economics from the 13th to the Middle of the 18th Century*, p. 139.
② 前引欧文：《国富策：自由贸易还是保护主义》，第 52—54 页。
③ Ibid. Beer, *Early British Economics from the 13th to the Middle of the 18th Century*, p. 174.
④ Ibid. Magnusson, *Mercantilism: The Shaping of an Economic Language*, p. 123.

带来就业的殖民地,都应加以鼓励";"凡抢走母国就业的殖民地,都应尽量加以遏制"(乔赛亚·蔡尔德)。① 既然就业是一根标杆,殖民地便注定沦为母国的原料供应地和成品销售地。

必须指出,重商主义者的主张历来多元复杂甚至相互冲突,上述每一观点都不乏对立面,单在英国内部也是如此。例如,针对"奖出限入"这个重商主义的核心命题,上文已提到,孟等人即强调,出口与进口之间终究存在某种依存关系。针对国际贸易零和观,佩蒂特说过:"凡对一国贸易有害,必对他国贸易有利,这说不通。"② 针对狭隘的财富观,达维南特说道:"金银能变成建筑及国内设施,土地、制成品、舶来品、船队等则可变成金银,在我们看来它们都是财富。"针对内贸不能致富说,达德利·诺思提出:"此论如同认为财富增长仅来自外贸一样站不住脚,内外贸本应合二为一。"③ 越到重商主义后期,越可见到对前期若干论点的偏离,所以才会有"改革派重商主义者"甚至"逆反型重商主义者"等说法。凡此种种,正是思想活跃、百家争鸣时代的突出特点,与日后自由经济学定于一尊的时代形成了鲜明对照。

上述归纳也许赋予了重商主义某种显著的共同性和系统性。但既然作事后观察,通过削繁就简,看到或概括出哪怕当事者都未曾意识到的共同性和系统性,不仅在所难免,而且理所当然。毕竟历史早已消逝,事无巨细地还原纷繁的本相显然既做不到恐怕也没必要。

---

① Ibid. Heckscher, *Mercantilism*, vol. 2, pp. 157-159, p. 124.
② 前引欧文:《国富策:自由贸易还是保护主义》,第 39 页。
③ Ibid. Beer, *Early British Economics from the 13th to the Middle of the 18th Century*, p. 207, p. 211.

二、重商主义的历史作用

对于重商主义,或有粗疏者不求甚解、以讹传讹,或有知情者秘不示人、语焉不详,结果都使世人难以认清其历史真相。然而,要想查究英国及西方世界何以率先步入与众不同的现代发展轨道,重商主义无疑是不可忽略的一大动力。应当还原一个久被遮蔽的真相,即重商主义对世界现代进程的推动丝毫不亚于文艺复兴、地理发现、宗教改革、科技革命、工业革命、思想启蒙、政治革命等早已耳熟能详的历史运动。若无重商主义带来的鲜明价值导向和有力政策引领,西方的现代崛起同样难以想象,世界的现实格局也决非今日之景象。

(一) 重商主义实乃一场伟大的经济学革命

人们惯于崇奉斯密,以为斯密之前缺乏成熟的经济学,此乃大谬也。经济学作为人类改善自身生存状况的一门实用学科,在古希腊哲人及中世纪经院学派那里早已萌芽破土,该学科现代意义上的定型,在斯密之前便告完成,主要是在重商主义者手中实现的。当时在南欧和西欧地区,发生过一场以重商主义为核心的经济学革命,这是有充分证据的确凿史实。

重商主义经济学革命首先体现为经济类著作的激增。《国富论》出版前的两百年里,英国等地已涌现数量惊人的经济论著。据18世纪英国一经济学家兼文献家所编书目,英国经济领域发表于"1557—1763年间的作品接近2 400种",况且"一些相当知名的著作未列其中",仅该专家"本人便收集到1 500种书籍和小册子"。研究表明,英国"在1662—1776年肯定已拥有最高质量和品位的贸易、商业、政治经济学著述"。① 特别应指出,其中大量作品属于重商主义流派。据专论13—18世纪英国早期经济学的著作所示,该时期"为后人留下了庞大且多样的系列性散页、文稿、书册及其思想",而"重商主义是早期英国经济学非常重要的部分",②堪称"那个时代的主导理论"。③

经济类著作的激增同样发生在法国、德国等地。"从16世纪到1789年法国大革命,总共出现了约25万种含有可称为'经济'内容的法文著作"。其中,"数以千计的著作在讨论国家财政、货币、农业、税收等问题",在学术体系和研究对象等方面已展现较高的专业性。与英国相比,法国的经济著作甚至更具重商主义色彩,因为它们"以国家政权和自给自足为关注焦点",开创了"政治经济学"之先河。④ 在德国,一份有关"官房学派"的文献目录即"列出了大约14 000种书";此外,"18世纪仅在德国注册的登载经济文献的报纸和刊物先后有170家"。⑤ 众所周知,官房学派出现于16—17世纪,到18世纪发展成为一个包括治安、财政、经济在内的学科体系,通常被视为"德国版重商主义"。⑥

当然,论著数量的激增本身尚不足以构成一场经济学革命,更关键的是内容的革新。据经济思想史家定义,一场经济学革命应

---

① Terence Hutchison, *Before Adam Smith: The Emergence of Political Economy, 1662-1776*, Basil Blackwell Ltd., 1988, p. 239, p. 9.
② Ibid. Beer, *Early British Economics from the 13th to the Middle of the 18th Century*, p. 5, p. 8.
③ A. L. Morton, *A People's History of England*, Lawrence & Wishart Ltd., 1979, p. 163.
④ Ibid. Magnusson, *Mercantilism: The Shaping of an Economic Language*, pp. 178-179.
⑤ 前引熊彼特:《经济分析史》第一卷,第243、245页。
⑥ Ibid. Magnusson, *Mercantilism: The Shaping of an Economic Language*, p. 188.

具备四个标志:一是提出了新的政策目标;二是展现了新的研究志趣;三是创立了新的理论体系;四是采纳了新的实证方法。① 参照之前概述的重商主义基本主张,以此四点作观察不难发现,重商主义完全够得上一场经济学革命。

其一,重商主义顺应民族国家崛起的历史大势,鲜明地提出了其压倒性政策目标,即如何经邦济国,特别是如何通过财富聚敛、贸易保护、工业扶植、就业促进、国家干预、强权打造、对外征服等综合手段,实现本国的富强安定,从而在日益激烈的国际竞争中立于不败之地。这一政策目标其实确立了一个于今也未失效的新范式,一言以蔽之即"经济民族主义"。这种以"经济"为重心、以"本国"为标尺的价值观开辟了现代世界,至今仍是各国的通行坐标。回望数百年来的人类现代进程,对于这一新范式所产生的深远影响(且不论这种影响是正面还是负面),无论如何高调评价恐怕都不为过。

其二,重商主义逐步摆脱了原有的泛道德主义体系,展现了专以经济为对象的新研究志趣。"经济现象本身,包括其对国家政策的影响,首次被认为值得专门研究,也即不再被单纯视作伦理或法律探讨中的附带研究对象"。② 具体而言,之前人们多关注财富的分配问题,现则集中讨论财富的生产问题;之前的考量标准是道德正义,现在的关注焦点是经济利益,物质私利追求作为新行为准则已获得广泛认可;之前的话语主体是伦理说教者和社会改良者,现则变为工商者和治国者;之前典型的表达方式是讲经布道和学理申论,现在已变为技术条陈和务实策论;此前论辩的对象基本上是

---

① Terence W. Hutchison, *On Revolutions and Progress in Economic Knowledge*, Cambridge University Press, 1978, pp. 299ff.
② 前引欧文:《国富策:自由贸易还是保护主义》,第33页。

农业,现在多已变为商贸与工业。①

其三,重商主义因应传统农业社会向现代工商社会的转型,针对日益复杂的经济和社会现象,提出了一系列新概念,尤其是开始把经济当作一个统一的系统加以考察。他们认识到,形形色色的经济活动具有内在的关联性和客观性,其核心就是市场机制,价格、工资、地租、利率、汇率、币值等各种变量本质上无不反映了市场上的供求关系。有鉴于此,重要的是去揭示这一经济世界的运行原理,正如当时天文、物理等学科揭示了物质世界的运行规律一样。重商主义展现了这一理论倾向性,"如今阅读其文献的任何人都不难发现,他们力图雄心勃勃地创立用以指导财富创造及分配的基本原理"。②

其四,重商主义在对经济实务的专业化论述中,也以当时已经盛行的培根式"实证主义"为世界观和方法论,强调以事实为立论依据,以逻辑为推导工具,"米塞尔登、孟,后来还有配第、达维南特等作者,显然受到了应当理性看待事实与论点这一态度的影响"。③ 其对贸易差额、国际支付等问题的阐述务求立足于客观事实基础之上。当时对贸易盈余的计算、对币值与汇率的细究,以及作为"政治算术"之统计学的确立等,均反映了新方法论的风行,也指明了经济学的未来演进路径,这具有重大的方法论意义。

从经济分析的角度看,重商主义也大有建树,足以"革命"名之。史家承认,1550—1750 年间,"凡涉及人类几乎全部经济活动

---

① F. J. Fisher, "Commercial Trends and Policy in Sixteenth-Century England", *The Economic History Review*, vol. 10, iss. 2 (Nov. 1940), pp. 104-105.
② Ibid. Magnusson (ed.), *Mercantilist Economics*, p. 7.
③ Ibid. Magnusson, *Mercantilism: The Shaping of an Economic Language*, pp. 10-11.

的思想都已得到播种";①当时已"成就巨大,以致现代讨论中任何有价值的论点,几乎没有哪个未曾被该经济科学第一阶段的作者们明言或暗示";②"以后将成为并向来是政治经济学持久核心的那些问题,随同由这些问题的方法、理论、政策而产生的大多数经久不息的对立观点,都可发现已在该阶段的著作中开始被人探讨"。③ 例如,G.伯克利关于供求表的表述,蔡尔德关于交叉弹性的观点,巴贡关于效用的观点,马利内和米塞尔登关于资本市场有用性的观点,丹尼尔·笛福、乔赛亚·塔克、马尔基·波斯特韦特关于消费乃全部经济活动之目的的观点,都远在斯密之前已经提出。以配第为例,他已论及地租、机会成本、乘数效应、劳动价值、需求和价格弹性、人口的资本存量属性等命题,并提出了扩大就业、建立统计学、实行个人所得税之类的建议。④

概言之,重商主义在诸多方面的论述具有重大先导意义。在堪称重商主义突出遗产的贸易保护领域,幼稚产业论点、国防例外论点、支柱产业论点、自给自足论点、就业优先论点、乘数效应论点都已一一提出。⑤"现代保护主义者通常使用的大多数论证在重商主义时期即已存在"。⑥ 其中就包括1980年代起风靡一时的战略贸易理论,据分析,"重商主义的国际贸易观与战略贸易政策的

---

① Ibid. Beer, *Early British Economics from the 13th to the Middle of the 18th Century*, pp. 238-239, p. 241.

② Salim Rashid, *The Myth of Adam Smith*, Edward Elgar Publishing Ltd., 1998, p. 30.

③ Ibid. Hutchison, *Before Adam Smith: The Emergence of Political Economy, 1662-1776*, p. 11.

④ William D. Grampp, "An Appreciation of Mercantilism", in ibid. Magnusson (ed.), *Mercantilist Economics*, pp. 67-68.

⑤ 前引熊彼特:《经济分析史》第一卷,第519页。

⑥ Ibid. Viner, *Studies in the Theory of International Trade*, p. 73.

文献所展示的看法如出一辙"。① 同样，在迟至 20 世纪再获重视的宏观经济学领域，重商主义者早就深入研究了总产出、货币总量、价格水平、就业规模及其诸多影响因素，他们关于国家干预、贸易保护、独立自主、进口替代、工业赶超、非经济因素之作用等问题的论点，尤有超前性、启发性、务实性，与自由学派这方面的长期缺失适成对照。在微观经济学领域，重商主义者就价格机制、自由市场等方面的问题作了细致分析，他们的诸多理论成果，如供求函数、价格弹性、交叉弹性与收入弹性、机会成本、后弯劳动供给曲线、实物与货币利率的等价性、相对报酬率改变下的资源再配置，等等，为之后的微观经济学准备了必要的分析工具。②

史家据此承认，"无论多么粗略地考察这一时期的文献，都可看到，对于国家生活的经济面所作的研究，在 17 世纪已经取得了何等巨大的进步"；③"到 18 世纪中期，对市场过程的分析，包括供需关系如何规范工资、租金、利润等问题的分析，都已达到了相当高的水平"。④ 进一步的结论是，恰在这些重商主义著作中，"'一般经济学'首次具有了独立的形态"；⑤重商主义时期乃"经济学作为一个'现代'专题得到发展的定型阶段"。⑥ 此论言之成理、持之有据，反过来也证明了重商主义在经济学发展历程中扮演的革命

---

① Douglas A. Irwin, "Strategic Trade Policy and Mercantilist Trade Rivalries", *The American Economic Journal*, vol. 82, no. 2（May 1992）, p. 135.

② Ibid. Grampp, "An Appreciation of Mercantilism", p. 80.

③ William Cunningham, *The Growth of English Industry and Commerce in Modern Times*, Part I, Cambridge: at the University Press, 1907, in Roger E. Backhouse, and Peter J. Cain（ed.）, *The English Historical School of Economics*, vol. 4, Overstone of Thoemmes Press, 2001, p. 401.

④ Lars Magnusson（ed.）, *Mercantilism*, vol. 1, Routledge, 1995, p. 10, p. 15.

⑤ 前引熊彼特：《经济分析史》第一卷，第 245 页。

⑥ Ibid. Magnusson（ed.）, *Mercantilist Economics*, pp. 6-7.

性角色。

当然,重商主义者主要面对迫切的实践问题而在努力依据常识,合理地作出说明、提出论点、贡献建议,加之相关的理论工具尚积累不多,所以,按今人标准,其经济分析难免缺乏周密度,但不能因此而抹杀其理念上的革命性及早慧性乃至深刻性。熊彼特就指出,"有些重商主义作家对就业论点研究得很深,达到了惊人的水平,实际上达到了凯恩斯主义的水平"。① 凯恩斯本人则论道,重商主义者其实早已抓住了日后被自由学派所"忘掉"和"涂抹掉"的那部分"明智之道";②"我想做的,是要把公正还给以往百年中被古典学派视为弱智的那个思想派别,并尤想表明,我确实不是那么伟大的一位创新者,除非与古典学派相对照。古典学派前早有重要的先辈,我不过是在向那个拥有常识判断力的久远传统回归而已"。③ 重商主义作为经济学革命的史实于此可见一斑。

(二) 重商主义构成了一套现代化治国方略

重商主义产生于民族国家竞逐激化的"海盗式帝国主义时代"(熊彼特语)。国际竞争中,成败得失固然取决于对外投射的军政和经贸实力,本质上却有赖于国内的生产发展水平和综合治理能力。既然如此,作为当时"普遍采用的政治经济管理的处方",④重商主义不可能仅限于国际贸易或单纯经济领域。罗斯托便注意到重商主义的诸多国内治理措施,包括改进国内交通设施、扶持手工业和采矿业、建立自主的军需保障体系、保障充足的粮食供应、扩

---

① 前引熊彼特:《经济分析史》第一卷,第 520 页。
② 前引凯恩斯:《就业、利息和货币通论》,第 350 页。
③ Ibid. Hutchison, *Before Adam Smith: The Emergence of Political Economy, 1662-1776*, p. 155.
④ 戴维·兰德斯:《国富国穷》,门洪华等译,新华出版社 2001 年版,第 630 页。

大公共财税收入、提高行政机构效能。罗斯托据此相信,"重商主义的国内政策纲领,在工业化前的社会里,构成了相当典型的一整套现代化举措,直到今天还是这样"。① 这一结论表明,与流行观念不同,重商主义其实包含了丰富的国内治理措施,国际商业政策与之正好互为表里,如此才使得重商主义成为引导新生民族国家走向富强、趋向现代化的完整治国方略。

重商主义的国家治理功能起始于其经济运行和政府管理的合理化努力。据考证,"从 15 世纪起,先是在意大利,然后在其他各国,各级各类的行政官员就已开始把自己想到的关于应该如何管理政府和经济,特别是如何管理财政的意见写出来发表",这种旨在改良增效的策论即为重商主义的早期文献。在这方面,意大利人迪奥梅德·卡拉法堪称先驱和典型。这位重商主义者并未局限于对外贸易,而是"第一个全面论述了近代新兴国家所遇到的经济问题,在接下来的三个世纪,许多作家都步其后尘"。② 确实,随后兴起的官房学派,作为德国版重商主义,便高度关注邦国财政、行政治理、集体福祉、社会凝聚等广泛的经济和内政问题。③ 同样,作为法国版重商主义的"科尔贝主义",如其倡导者让-巴蒂斯特·科尔贝所示,不仅致力于再造财政和司法体系、强化中央集权统治、与荷兰争夺利益、鼓励人口增殖,而且借助国家干预和贸易保护等手段,悉心扶持了法国工业、外贸、航运、海军、殖民等各项

---

① W. W. 罗斯托:《这一切是怎么开始的——现代经济的起源》,黄其祥等译,商务印书馆 1997 年版,第 40 页。

② 前引熊彼特:《经济分析史》第一卷,第 244、249 页。

③ Ibid. Hutchison, *Before Adam Smith: The Emergence of Political Economy, 1662-1776*, p. 90.

事业。①

　　重商主义的国家治理功能中最核心的部分在于工业扶植。在追求改良增效的过程中,重商主义日益摸索到了工业化这把解决各类问题的现代钥匙,自身也定型为一种经由工业化而实现国家富强的方案。连斯密这位重商主义的激烈批评者也承认,"这个主义的目标,与其说是由土地改良及耕作而富国,不如说由商业及制造业而富国,与其说由农村产业而富国,不如说由都市产业而富国"。② 换言之,重商主义的工业化追求迥然有别于其时仍有影响力的重农主义。有专家明确指出:"重商主义制度包括了所有立法的、行政的、管理的工具,那些依然主要是农业型的社会借此将自身改造为贸易和工业社会,从而让自己不仅富裕,而且强大,并且还要保持此种富强状态。"③此论强调的是,从传统农业社会向现代工业社会的转型借重商主义而得到推进,这一点与李斯特认为重商主义实乃"工业主义"可谓一脉相承。

　　频遭诟病的诸多重商主义做法,从垄断独占到贸易管控,实际上都是加速工业化的积极手段。随着中央集权的加强,"用国家这种权力来支援产业繁荣并非不可思议之事"。④ 英国在伊丽莎白一世时代向拥有先进技艺的外国人或归化国民授予"55项垄断特权",借以实现了从肥皂、玻璃、纸张等日常消费品到排水机、熔炼炉、碾磨机等资本货物的进口替代。⑤ 法国在科尔贝时代,也"以

---

　　① 伊奈丝·缪拉:《科尔贝:法国重商主义之父》,梅俊杰译,上海远东出版社2012年版,译序第 i—ix 页。
　　② 前引斯密:《国民财富的性质和原因的研究》下卷,第 195 页。
　　③ Ibid. Wilson, *Mercantilism*, p. 26.
　　④ 威廉·罗雪尔:《历史方法的国民经济学讲义大纲》,朱绍文译,商务印书馆1986年版,第 88 页。
　　⑤ 道格拉斯·诺斯、罗伯特·托马斯:《西方世界的兴起》,张炳九译,学苑出版社1988年版,第 210 页。

垄断为支柱,用人为的方法促进工业"。① 普鲁士的腓特烈二世同样"追随重商主义政策",大举利用"垄断、特许、补贴"等方式,在社会各界对"不公平竞争"和"生活成本高企"及"腓特烈版重商主义"其他弊端的抱怨声中,取得了工业化的长足进步。② 姑且不论垄断之高昂代价及未来适时打破垄断的必要性,单就当时而言,垄断制度有效激励工业发展,包括推动了外来产业的本土化,这种结果在欧洲诸国是同一的。至于重商主义的另一典型制度即贸易管控,无论是原料、金银、机器、技工的限出,还是制成品、奢侈品的限入及相关消费禁令,在西方经济史上简直比比皆是。毫无疑问,它们显著促成了工业化,本人先前的研究表明,甚至英国工业革命也由贸易保护引发而来。③

重商主义的国家治理功能当然也体现为危机应对。最典型者莫过于英国,其重商主义经常是反危机措施,即所谓"萧条经济学"。至少从16世纪中期起,英国除受外敌威胁外,持续陷于经济与社会危机,如在孟1571—1641年的一生70年中,有一半年份"不是萧条就是不景气"。质言之,"那些包含重商主义理念的作品基本上都是经济萧条的产物",④因为正是迫切的危机应对"使得经济讨论喷涌而出",特别是使得"经济民族主义喷涌而出"。⑤ 伊曼纽尔·沃勒斯坦也认为,"约1540—1560年震动欧洲的经济危

---

① 马克斯·韦伯:《经济通史》,姚曾廙译,上海三联书店2006年版,第219页。
② W. O. Henderson, *Studies in the Economic Policy of Frederick the Great*, Frank Cass & Co. Ltd., 1963, pp. x-xi, pp. 159-161.
③ 梅俊杰:《自由贸易的神话:英美富强之道考辨》,新华出版社2014年版,第70—73页。
④ R. W. K. Hinton, "The Mercantilist System in the Time of Thomas Mun", *The Economic History Review*, vol. 7, iss. 3 (1955), pp. 284-285.
⑤ Ibid. Fisher, "Commercial Trends and Policy in Sixteenth-Century England", p. 104, p. 107.

机在英格兰特别严重","英国对所谓'17世纪危机'的反应同其他国家有所不同,这正是它能以强劲力量进入重商主义时代的原因"。① 这里的逻辑链显而易见:大危机触发大讨论,大讨论酝酿大转折,重商主义作为长于应对危机的民族主义发展战略便走向前台。这一点在1880年代、1930年代再次得到印证,因为英国在面临严峻挑战的这些时刻,同样发生了转向重商主义的思想与政策调整。

再具体以英国为应对危机而成立的"1622年委员会"为例,该委员会在反危机中留下了堪称重商主义典型内容的政策遗产,包括:一、尤其禁止向荷兰出口羊毛等原料,借以为英国毛纺织业保存原料;二、禁止英国船只及商人向荷兰提供第三国羊毛,以打击荷兰竞争者;三、发展国内制造业,包括本土的麻织业,以减少英国的进口需求及财富外流;四、把荷兰人逐出现有渔场,改由英国公司前往捕捞;五、针对输入进口货并在英国赚钱的外国商人和船主,强制其将货币用于购买英国制成品;六、从国外进口的货物,由英国船只或原产地船只运输。② 值得注意的是,同期菲利普·霍尔尼克为德意志邦国提出的"经济学九项原则",③ 与此在精神上何其相似乃尔。在一次次危机应对和对他国的相应报复或效仿中,欧洲各国都会不同程度地援用此类重商主义政策,甚至因此而从经济竞争走向全面战争。必须承认,在那个危机与冲突交织的年代,重商主义以其"捏紧拳头"、集中管制的非自由主义、非世界主义特征,发挥了无可替代的反危机作用,同时也打下了现代民族

---

① 伊曼纽尔·沃勒斯坦:《现代世界体系》第一卷,尤来寅等译,高等教育出版社1998年版,第303、324页。

② Ibid. Wilson, *Mercantilism*, p. 13.

③ Ibid. Magnusson, *Mercantilism: The Shaping of an Economic Language*, pp. 196-197.

国家的坚硬基石。

重商主义的国家治理功能还表现为致力于赶超先进。一个基本事实是,"17世纪荷兰共和国的榜样对英国和法国的重商主义政策发生了重要作用"。① 当年的荷兰主要依靠航运业和工商业而雄踞富强之首,相比之下,其他国家反处于"欠发达"甚至"依附"的状态。于是,如何摆脱落后、赶超先进成了邻近各国的头等大事和一流显学。重商主义者悉心研究荷兰的成功秘诀,其中以蔡尔德对荷兰富强所作的15条原因总结尤其引人注目。② 为追赶领先者,各国采取的重商主义管制与激励措施简直到了无孔不入的地步。例如,为效仿荷兰、增强海上力量并带动渔业发展,英国于1549年在原有宗教习俗的基础上设立了"政治大斋节",规定在每星期的某些特定日子,民众不得吃肉只能吃鱼,相关法规延续了约一个世纪。③ 须知,旨在赶超的此类管制与激励措施,实即保护主义措施,在重商主义年代不胜枚举。④

重商主义文献中经久不息的话题是:为何荷兰小国寡民却能赢得富强?为何西班牙金银丰盈却得而复失?落后国家如何才能启动积累与增长乃至后来居上?最值得一提的是西班牙重商主义者的探讨,他们除很早就研究货币供应量外,还率先系统研究了"欠发达"问题,全面分析了即便今日也屡见不鲜的那些欠发达现象,诸如贸易逆差、对外依赖、财富外流、通胀高企、投机盛行、实业不振、生产萎缩、就业输出、分配不均、寻租普遍、消费奢靡、行政混乱、阶层固化、穷兵黩武、恶性循环之类的弊病。他们特别聚焦于

---

① 前引罗斯托:《这一切是怎么开始的——现代经济的起源》,第43页。
② Ibid. Hutchison, *Before Adam Smith: The Emergence of Political Economy, 1662-1776*, pp. 58-60.
③ Ibid. Heckscher, *Mercantilism*, vol. 2, p. 38.
④ 前引斯密:《国民财富的性质和原因的研究》下卷,第210—226页。

"依附"问题,并有针对性地提出了加强农业、替代进口、保护工业、引进工匠、提高质量、改善交通等对策,还强调应把重点从聚敛货币转到生产制造上。① 由此可见,重商主义早已是一门探讨赶超发展的学问,熊彼特有言:"当时的全部经济学——也许经济学在荷兰的分支除外——都是在那时很穷的国家写出来的,或者是为那时很穷的国家而写的。"②

总之,那个激烈竞争时代所兴起的重商主义,无论着眼于改良增效、工业扶植,还是危机应对、赶超先进,都构成了其时急需的治国方略,相关的探讨和实践共同为西欧的现代经济起飞乃至世界的现代化进程创造了思想上和政策上的先决条件。这一点同样适用于美国,因为其立国之父亚历山大·汉密尔顿的经济政策思想及"美利坚体制"也不过是"英国那套重商主义旧体系,拿过来照美国情况作了些调整而已"。③ 至此,我们理应赞同一个深刻的结论,即:"重商主义的基础无疑是国家谋利,而非普世行善,其逻辑经常导向或明或暗的劫掠、暴力、战争。但从物质主义的立场看,它有一个优点再强调也不为过。它凝聚了经济谋利的热望,系统并不懈地追求物质目标,可以说,就是这种热望和追求构成了要素之一,有助于解释西方更快的物质进步,这与譬如说亚洲的停滞形成了反差。"④在重商主义这一大标题下,不管是英国的"贸易科

---

① Cosimo Perrotta, "Early Spanish Mercantilism: The First Analysis of Underdevelopment", in ibid. Magnusson (ed.), *Mercantilist Economics*, p. 21, p. 41, p. 19.

② 前引熊彼特:《经济分析史》第一卷,第 228 页。

③ Edward Mead Earle, "Adam Smith, Alexander Hamilton, Friedrich List: The Economic Foundation of Military Power", in Peter Paret (ed.), *Makers of Modern Strategy from Machiavelli to the Nuclear Age*, Clarendon Press, 1986, pp. 231-232.

④ Ibid. Wilson, *Mercantilism*, p. 27.

学"、法国的"政治经济学",还是德国的"官房学派"、西班牙的"欠发达经济学",或者美国的"美利坚体制",作为各有特色的经济现代化理念和经济民族主义实践,无不展现了其在世界范围内的领先性。西方之所以能在近现代率先崛起,关键的答案不正蕴含于此吗?

(三)重商主义植根于源远流长的欧洲传统

历史从来都是层累而成的,当我们肯定重商主义是一场经济学革命并再现其重大历史作用时,不等于说相关的理念与实践此前完全空白。事实上,若干研究者对于重商主义的历史渊源已有提示。费尔南·布罗代尔指出:"远在重商主义时代以前,王公已经干预经济领域,试图强制、刺激、禁止、提供方便、堵住缺口、开辟市场。"[1]亨利·皮朗则说,保护主义曾是中世纪晚期"城市政策的主要特征",以后的重商主义"不过是城市政策的扩大"。[2] 罗斯托也说过:"像许多重商主义政策那样,对待制造业的最初办法,只是把中世纪的方法在大范围内具体化。"[3]受此启发,我们不妨探究西方更早的相关传统,以期更加全面地理解重商主义及其来龙去脉,包括更加深刻地认识重商主义历来发挥的作用。

重商主义的第一个源头是欧洲的"贸易中心"政策。这些贸易中心是指那些最初在自发基础上形成、后来却拥有垄断权的国际贸易城市。艾利·赫克歇尔认为,此类中心可追溯至古代,以后君士坦丁堡成了拜占庭的贸易中心,并从那里把该垄断政策传播到

---

[1] 费尔南·布罗代尔:《15 至 18 世纪的物质文明、经济和资本主义》第三卷,施康强等译,三联书店 1993 年版,第 366 页。
[2] 亨利·皮朗:《中世纪欧洲经济社会史》,乐文译,上海人民出版社 1986 年版,第 195 页。
[3] 前引罗斯托:《这一切是怎么开始的——现代经济的起源》,第 44 页。

了意大利北部。当热那亚享有贸易中心地位时,"1153年,萨沃纳不得不接受安排,同意开往撒丁岛和巴塞罗那的每一艘船都应从热那亚起航,带上一批热那亚商人,且回程时在热那亚卸货"。到13世纪上半叶,威尼斯以更严密的措施实行该政策,其特点是以外邦人为管控对象,力图"将一切贸易留给威尼斯人",对于从外邦输入货物的种类、数量、税额、来源等严加管制,通常是要防止进口货与本地货相竞争。在德意志地区,维也纳和科隆在13世纪也曾对外来商人的贸易权实施严格限制。汉萨同盟在15世纪鼎盛时期曾力图阻止荷兰的海上贸易,甚至为了垄断目的而禁止荷兰人和南德人学习俄语。①

如此严厉的商贸垄断政策当然也传入英国,到14世纪,国王爱德华三世也颁布过贸易中心敕令;英国最早的1381年《航海条例》在理查二世时出台,1485年对此又作重申,此后从16世纪至17世纪,"该主题屡屡现身于议会法令及其他官方声明,到了令人生厌的地步"。还有,英国继1282年为拒付教皇的十字军远征税而禁止硬币出口后,又于1390年采用威尼斯的做法,推行了《现金使用法令》,强迫外国商人以其销售所得货币购买英国货,这一惯例在16世纪伊丽莎白一世时代登峰造极。与欧洲大陆相比,英国的民族国家意识形成更早,英国人更从维护王国全体而非城市个体利益的角度考虑问题,于是,英国"比其他任何国家都更加坚韧地发展并保留了全部贸易中心政策中最后但最重要的分支",乃至"旧殖民体制也由此而派生",终让英国"经历了最大的扩张"。熊彼特也认为,16世纪英国重商主义"文献讨论的主要就是这种做

---

① Ibid. Heckscher, *Mercantilism*, vol. 2, pp. 62-68.

法……实际上把它发展到了超过所有先例的程度"。①

以此为背景,当看到英国诸多经济民族主义政策,看到其正式颁布作为重商主义和殖民体制基石的《航海法》(1651年等等),看到其《贸易中心法》(1663年)规定,"要让本王国不仅成为那些种植园产品的贸易中心,而且成为其他供应地产品的贸易中心",世人所见者不过是积厚流广的欧洲中世纪城市政策,经由重商主义者的系统化而抬升到国家层面,且因行政者的力量壮大而放大其适用范围并强化其执行力度。特别应当强调,因为欧洲是一个列国竞争的多元体系,所以,中世纪城市政策以降的各种重商主义理念和做法从来都得到欧洲各国的竞相效仿。以航海管控为例,虽然英国在这方面又堪称集大成,但也不过是14世纪末才传入,此前在13世纪,有关航海条例已见于阿拉贡,此后15世纪为汉萨同盟所采用,15世纪末为卡斯蒂利亚采用,17世纪为法国和丹麦采用,18世纪为瑞典采用,故此,"这一政策在整个欧洲基本上都存在"。这种现象在考察重商主义源流的其他方面时也司空见惯。②

重商主义的第二个源头是欧洲的"城市保障供应"政策。该政策是指,中世纪城市当局针对作物歉收、战乱天灾、易遭封锁等风险,为了首先满足本市居民的消费需求,普遍地禁止出口,或仅以许可证方式有条件地出口并进口。其时的特征是,"有些物品若没有垄断,就根本得不到供应"。③ 因此,对进出口的严控首先旨在保障供应,该政策以后也从城市层面走向国家层面。可以预期,当生产和供应能力较弱、民族主义意识趋强时,这一政策最容易流

---

① Ibid. Heckscher, *Mercantilism*, vol. 2, p. 36, pp. 69-70, p. 96;前引熊彼特:《经济分析史》第一卷,第507页。

② Ibid. Heckscher, *Mercantilism*, vol. 2, pp. 70-71, pp. 35-36.

③ 前引熊彼特:《经济分析史》第一卷,第234页。

行,其高潮故而发生于14世纪。据载,英国发布的出口限令1300年前仅4项,1300—1326年也仅13项,1327—1399年则已达163项(与此对照,进口限令同期分别只有4项、3项、15项)。通观以上总计180项出口限令,涉及贵金属和铸币等有16项,纺织原料31项,其他原料13项,战争用品31项,食品58项,制成品18项,一般杂货13项,覆盖到各门类,但以衣食和战备为重,显示出保障供应的鲜明特征。另据瑞典记录,该国1521—1560年共发布268项出口限令,其中159项为出口禁令,109项为出口许可证管理令,涉及粮食、牲畜、原料等国计民生领域。类似政策在欧洲其他国家也通行,如法国在14世纪初即实行《普遍出口禁令》,只有当国内某商品价格跌到一定程度时才会凭许可证允许其出口。[1]

为保障自身供应而实行的早期管制政策还体现于:外来访客携带已购货物出境另需缴费(如1171年和1203年德国的科隆);只征出口税、不征进口税(如1234年意大利的拉文纳);出口原料所加工成品必须返销(如1302年法国一许可证);对外出口需先以进口非禁止类商品为前提(如1304年法国一规定);进口货值至少应与出口货值相等(1364年英国的布里斯托)。其他强制性规定还包括:对城郊农民自留农产品设置上限(1199年意大利的米兰);周边农民只能在本城的市场销售农产品(德国诸多城市)。诸如此类的限制出口措施,与日后重商主义时代鼓励出口、追求顺差的措施看似方向相反,但管制贸易的用心和不遗余力的手段其实是一致的,前后时代的差别无非是生产能力在由弱变强、供应在由短缺变为充裕。不过,当涉及粮食、铸币、军火、工业原料、机器设备等战略物资时,即使在供应充裕后,还会有外交、内政、竞争等因

---

[1] Ibid. Heckscher, *Mercantilism*, vol. 2, pp. 82-85.

素掺杂其中,故而有关限制政策仍会持续。比如,英国禁止向外国尤其是法国出口谷物,1176 年已有此政策动向,1360 年后再趋严厉,之后作为成文法条延续至 1624 年,直到 17 世纪末才完全放弃,这一情况在欧洲其他国家也大同小异。①

一旦供应充裕乃至过剩,限出政策总体上就会让位于限入政策,这在欧洲也由来已久。早在 1228、1243 年,盛产食盐的威尼斯就严禁外地食盐输入本市,且于 1230 年强制费拉拉进口威尼斯食盐,另于 1264 年要求来自安科纳的出口须以从威尼斯进口作交换。总之,规定进口额不超过出口额,成了威尼斯的惯例。热那亚、佛罗伦萨在 14 世纪下半叶,米兰从 15 世纪中叶起,还有葡萄牙从 15 世纪下半叶起,都执行这种限入的保护主义政策。同样,荷兰也从 14 世纪中叶起阻止英国呢绒及毛线的流入,据称持续的英国进口已严重损害布鲁日、勃艮第等地的同类产业。英国早在 1271—1274 年已限制从弗兰德进口呢绒,当时尚出于外交需要,但到 14 世纪上半叶,禁止外国呢绒进口、禁止英国羊毛出口已主要为了阻止贵金属外流,特别是为了促进本国工业化。至此,重商主义所崇尚的进口替代政策愈发流行。在法国,布尔日呢绒纺织商禁入英国呢绒的 1443 年章程,还有促成里昂丝织业兴起的 1466 年敕令,都属同类政策。当然,进口替代政策的鼻祖也许仍是意大利,帕尔马在 1211 年即明令禁入产自皮亚琴察的轻棉织品,为的是实现本土化生产,而 40 年后他们也的确如愿以偿。②

重商主义的第三个源头是欧洲的手工业行会规矩。中世纪行会的实质在于让所在领域的经营权或其他权益局限于本行会成员,这种垄断距此后欧洲工业发展中的保护主义仅半步之遥。据

---

① Ibid. Heckscher, *Mercantilism*, vol. 2, pp. 85-87, pp. 90-93.
② Ibid. Heckscher, *Mercantilism*, vol. 2, pp. 139-145.

载,德国有许多行会特别强调,无论外来者还是本地人,只要不属于特定行会,就不得开展相关的经营活动,例如,科隆床罩织造商行会在1149年、米尔豪森帽呢制造行会在1131年、马格德堡布匹修整行会在1183年、哈尔伯施塔特呢绒织造商行会在1283年等,均有此项规定。当然,同时也有不少行业性限制主要针对外来者,如在制鞋行业,德国的科布伦茨、马格德堡、哈尔伯施塔特等城市的制鞋商行会在其12—13世纪的章程中都规定,外来者未经当地行会许可不得在本市经营。英国的伦敦和法国的蒙彼利埃在12世纪也规定,外来商人不得在本市从事印染或其他属于自治城市自由民团体的任何行当,这种自由民团体在此意义上不过是放大的行会。意大利佛罗伦萨的呢绒行会则在1212年成功游说阻止了经纱的进口。① 由于上述限制措施起自手工业部门,它们与日后大力扶持工业化的重商主义便有着直接的渊源联系。

统言之,主要借助赫克歇尔等人挖掘的史料可见,重商主义的各种管制措施,从禁止出口贵金属和生产资料,到反对进口奢侈品和制成品,在欧洲都有悠长的传统,这方面英国虽然堪称集其大成,但远非始作俑者。"意大利尤其是威尼斯、佛罗伦萨国以及汉萨同盟诸城市,是保护制度的发源地",② 也即乃重商主义的发源地,这一结论是基本可靠的。传统的久远性甚至在欧洲学界也未予足够估量,例如,威廉·坎宁安认为,英国14世纪后期的国王"理查二世是真正的重商主义先驱";③ 马克斯·韦伯也以为,"英国显然是重商主义的发祥地,在1331年就可在那里窥见应用重商

---

① Ibid. Heckscher, *Mercantilism*, vol. 2, pp. 133-135, p. 140.
② 前引罗雪尔:《历史方法的国民经济学讲义大纲》,第89页。
③ Gerard M. Koot, "Historical Economics and the Revival of Mercantilism Thought in Britain, 1870-1920", in ibid. Magnusson (ed.), *Mercantilist Economics*, p. 202.

主义原则最早的迹象"。① 这些经济史大家尽管已向前溯源,但似仍低估了重商主义在欧洲范围的根深蒂固。越是深挖欧洲源远流长的重商主义传统,就越能充分领悟近代欧洲率先崛起的独特性和必然性,也越能深刻认识经济民族主义这一西方塑造的当今世界范式的本质特征。

三、某些相关问题再澄清

本文至此着力追寻了重商主义的基本真相,但尚有若干突出问题需正面澄清。流行说法惯称,重商主义将货币与财富混为一谈,重商主义与自由学派截然对立,重商主义是一条理应抛弃的发展邪路。这些流行说法在多大程度上言之有理,或者纯属向壁虚构乃至别有用心?这里有必要以前文内容为基础,续作梳理和辨析,借以进一步廓清某些大是大非问题。

(一)重商主义是否将货币与财富混为一谈?

关于重商主义者混淆货币与财富的说法由来已久,但主要源自斯密。斯密连篇指斥了"重商主义的流俗偏见"及其"卑劣有害的方策"。他断言:"重商主义者认为,货币是构成一切国家财富的东西";"他们的论证往往认为,一切财富在于金银,增加那些金属是国家工商业的巨大目标","使国家致富的两大手段就是限制输入和奖励输出"。斯密进而言之:"这种主义似乎不把消费看作一切工商业的终极目的,而把生产看作工商业的终极目的";最走火

---

① 前引韦伯:《经济通史》,第218页。

入魔的"重商主义富国妙策"则"莫过于奖励货币的生产"。①

根据斯密的上述论列,正是对货币与财富二者关系的本末倒置,构成了重商主义的荒谬起点,并派生出种种扭曲现象。历史地看,到斯密时代,延续数百年的重商主义管控体制已经哺育了英国的工业优势,同时,其由垄断而束缚经济发展、因保护而致苦乐不均等弊病却在日益凸显。所以,当斯密称"支持那种独占权的法律,可以说是用血写成的","重商主义所要奖励的产业,都是有钱有势的人所经营的产业;至于为贫苦人民的利益而经营的产业,却往往被忽视、被压抑",②这些义愤之词自有合情合理的成分。然而,把所抨击的弊病归咎于混淆了货币与财富,却是一种武断说法,将此所谓谬误安到重商主义头上,更属似是而非之论。

即使16世纪早期可见"财富指的是货币"、"哪里货币多,哪里就有财富"等说法,仍需要把这些只言片语放到话语整体中加以解读,毕竟众多重商主义者在赞成广纳金银的同时,也充分了解金银与财富的区别,尽管"他们往往把货币与资本混淆起来"。广为人知的是,配第明确提出,"劳动为财富之父,土地为财富之母",这一观点同样为孟、米塞尔登、达维南特等普遍认同。因此,研究者据实坦言:"以拜金主义作解读,这在该时期实证文本中完全得不到真正支持。"③事实上,熊彼特也认为,那些"从后来分析的观点来看最令人反感的许多东西",在重商主义"时期之内就已经被抛弃或纠正了",故而"在重商主义作家那里找不到"混淆货币与财富这样的命题。④ 确实,如果考察重商主义的主流观点,相对完整地领

---

① 前引斯密:《国民财富的性质和原因的研究》下卷,第127、181、22、227页。
② 前引斯密:《国民财富的性质和原因的研究》下卷,第216、212页。
③ Ibid. Magnusson (ed.), *Mercantilism*, vol. 1, p. 10, pp. 6-7.
④ 前引熊彼特:《经济分析史》第一卷,第518、535页。

会其倡导者的思想基调,则上述结论是站得住脚的。

兹举三位知名重商主义者为证。首先是西班牙的路易斯·奥尔蒂斯,此人在16世纪掌管过本国公共财政,由于其回忆录前六章均题作《阻止货币流出本王国》,曾被视为"欧洲头号重商主义者"。然而,奥尔蒂斯在书中也明言,财富源自生产,财富增长有赖于生产和出口的增长;西班牙之所以穷困,是因为一边出口原料,一边却以十倍的高价买入由该原料加工的成品。因此,当强调阻止贵金属离境时,他提出应当以此为资本去建造纺织工厂,建设运河和磨坊,发展农业及食品加工,从而增强本国加工制造和出口竞争能力。① 熊彼特就此提醒:"也许会由于其书名具有重商主义色彩而遭到人们的谴责,实际上,此书的书名几乎与书中所作论证的真正意图没有关系。"② 与其他案例一样,这里的重商主义者貌似守财奴式的重金主义者,实乃积极有为的工业主义者。

在意大利,那不勒斯的安东尼奥·塞拉撰有《简论国家获得大量金银的方法》(1613年),该书名使得让·萨伊等自由派经济学家断言,此书代表了重商主义的拜金谬误。塞拉固然重视采矿作为获取贵金属的直接手段,但他在探讨其他间接手段时展现了宏大的财富观。他相信,"农工商业和海运事业是国家财富的主要来源……但更加有利的来源是工业"。他且从更深层次认识到,国家财富的丰厚本质上取决于国民之勤俭进取、政治保障、法律秩序等多重非物质因素。故而李斯特认为,在政治经济学的不少论点上,特别是就"正确估计政治环境对国家财富的影响"而言,塞拉比近

---

① Ibid. Perrotta, "Early Spanish Mercantilism: The First Analysis of Underdevelopment", p. 23, p. 44.
② 前引熊彼特:《经济分析史》第一卷,第252页。

两个世纪后的萨伊反而更有见地。① 熊彼特则表明,塞拉其实"驳斥了重金主义的汇兑学说",而且已在用"国家的经济状况来解释金银外流和贸易差额"。② 显然,以为塞拉错把聚敛金银当作富国和治国之道,至少是一种以偏概全的误读。

在英国,孟堪称重商主义者的代言人,其主张"不仅成为英格兰而且成为其他一切商业国家政治经济的基本准则"。③ 然而,斯密批评孟之流片面重视外贸、盲目追求金银,受此流俗影响,中国学界也以为,"孟和一切重商主义者一样,把财富和货币等同起来"。④ 其实这是莫大的误会,孟部分基于他本人与东印度公司的利益关系,恰恰反对那种禁止金银输出的传统政策,他强调,"输出货币与输出货物同样很有利,因为输出的货币也用在贸易上,所以它也会增多我们的财富"。孟列举的致富手段还包括:开垦荒地发展农业,以替代原料进口;减少一般消费品,特别是奢侈品的进口;增强加工能力,尽量出口制成品;用本国船舶运输,争取从贸易服务中盈利;发展捕鱼业,培育经济增长点;建立国际商品枢纽,并推动转口贸易;开展海外远途贸易,增加进出口利润;降低出口关税,降低再出口产品的来料关税等。这里看不到狭隘的财富观,倒可见系统的经济发展战略。⑤

以上三例足以证明,"欧洲重商主义总体上其实拒斥拜金政策和重金主义,他们着眼于经济增长";⑥"要是以为重商主义的思想

---

① 前引李斯特:《政治经济学的国民体系》,第 279—280 页。
② 前引熊彼特:《经济分析史》第一卷,第 526 页。
③ 前引斯密:《国民财富的性质和原因的研究》下卷,第 7 页。
④ 前引孟:《英国得自对外贸易的财富》,出版说明第 1 页。
⑤ 前引孟:《英国得自对外贸易的财富》,第 6—12 页。
⑥ Ibid. Perrotta, "Early Spanish Mercantilism: The First Analysis of Underdevelopment", p. 17.

家和政治家把贵金属的所有权跟国家的财富混为一谈,那的确是错误的"。① 事实上,重商主义者也清醒地认识到,聚敛过多金银反会引发资金沉淀、通货膨胀等弊端。② 尤其在目睹荷兰与西班牙这两个正反案例后,重商主义者的关注点普遍地从累积金银经由贸易顺差转向了工业生产。顺便指出,赫克歇尔用"货物恐惧"这一牵强说法去描述重商主义对流动性的偏好,实际上不仅作出了与斯密类似的误判,反而连重商主义曾经的保供应限出口政策传统,以及后来的限制生产资料出口这样的简明立场都无法再解释得通。③ 可见,所谓混淆货币与财富的命题实在经不起推敲。

哪怕如斯密所说,当时"欧洲各国都尽力研究在本国累积金银的一切可能方法",④问题的关键在于,大家纷纷累积金银,究竟是把金银当作手段还是当作目的,或者是把金银当成局部的、暂时的目的还是当成全部的、最终的目的?深入历史背景不难发现,贵金属在重商主义时代具有无可替代的重大作用,各国不是陷入了一场集体拜金的思想荒谬和政策错乱,相反,面对那个既充满"战时经济和强权政治因素"又缺乏充分国际制度安排的"早期现代",各国其实不约而同地在采取必要的理性行动。

具体而言,随着从中世纪晚期起欧洲各地经济活动的显著增加,尤其到16世纪和17世纪,自然经济向商品经济加速过渡,对货币的需求节节上升,作为货币恰当介质的贵金属更显供不应求。贵金属除具有实用功能外,相对而言易于携带、切分、储藏,又不易

---

① 前引韦伯:《经济通史》,第218页。
② 前引孟:《英国得自对外贸易的财富》,第16页;Ibid. Heckscher, *Mercantilism*, vol. 2, p. 212, p. 225.
③ Ibid. Heckscher, *Mercantilism*, vol. 2, p. 114, pp. 147-148.
④ 前引斯密:《国民财富的性质和原因的研究》下卷,第3页。

销蚀与复制,故而"全世界共同选定它用作交易时的等价工具"。①但欧洲乃贵金属矿藏稀缺的地区,西欧更是如此。如英国有重臣1523年曾在议会警告,与法国交战很可能耗尽英国的全部流通货币,乃至不得不启用不中用的皮革充当货币,而万一御驾亲征的国王被捕,皮革货币连国王都无法赎回。② 同样,法国虔信天主教的官员为了阻止贵金属流失,也不惜计划对教堂使用的蜡烛实行严格的配给制。③ 因此,以贵金属稀缺为背景,"15世纪中叶时,贸易的增长开始超过可得的金银存量,愈发迫切地要求能有相应的货币扩张"。④ 由此可见,即使重商主义当时表现出强烈的重金主义,包括赞成以海盗和战争的劫掠方式去获取,也是其来有自。

欧洲人至少从亚里士多德起就研究了货币问题,英国在1382年即举行过关于货币问题的高水平听证会。⑤ 重商主义者更是深知,货币短缺会产生通缩效应,引发利率高企、价格下跌、交易萎缩等后果,而增加货币供应有助于激发经济活动及就业水平。事实上,在总体贫困、销售困难、萧条频发、利率高企、信贷匮乏的形势下,对货币短缺的抱怨成了欧洲经济生活的常态,⑥故而货币数量理论在17世纪已趋成熟。基于这一认识,欧洲各国在一贯严厉打击高利贷的同时,始终严格限制贵金属流出,如在英国,要到1694年英王特许成立英格兰银行及三年后开始发行纸币,对于贵金属的追求冲动才减缓下来。因此,限入奖出、追求顺差的贸易政策,

---

① Ibid. Wilson, *Mercantilism*, p. 11.

② Ibid. Heckscher, *Mercantilism*, vol. 2, p. 252.

③ Lawrence Stone, "Elizabethan Overseas Trade", *The Economic History Review*, New Series, vol. 2, iss. 1 (1949), p. 35.

④ Ibid. Beer, *Early British Economics from the 13th to the Middle of the 18th Century*, p. 65.

⑤ 前引熊彼特:《经济分析史》第一卷,第247页。

⑥ Ibid. Viner, *Studies in the Theory of International Trade*, pp. 87-88.

直接动机在于铸币及支付需要,更深层的动机则如凯恩斯所解释:"外贸顺差对贵金属的流入所产生的作用,是政府具有的唯一间接手段,能用来降低国内利率,从而增加对国内投资的诱导。"[1] 显然,关注贵金属的积累,本质上即关注货币流通量、借贷利率及国内投资,这些都是关涉宏观经济运行、不可掉以轻心的大事。

从支付的实际看,重商主义时代的商业交往始终存在着使用贵金属的大量需求,在那个政治不确定性和军事冲突居高不下、国际间信用度及金融安排严重缺乏的年代,这一点不足为奇。如在17世纪,无论是英国从波罗的海地区进口粮食、木材等物资,还是各国东印度公司从亚洲进口香料等物资,均需携带金银或铸币,这样做至少便于贸易。其时,房产和土地不便转变为流动资产,只有贵金属能够充任流动资产,舍此商业交换都难以进行。当然,汇票从中世纪晚期已趋流通,可是此类票据的使用多见于西欧熟门熟路的贸易线,往后,当经济活动向亚洲和美洲等边缘地区拓展时,贸易商还是需要用金银直接支付。[2] 再说,即使在欧洲的多边结算体系中,汇票之类固然可以充任替代性支付工具,但相当部分最终也仍需贵金属去清算,[3] 如英国因为与东印度和北欧地区发生长期贸易逆差,在 1698—1719 年不得不输出 1 300 万英镑的金银及铸币。[4]

当时各国在贸易支付外,还会发生大量的非贸易支付,这一点

---

[1] 前引凯恩斯:《就业、利息和货币通论》,第 347 页。
[2] Ibid. Wilson, *Mercantilism*, p. 18.
[3] Charles Wilson, "Treasure and Trade Balances: The Mercantilist Problem", *The Economic History Review*, New Series, vol. 2, iss. 2 (1949), p. 156.
[4] Jacob M. Price, "Multilateralism and/or Bilateralism: The Settlement of British Trade Balances with 'The North', c. 1700", *The Economic History Review*, New Series, vol. 14, iss. 2 (1961), p. 257.

与今日无异。向罗马教廷缴纳什一税、海外外交使团的开支、海外驻军及战备补给等,更不用说在海外交战及外债的还本付息,无不需要大量贵金属。故此,"英国的金融处境在进入18世纪后很久,都一直比有形贸易数据表面显示的要严峻得多"。① 据载,16、17世纪之交,英国政府为了部队的海外驻扎而"汇出了大量资金",构成国际货币流动中的大项。② 满足这些用途的最佳支付手段首推金银,甚至非此不可。斯密也承认,累积金银简直是君主"预防不测事件的唯一手段";"金银是普遍的商业手段,更容易为人接受而换得商品"。正是在此意义上,重商主义者才会称金银为"商品的储备库"、"通用财富"等等。不妨以今人的外汇或硬通货概念去理解,其时追求贵金属、争取贸易盈余,与当今之"出口创汇"、保持外汇与黄金储备,可谓异曲同工,不但毫不荒谬,反属天经地义。相比之下,斯密的其他结论:"无论就哪一点说,任何一国的政府对于保持或增加国内货币量的关心,都是不必要的","一国要对外进行战争,维持远遣的海陆军,并不一定要累积金银"云云,反而是脱离历史实际的过于轻巧之言。③

自由学派还提出了若干理论假设,经常被用来反衬重商主义聚敛金银钱财之荒谬,最有名者当数大卫·休谟集成的价格铸币流动机制论。该理论认为,一国的国际收支会通过物价的涨落和铸币的输出输入而自动恢复平衡,简言之,当发生逆差后,物价下降,出口增加,铸币则回流,反之亦然。然而,这个过分理想化和简单化的理论存在诸多漏洞。首先,铸币总量本身无法得到保障,比

---

① Ibid. Wilson, "Treasure and Trade Balances: The Mercantilist Problem", p. 159.

② Ibid. Price, "Multilateralism and/or Bilateralism: The Settlement of British Trade Balances with 'The North'", c. 1700", p. 260.

③ 前引斯密:《国民财富的性质和原因的研究》下卷,第18、121、9、13页。

如,就在重商主义时代,亚洲对金银铸币的积存和熔化会使得大量金银退出流通。其次,单纯强调价格因素时,却忽略了供应和需求弹性、运输成本、市场结构等其他多种复杂因素。再次,流动的过程及平衡的恢复必然需要时间,况且还有赖于贸易各方按照统一规范彼此负责地行动。这些苛刻条件使得所谓的流动机制尤其在"国际货币混乱司空见惯"的重商主义时代根本无以兑现,反过来倒是更加凸显了重商主义干预及其对贸易顺差关注的合理性。①凡此种种都警示人们,尤不应该以事后脱离实际的教条去扭曲并苛责本具历史合理性的重商主义主张。

(二) 重商主义是否与自由经济学水火不容?

在流行观念中,人们除了相信重商主义一无可观外,还相信重商主义与自由经济学在基本理念和政策方向上截然对立,涉及是赞成保护主义还是赞成自由贸易,是倡导政府干预及垄断还是倡导市场放任自流,是相信必须对私利加以管控还是相信私利可以促进公益,等等。然而,这样的两极对垒多半来自想象。事实是:一方面,自由学派的经典作家保留了不少重商主义立场。例如,斯密明言,航海条例、国防需要、税额对等、过渡阶段等可构成自由贸易的例外情形;②杰里米·边沁、约翰·穆勒虽然通常被视为放任

---

① Rudolph C. Blitz, "Mercantilist Policies and the Pattern of World Trade, 1500-1750", *The Journal of Economic History*, vol. 27, no. 1 (Mar., 1967), pp. 39-55. 参见 J. D. Gould, "The Trade Crisis of the Early 1620's and English Economic Thought", *The Journal of Economic History*, vol. 15, no. 2 (June, 1955), pp. 124-125.

② 参见斯密:《国民财富的性质和原因的研究》下卷,第 34、36、38、40 页。

自流的代表,但"实际上恰恰在倡导为了集体利益而进行国家干预"。① 另一方面,重商主义到后期更是迈出了大幅的自由化步伐。因此,如果说自由学派日后攻陷了重商主义堡垒,那也"是通过重商主义作家已经攻破的缺口而攻进去的","至少就经济分析而言,重商主义者和自由主义者之间并不存在任何鸿沟"。② 越是细察真实的历史演变过程,就越能发现两大学派间的联系性和共通性。

在自由贸易问题上,诸多重商主义者,如"孟、……达维南特、巴贡、蔡尔德,特别是诺思,已经提出了倡导外贸自由的理论主张,其表述的明确度和清晰度可与近百年后的斯密相媲美"。③ 另据多方研究,"从配第开始的众多作者属于有时所称的'自由重商主义者',他们提出了赞成自由市场和自由贸易的普遍原理及部分理由。在诺思和亨利·马丁那里,'自由的重商主义'已成为'重商的自由主义'";马丁、雅各布·范德林特、马修·戴克、乔塞亚·塔克等人探讨了要素禀赋和优势差异以及在此基础上交易之利弊,塔克、戴克在自由贸易问题上的观点甚至比斯密更加自由化;④ 塞缪尔·福特里"如斯密一个世纪后那样陈言,自由贸易会让资源得到更有效的配置";⑤ 艾萨克·杰维斯"为自由贸易作了最有力的实际论证"。⑥ 如此等等提醒我们,"切莫以为,多数重商主义文献仅

---

① J. Bartlet Brebner, "Laissez Faire and State Intervention in Nineteenth-Century Britain", *The Journal of Economic History*, vol. 8, Supplement: The Tasks of Economic History (1948), p. 60.

② 前引熊彼特:《经济分析史》第一卷,第 541、555 页。

③ Frank H. Knight, *On the History and Method of Economics*, The University of Chicago Press, 1956, p. 6.

④ Ibid. Hutchison, *Before Adam Smith: The Emergence of Political Economy, 1662-1776*, p. 86, p. 233, p. 394, p. 402.

⑤ Ibid. Magnusson, *Mercantilism: The Shaping of an Economic Language*, p. 101.

⑥ 前引熊彼特:《经济分析史》第一卷,第 298 页。

仅是在为17世纪及18世纪初君主所追随的保护主义和传统管制政策作辩护,正恰相反,许多重商主义者对国家推行的此类政策提出了严厉批评";①其实,"斯密本人对保护政策所作的批评不会比诺思的严厉批评更好一些"。②

自由放任、市场机制等理念同样早为重商主义者所熟知并阐发,这方面存在大量证据:"重商主义文献包含了堪称放任自流思想之先驱的很多东西";"斯密之前的许多作者都已认识到在某些部门存在自我调节的力量,如杰维斯、休谟对国际贸易的看法,诺思、伯纳德·曼德维尔、塔克关于国内市场、劳动和资本市场的观点";坎蒂隆也"对市场的自我调节机制作了清晰并成功的解释";③在市场价格机制及货币自动机制方面,相关理论的"英国渊源可谓举不胜举";④马利内、洛克、诺思、杰维斯等人也早于休谟就揭示了铸币流动机制的理论要件;⑤"英国重商主义者强烈反对国有和国营的垄断"。⑥ 有鉴于此,史家认定,"正如重商主义作家为金银移动的自动机制理论铺平了道路那样,他们也为商品移动的自动机制理论铺平了道路";⑦"斯密对'看不见的手'的坚持,并不像人们原先以为的那样意义重大"。⑧

关于"经济人"及追逐私利可促进公益的理念,在重商主义者那里也本已普遍。例如,达维南特在1695年明确宣称,"经济和政

---

① Ibid. Magnusson (ed.), *Mercantilist Economics*, p. 9.
② 埃里克·罗尔:《经济思想史》,陆元诚译,商务印书馆1981年版,第143页。
③ Ibid. Hutchison, *Before Adam Smith: The Emergence of Political Economy, 1662-1776*, p. 385, p. 359, p. 398.
④ Ibid. Rashid, *The Myth of Adam Smith*, p. 38.
⑤ Ibid. Viner, *Studies in the Theory of International Trade*, pp. 74-84.
⑥ Jacob Viner, "Economics and Freedom", in ibid. Irwin (ed.), *Jacob Viner, 1892-1970: Essays on Intellectual History of Economics*, p. 51.
⑦ 前引熊彼特:《经济分析史》第一卷,第543页。
⑧ Ibid. Magnusson (ed.), *Mercantilism*, vol. 1, p. 4.

治世界中存在一条超越任何政府法规的法则,它终究以个体私利为基础"。① 其他人如诺思、蔡尔德、刘易斯·罗伯茨、亨利·帕克、理查德·坎伯兰 17 世纪发表的著作,塔克、斯图尔特等 1760 年代前发表的著作都已提出,个体自发的谋利行为可以促进公共福利,商人的行为动机虽在于自利,但往往有利于国家和社会。皮埃尔·布阿吉尔贝尔写于 1690—1710 年的作品同样提出,私利驱使下的个体固然谋取私利,客观上却能促进公益。② 曼德维尔 1714 年的作品更有一目了然的书名——《蜜蜂的寓言:私人的恶德、公众的利益》,据查,斯密著作相关的"整段文字……几乎一字未动,完全从曼德维尔书中转录过来"。③ 故此有论:"'经济人'的概念,通常以为是 19 世纪古典学派的发明,实乃重商主义学说中的重要内容"。④

不必再举更多例证,总言之,实证考察经济思想史可知,自由学派"古典理论中的所有因素,在 1700 年以前就已形成";⑤ "重商主义者与古典经济学家共享某些重要理念,涉及经济实际如何运行、应当如何运行、如何可以变革经济、为了何种目的实施变革。……这不免让我们把古典经济学视为重商主义理念的延伸"。⑥ 此等现象原本顺理成章,历史演进中,层累式传承毕竟是常态,横空的突变终究是例外,事实上,即便是重商主义,如前已见,它

---

① Ibid. Hutchison, *Before Adam Smith: The Emergence of Political Economy*, 1662-1776, p. 49.

② 前引欧文:《国富策:自由贸易还是保护主义》,第 63、87、92 页;Ibid. Hutchison, *Before Adam Smith: The Emergence of Political Economy*, 1662-1776, p. 80, p. 235, p. 340.

③ 夏尔·季德、夏尔·利斯特:《经济学说史》上册,徐卓英等译,商务印书馆 1986 年版,第 134 页。

④ Ibid. Viner, *Studies in the Theory of International Trade*, p. 93.

⑤ 前引熊彼特:《经济分析史》第一卷,第 541 页。

⑥ Ibid. Grampp, "An Appreciation of Mercantilism", pp. 60-61.

又何尝不是扎根于之前更早的历史传统中呢?这里更值得探讨的问题是,既然重商主义与自由学派之间的联系性和共通性不容否认,为何随着自由学派的确立,"英国重商主义中的自由因素会遭到'奇怪的忽视'",①重商主义甚至反而遭到抹黑?进言之,既然重商主义日后的厄运源自斯密,那么,为何斯密关于重商主义的不实之论会占据上风,乃至凝固为一种不容置疑的流行常识?

在这一切反常现象背后,首要成因在于,斯密为了突出自己反对垄断、崇尚自由的思想基调,对既往重商主义遗产采取了极端化、简单化的处理方法。他吸收了曼德维尔、弗朗西斯·哈奇森、亨利·凯姆斯、休谟等人关于经济自由的思想,却抛弃了其赞成管制贸易并保护产业的主张;他吸收了达维南特、戴克、范德林特等人关于自由贸易的理念,但基本抛弃了其赞成政府干预的立场。②各方因此有论:"斯密寻觅着可支持自由市场观点的所有东西,对其他一切则弃如敝屣";③"为了取得这种单纯性,许多不适合该思想的重要事实就得退居次要位置,他引用的证据也经常是不全面的";④"现代经济学家发觉斯密的立论过于简单化,或许还太过情绪化和片面化"。⑤ 就在这种片面化过程中,重商主义开始被扭曲,其所谓荒谬性日益被弄假成真,其所包含的合理主张日益遭到埋没。与此同时,斯密却因为貌似拨乱反正的贡献,不断受到追捧。当然,这一切之所以成为可能,关键是因为英国工业优势正在

---

① Donald Winch,"Economic Liberalism as Ideology: The Appleby Version", *The Economic History Review*, New Series, vol. 38. no. 2 (May, 1985), p. 289.
② 前引欧文:《国富策:自由贸易还是保护主义》,第59—100页。
③ Gwydion M. Williams, *Adam Smith - Wealth without Nations*, Athol Books, 2000, p. 38.
④ 前引季德、利斯特:《经济学说史》上册,第115页。
⑤ Jacob Viner,"Adam Smith", in ibid. Irwin (ed.), *Jacob Viner, 1892-1970: Essays on Intellectual History of Economics*, p. 259.

得到确立,英国此时需要不讲条件的自由贸易,需要简单化的自由主义意识形态!

本来,斯密终其一生都未能跻身一流经济学家的行列,如在18世纪英国议会的辩论中,对斯密的引用率远低于洛克、休谟、达维南特、蔡尔德、配第、塔克等重商主义大家,"不过排在可怜的第九、第十位"。① 这一点也为斯密1790年去世时的落寞所佐证。② 然而,进入19世纪,斯密便声名鹊起。根本原因在于,"随着英国的工业优势到1800年时日益彰显,自由贸易当然开始成为英国制造商的最佳政策";"英国的工业优势意味着,强大的游说集团看不到有什么理由要反对自由贸易,反而会把自由贸易当作扩大自身私利的手段"。③ 尤其在"1815年后,英国人已确信自己的霸权,开始废除原先本着重商主义精神而实行的一些限制……。同时,他们以无可指责的国际分工和贸易互惠的理由,力图说服别国也照此行事。"④ 显然,当工业优势发展到需要把自由经济理论巩固为新的主流意识形态时,借助斯密对重商主义言过其实的抨击,去打压英国已不再需要的垄断特许、贸易保护、政府管制等重商主义做法,去诱导其他国家放弃这些做法并融入英国所主导的国际自由贸易体系,如今最符合英国的国家利益。

既然确立自由经济理论的主流地位如此事关重大,主事者哪怕发现斯密针对重商主义的言辞十分偏颇,也有意不加纠正。例

---

① Kirk Willis, "The Role in Parliament of the Economic Ideas of Adam Smith, 1776-1800", *History of Political Economy*, no. 11 (Winter 1979), p. 510.

② Emma Rothschild, "Adam Smith and Conservative Economics", *Economic History Review*, XLV, 1 (1992), p. 74;约翰·雷:《亚当·斯密传》,胡企林等译,商务印书馆1998年版,第394页。

③ Ibid. Rashid, *The Myth of Adam Smith*, p. 159, pp. 172-173.

④ 前引兰德斯:《国富国穷》,第637页。

如，穆勒1833年在谈到为何要坚持斯密崇尚的自由放任原则时，称"该原则如同其他负面性原则一样，还有摧毁性工作要做。我高兴地看到，它有足够的力量去完成这项任务，只有此后它才须尽快失效"。再如，同时代的弗朗西斯·豪纳拒绝出版《国富论》注释本，理由是"不愿在斯密著作产生充分效果以前去揭露其谬误"。① 可见，为了与时俱进，利用斯密而对重商主义矫枉过正一番，在有识之士那里是乐意为之也是刻意为之的。反过来，对重商主义主张的任何接纳，哪怕是自由学派内部的勉强接纳，都会遭到无情的围攻。② 穆勒曾提出，可考虑"临时性地设置保护性关税，特别是在一个正在兴起的年轻国度，借以促使某一外来产业在国内生根"。就是这么一句平实之论，居然招来一片指责，乃至穆勒在高压下不得不违心退让，须知，他在私人通信中却坚称"从未放弃自己的信念"。与此类似，罗伯特·托伦斯指出，"一国能通过设置一项关税来让贸易条件变得对自己有利"，故此，"英国的繁荣所依靠的贸易政策应当立足于对等贸易，而非自由贸易"。就是这样一个为英国着想的合理见解，仅仅因为不符合眼前的需要，竟然经由英国"政治经济学俱乐部"的一致投票而遭到指斥。③

岂止是自由学派的这些主流经济学家遭到修理，纵然是斯密学说本身也需要按照新风尚加以修饰，毕竟它还保留着与重商主义的某种"脐带"联系。就在上升为意识形态的过程中，《国富论》日益被简化为一条"一刀切"的原则，即"一切贸易都应当自由"，斯密学说也被完全"消解为关于经济自由的简单药方"。④ 如此一

---

① Ibid. Rashid, *The Myth of Adam Smith*, p. 166, p. 162.
② 前引梅俊杰:《自由贸易的神话:英美富强之道考辨》,第36—40页。
③ 前引欧文:《国富策:自由贸易还是保护主义》,第172—175、137—139页。
④ Ibid. Rothschild, "Adam Smith and Conservative Economics", p. 93, p. 87.

来，斯密学说被越拔越高，也只能越来越纯粹，与此同时，重商主义则只能被越描越黑，从而成为自由学派十足的对立面。最终结果是，一方面，世人"养成了一种作风，只要认为某一种著作具有一丁点重商主义气味，就几乎足以判处这部著作死刑"；①另一方面，则是"把《国富论》奉若圣经，以为此书的问世终结了充满经济学无知和重商主义偏见的中世纪，从此开辟了经济进步、自由贸易、放任自流的新时代"。② 这正是人们早已习以为常的定论，可这不过是一个背离史实的神话而已。

当然，重商主义决非无可指摘，其理念和政策的偏差本已流口常谈，比如，存在较为严重的零和游戏乃至以邻为壑的思维，故而容易挑起对抗甚至战争；为积累贵金属而高度重视对外出口及贸易顺差，相对而言比较忽视内贸和进口；政治权力对经济活动施加了大量干预和管制，单纯的经济分析也尚未成为一门独立学科。可是，只要回溯当时的历史背景就不难看出，这些偏差在那个时代多属合理之策。不错，随着时过境迁，着手用自由主义对重商主义进行纠偏，也理所必然。事实上，如前已示，不少重商主义者自己已开始这样做了。问题是，自由学派为了一时的功利不免走了极端，比如，由重商主义者"贸易的猜忌"一跃而为不实地轻言或"过分地相信国家之间在经济问题上能和谐共荣"。③ 更有甚者，在利益、傲慢、教条的共同作用下，自由学派以后不断强化对重商主义的否定，还以为只有自己掌握了放之四海而皆准的真理。有人就是这么说的："要我写东西来辩护自由贸易，简直就是要我再去证

---

① 前引熊彼特：《经济分析史》第一卷，第 501 页。
② A. W. Bob Coats, *British and American Economic Essays*, vol. I, Routledge, 1992, p. 121.
③ Jacob Viner, "Mercantilist Thought", in ibid. Irwin (ed.), *Jacob Viner, 1892-1970: Essays on Intellectual History of Economics*, p. 268.

明欧几里得定理。"①

如此造成的后果是,其一,经济学的进步受到阻滞。正如熊彼特所言:"假如斯密和他的后继者不是抛弃重商主义命题,而是精炼和发展它们,那么本来在1848年以前是可以提出一种远为正确、远为丰富的国际经济关系理论的。"②可惜,"对重商主义思想的普遍扭曲浪掷了一份伟大的分析性文化遗产,从而酿成了经济理论的严重损失"。③ 其二,后发国家的发展受到误导。本来,重商主义与自由学派作为不同时代的产物,各自对应于自身时代的需要,也即对于不同发展阶段各有各的对应功效。然而,在自由学派唯我独尊之下,本来有助于落后国家工业化追赶、至少具有阶段性功用的重商主义策略,基本上在当今发达世界之外,长期被当作异端而遭摒弃。此番误导,一定程度上也是工业化的领先者和经济学上的先知先觉者出于私利而有意为之的。如今在恢复重商主义的本来面目并对自由学派加以纠偏时,自应跳出认为这两个学派水火不容的教条主义定论,更多地去关注其相互的联系性、共通性及互补性,如此可望兼收并蓄、择善而从。

(三) 重商主义向后发国家提供了何种启示?

无论自由学派如何陈言,一个无可否认的事实是:重商主义为现代世界设定的经济民族主义范式至今依然有效,本质上仍规范着当今的国际秩序;同样,重商主义的具体主张,不论体现于贸易保护、工业发展,还是体现于政府干预、就业保障等等,至今都还是

---

① 前引欧文:《国富策:自由贸易还是保护主义》,第301页。
② 前引熊彼特:《经济分析史》第一卷,第555—556页。
③ A. W. Coats, "Concluding Reflections", in ibid. Magnusson (ed.), *Mercantilist Economics*, p. 263.

各国或明或暗的政策要素。故而,史家有言:"先前的重商主义思想并未消逝。直到今天,它们都不时披着不同的外衣再度出现,甚至有时这种重新发现的古代真理因被认为出奇地符合现代情况而大受欢迎。"①更有专家指出,"自由放任看法的出现,只是一个纯粹的策略性政策改变而已,重商主义的根本战略丝毫未变"。②

纵观主要发达国家的近现代经济史,不难发现一条规律:当竞争力薄弱时,它们曾长期依靠重商主义而积蓄力量,在获得竞争优势后,则改以自由贸易去攻城略地,而一旦遭遇强大竞争,又会再拾重商主义,哪怕其言辞所标榜正好相反。它们寻求的是某种与对手"不对称"的贸易政策,重商主义和自由贸易为此而交替或混合采用。英国在国力处于巅峰的19世纪中期,曾主导了世界范围内的自由贸易运动,及至1880年代面临其他国家赶超时,则随即掀起了旨在取消自由贸易的运动,坎宁安等一批经济史学家也大举复兴重商主义,包括输入德国的保护主义思想,形成所谓"新重商主义"。③ 美国的历史轨迹与此大同小异。④ 明乎此,我们才能领悟自由学派与重商主义乃"一币双面"的特质,并理解为何要说"自由贸易不过是一种精巧的重商主义,只有从中获得优势的人才相信它"(琼·罗宾逊语),⑤又为何要说"自由贸易的许多倡导者,如塔克、托伦斯、E. G. 韦克菲尔德,本质上都是出于重商主义动机

---

① 前引罗尔:《经济思想史》,第85页。
② 杰拉德·库特:《英国历史经济学,1870—1926年:经济史学科的兴起与新重商主义》,乔吉燕译,中国人民大学出版社2010年版,第169页。
③ 前引库特:《英国历史经济学,1870—1926年:经济史学科的兴起与新重商主义》,第4页。
④ 前引梅俊杰:《自由贸易的神话:英美富强之道考辨》,第169—225页。
⑤ Peter J. Burnell, *Economic Nationalism in the Third World*, Wheatsheaf Books Ltd., 1986, p. 25.

而倡导自由贸易的"。①

既然当今世界并未脱离经济民族主义的基本轨道,也既然我们站在后发国家的立场上考虑问题,则源远流长的重商主义传统便具有直接的启迪意义。客观地汲取相关历史经验,同时审慎地参照当今现实环境,将有助于对应一国的发展阶段采取相应的行动策略。

重商主义的启示之一首先涉及国家作用或政府干预问题。在重商主义那里,没有单纯的"经济学",只有"政治经济学"。虽然后来学科的细分让经济学获得了独立成长的巨大空间,但这并不能改变现实世界中经济系统与政治系统的紧密联系。实证历史研究以及当今国别观察表明,经济发展从来就是一个依靠政治、财政、金融、技术、军事、文化等多维支撑的过程。重商主义高潮期的国家作用自不必言,即使在自由学派兴起之后,欧洲各国"从1820年代起,公共开支所占份额在绝对和相对意义上都在扩大"。发人深省的是,英国"18—19世纪全球实力背后的关键在于强大的财政兼军事型国家政权,长远观之,英国能成为经济大赢家,成为工业经济体,其最终保障就在这里"。② 这方面的佐证材料已有整理,此处不再赘述。③ 重商主义者相信,国家干预当时能达成可取的目标,创造更大的效益;现代学界也有个基本共识:"一个国家越是落后,它的工业化就越可能在某种有组织的指导下进行",其国

---

① Ibid. Koot, "Historical Economics and the Revival of Mercantilism Thought in Britain, 1870-1920", p. 191.
② Lars Magnusson, *Nation, State and the Industrial Revolution: The Visible Hand*, Routledge, 2009, p. 16, p. 10.
③ 前引梅俊杰:《自由贸易的神话:英美富强之道考辨》,第109—124页。

家政权越是"倾向于发挥一种十分重要的积极作用"。① 如今发达工业社会肩挑福利国家的重担，也必然要大力维护一个积极有为的政府，只能继续走兼顾政府与市场的"混合经济"模式。纵然是寻求经济振兴的今日美国，也在强调有必要重建积极有为的政府。②

不过也应当清楚，国家作用或政府干预是一把双刃剑，重商主义者对此不乏清醒认识。李斯特作为重商主义的杰出传人，在高度重视非经济因素特别是政府干预作用时，同样对国家"越俎代庖"那些国民个人能为和善为之事发出了警告。③ 古往今来，相关教训已屡见不鲜，最突出者当数苏联集团，其强国家体制虽曾显赫一时，但由于扫除了企业家阶层及企业精神，阻断了市场化和民营化之类的道路，致使无以适时转型，一度有效的政权工具终于无法实现可持续的经济发展和有活力的社会进步。④ 必须指出，自由学派关于"寻租"的批评虽有误植于重商主义的成分，⑤但不等于这种批评所提示的风险本身就子虚乌有。凡是政府干预过度、市场化不足、社会自组织欠发达的地方，寻租的机会必然增加，经济运行成本肯定趋高。一个背上了庞大政府、沉重税负、食利阶层的社会是缺乏竞争力的，也是难以行稳致远的，在借鉴重商主义的"有形之手"时又必须引此为戒。

---

① 亚历山大·格申克龙：《经济落后的历史透视》，张凤林译，商务印书馆 2009 年版，第 53、94 页。

② Jacob S. Hacker and Paul Pierson, "Making America Great Again: The Case for the Mixed Economy", *Foreign Affairs*, May/June 2016, pp. 69-90.

③ 前引李斯特：《政治经济学的国民体系》，第 147 页。

④ 迪特·森哈斯：《欧洲发展的历史经验》，梅俊杰译，商务印书馆 2015 年版，第 14 页。

⑤ Robert B. Ekelund, Jr. and Robert D. Tollison, *Politicized Economies: Monarchy, Monopoly, and Mercantilism*, Texas A & M University Press, 1997, pp. 5-6.

重商主义的启示之二涉及产业扶植及出口导向问题。注重出口并追求顺差是重商主义广为人知的目标,但其可贵之处在于,强调通过实现进口替代、扶持并升级产业、提高出口产品附加值、增强国际竞争力来实现这一目标。重商主义的起点本来就是区分了人工技艺与自然条件,相信工业技艺的开发蕴含无穷的可能,而且以此去求解欧洲与美洲、荷兰与西班牙、英国与爱尔兰之间经济差距的缘由。① 正是这种取向,让重商主义有别于重农主义等其他学说,成了一套指向工业化及现代化的进步方案。也正因为以工业化或生产力发展为目标,所以,通常意义上的负面或争议性做法,如垄断专营、贸易保护、补贴奖励、产业政策之类,便能获得长远眼光下的可取性。此所谓"保护关税如果使价值有所牺牲的话,它却使生产力有了增长,足以抵偿损失而有余"。② 不过,应当谨记,"完美无缺的保护制度是极其少有的",③产业扶植也是一把双刃剑,因此,必须注意适时移除原先不得已的保护措施,借以通过自由竞争保持生产力的强大,同时避免利益集团的过度寻租行为。在这个意义上,斯密等自由学派的意见也还是有一定针对性的,可以成为对重商主义某种偏颇的必要补正。

重商主义在强调产业扶植时,主要着眼于出口导向。以欧洲列国各自规模有限而言,如此强调出口是有意义的,据认为,在英国工业革命的起飞中,出口就如同"点火的火苗",提供了至为关键的加速度。④ 不过,仍应当警惕重商主义对国内贸易与发展的相对忽视。后发国无论出于被迫还是为了主动,往往都需要从增加

---

① Ibid. Herlitz, "Conceptions of History and Society in Mercantilism,1650—1730", pp. 118-120.
② 前引李斯特:《政治经济学的国民体系》,第 128 页。
③ 前引罗雪尔:《历史学方法的国民经济学讲义大纲》,第 90 页。
④ 前引霍布斯鲍姆:《工业与帝国:英国的现代化历程》,第 42、48 页。

出口、扩大开放来启动增长。然而,经济史上随后出现了分野,部分国家能克服对外部门的"飞地"甚至"失血"效应,借助对外部门的带动,实现自主发展的不断升级;更多国家却陷入强势经济体的卫星轨道,对外依附日益加深,即使其间会有增长也难以取得发展。原因何在呢?根据新重商主义者的实证比较研究,关键取决于是否能在经济资财上和政治权力上实现由食利寡头向生产群体的转移。只有实现了去寡头化才能保证外向部门的收益得到广泛分配、国民经济的内在关联日益增强、国内市场规模持续扩大、经济增长基础得以拓宽、自主发展动力不断壮大。[①] 故此,对外部门提供的机会和利益固然应当利用,但用之于何方却是个大问题,决不能在此过程中迷失了促进国内发展、改善国民福祉的根本方向。任何立足于压低本国生产要素估值、依赖外部市场需求、收益大量回流海外、海外经营无视效益、遏制国内市场成长、打压民间多元活力、回避内部制度改进的发展模式都无法行之久远,不管它在短期内如何创造奇迹。

　　重商主义的启示之三涉及危机管控和就业保障问题。可以毫不夸张地说,重商主义天生就是一种反危机战略,其理念和主张多诞生于危机应对及相关辩论,故而比起其他学说更长于反危机。重商主义者当年面对的危机,从货币短缺、技艺低下、竞争乏力、贸易逆差,到市场狭小、生产过剩、失业扩大、落后挨打等等,按今人标准堪称一应俱全,管控的挑战性亦毫不逊色。那种把西方现代化描绘成一个水到渠成、有机生长过程的观点纯属非历史的臆想。有鉴于此,与崇尚放任自流的自由学派相比,重商主义的工具箱中倒是拥有完备的反危机对策。当代最著名的例子是凯恩斯,他面

---

① 前引森哈斯:《欧洲发展的历史经验》,第 149—154、184—189 页。

对经济危局,即从"古典学派的忠实信徒"转变为重商主义"明智之道"的吸纳者,由此为重建宏观经济学并调整战后政策实践作出了贡献。① 除凯恩斯主义外,社会主义、国家资本主义、依附论等也属于借鉴了重商主义而长于克服特定危机的当代体制或思想。② 当然,反危机的要害在于增加管控,故而它同样是一把双刃剑,重商主义者早就知道,"管制和限制总是在某种程度上破坏潜在的财富",③也即总是有代价的。因此,在增加管控措施时,总需要抱持"两害相权取其轻"的戒惧心态,以免由限制、管制发展为统制乃至专制而产生异化。任何必要的管控都应该预订退出机制,包括条件成熟时向常态自由体制过渡。

就业始终是重商主义的重大关切,至少在15世纪英国就有了"依据失业论点而颁布的保护主义法令",以后的重商主义者还提出了诸多相关命题,如:借货币流入刺激工商业从而激发就业;贸易顺差应着眼于输出更大的劳动量;创造就业是衡量工商业优劣及殖民地效用大小的标准;为了就业目的甚至可以容忍贵金属外流;即使生产无用东西也比不生产要好,等等。④ 从这个角度说,对于克服失业这样的问题,重商主义比起自由学派有着更多可资鉴之处。当然,重商主义年代受制于公共财力和货币扩张能力的局限,更多地把应对失业的举措指向海外,主要是保护贸易、向外殖民甚至策动战争,社会援助、投资激励等手段是以后才逐渐成熟

---

① 前引凯恩斯:《就业、利息和货币通论》,第344—385页;前引欧文:《国富策:自由贸易还是保护主义》,第254—276页。
② Björn Hettne, "The Concept of Neomercantilism", in ibid. Magnusson (ed.), *Mercantilist Economics*, pp. 235-255.
③ 前引熊彼特:《经济分析史》第一卷,第544页。
④ Ibid. Heckscher, *Mercantilism*, vol. 2, pp. 122-126, p. 146. 前引熊彼特:《经济分析史》第一卷,第520—521页。

的。如今的后发国在利用外部资源应对失业问题时面临很大制约,发达国家自身的失业问题又存在扩大化和长期化趋势,它们对于后发国搭便车的宽容度已经大为降低。于是,社会援助和投资激励成为一时政策之选。但显然,如果不能将反危机、保就业与社会改革、经济放活、财政约束结合起来,最终可能导致公共部门继续膨胀、货币供应天量放大、债务水平无比升高、税费负担持续加重、企业经营更加困难,如此财政上寅吃卯粮的过度趋势、制度上头重脚轻的大政府小社会结构、经济上生之者寡食之者众的扭曲现象,最终只会酿成环环加深的危机。

综上所述,重商主义是一份兼具思想性和实践性的丰厚遗产,又是一份在大国崛起过程中行之有效、随后却遭遇"过河拆桥"命运的复杂遗产。为此,经济史学界特别是后发国学界理当深入研究这份遗产,勇于拨乱反正并善于取其精华。这一切决不意味着要摒弃自由学派中的合理和适用成分,但针对目前客观存在的厚此薄彼现象,我们亟需在二者间找到某种平衡。只有博采众长才能弥补认知盲点,进而获得切实可靠的历史经验和理论指南。

2020 年 1 月 12 日改定于
上海社会科学院世界经济史研究中心

目　录

前言 ··· 1

第一章　导论 ································ 3
第二章　争议重商主义 ······················ 21
第三章　财富与实力 ························ 71
第四章　对外贸易顺差 ····················· 128
第五章　1620年代的论争 ·················· 170
第六章　新的贸易科学 ····················· 220
第七章　何谓重商主义 ····················· 273

索引 ·· 283

前　　言

在 1994 年出版的《重商主义：一套经济话语的形成》中，本人提到了撰写那本书的理由，当时提及的理由今天看来依然有效。首先，尽管人们想方设法要把重商主义概念斩草除根，但在描述近代欧洲的思想、经济、政治环境时，大家仍不免要用到这一术语。因此，我们一如既往地有必要研讨重商主义的含义与影响。其次，重商主义这个概念如今照样遭到普遍的误用。许久以来，虽有不少研究者频频努力，意图消除那个建立在亚当·斯密古典定义上的陈旧解释，可是，既成的偏见仍挥之不去。19 世纪时，有人反对其他国家为工业化而实施保护主义，于是把此类工业保护主义跟自由贸易之类的自由经济学对立起来，接着声称，工业保护主义脱胎于错误的重商主义理论。就这样，重商主义被塑造成"错把货币当财富"的一种教义，似乎其所倡导的经济政策不外乎追求贸易顺差。对于这套简单化的说辞，许多人至今还深信不疑。

我在本书中无意把重商主义描画为某种整齐划一的体系，仅试图将它定义为约 16—18 世纪源自近代欧洲的一套话语。当时的人们不但探讨如何借助经济财富赢得国家实力，还探讨了经济财富如何有赖于国家实力等问题。当时在欧洲数国，出现了一系列涉及经济问题的讨论，论及外贸、货币、工业、利率等议题。简言之，重商主义实乃商业竞争和国际竞争如火如荼年代某种"好斗的政治经济学"。当然，重商主义尚不止于此。在有关讨论逐步展开的过程中，新的见解、新的理念也应运而生。例如，人们认识到，外贸并非零和游戏，通过发展制造业及高附加值生产，可以获得国家财富、赢得竞争优势。更有甚者，人们还认识到，商业经济自有其运行法则，供求关系才是背后的主要调节机制。

本书的书名不同于1994年那本书，但二者的区别另有更多。新版固然在沿用旧版部分内容之外增加了不少新内容，但更注重拓展论述的视野。旧版聚焦于经济话语的形成问题，新版则进一步深度关注重商主义的政治经济学内涵，以及竞争性商业经济所涉复杂因素如何塑造了经济学的理念及其表述。这并不意味着我的认识视角发生了反转，正如书中所示，我依然不赞成人们把经济话语看成仅仅在被动反映"实际事件"，毕竟话语也有其自身的主动角色。然而，我在本书中的重点，是要关注经济话语与实际事件的互动情况。

多年来，不少人士对我的旧作提出了各种看法，在欧美及日本的课堂或讲堂里，莘莘学子与我一起探讨了书中关涉的诸多方面。谨将本书献给他们以志谢忱。

拉斯·马格努松
2014年12月于乌普萨拉

第一章 导论

1980年,英国经济学家唐纳德·科尔曼断言,重商主义不但是个"障眼物",更是一个"乌有物",无论在理论上还是在政策实践中,它都缺乏某种一以贯之的东西。如此高论自不免信口开河!有必要首先指出,重商主义还是大有连贯性的,这一事实决定了该术语依然值得使用。[1] 进言之,重商主义就欧洲近代经济的运行机制至少提出了**若干**论点与主张。如果要描述那个时期的**部分**政治实践,即当时的政治经济学,则使用重商主义或"重商体系"这一术语还是合情合理的。以下确实可见,重商主义作者们在思想上往往缺乏系统性,重商主义当政者在政策上也并非总是合乎逻辑。但总不能因此声称,他们不过是一帮"只低头拉车,不抬头看路"的人,纯粹无端地发明了某些理念与政策。事实上,历史上的行为者很少是这样的,他们不大可能全然空无志向或者无力思考自身处境,他们的政策也不可能毫无章法,仅仅在对迷茫的外部世界作出零敲碎打的反应。

如今,就算某些人承认重商主义这一概念,就算他们还在讨论"何谓重商主义",这样的讨论也已越来越少见了,而且此类讨论往往有个奇异特点,惯于把重商主义要么仅当作某种理论,要么仅当作某种实际政策和管制手段。当然,这样的看法各有其历史谱系。1930年代初,瑞典经济史学家艾利·赫克歇尔出版了专论重商主义的著作,在这部两卷本的专著中,作者把重商主义既视为一种实践(涉及经济政策),又视为一种理论(关注贸易顺差等问题),还把它当作某种世界观(展现了世俗精神和物质欲念)。[2] 对于赫克歇尔多元看待重商主义的综合视野,以后的人们却抱有怀疑态度。然而,在我看来,同时把重商主义视为某种理论(或下文强调的话语)兼某种实践,终究是有意义的。在重商主义的理论层面与实践层面之间,存在着毫无疑问的联系,当然,这些联系是复杂的,既不能以为理论会自然而然地反映实践活动,也不能以为政策会直截了当地体现理论主张。故可言,政策、理论及话语均拥有一定的自主性,同时它们也彼此交织在一起。

本人行将指出,若要概述 16—18 世纪欧洲的话语理念和政治实践,重商主义应当是个有用的概念,其有用性谅必不亚于其他任何概念。首先,我将探讨,欧洲各国为了求解大卫·休谟在 18 世纪中叶所称的"贸易的猜忌",如何在 16—18 世纪出台了一系列相应政策。在那个年代,国际贸易竞争日趋激烈,经济财富与强权政治深刻交织,各国纷纷寻求用经济手段打造强势国家。现代国家的诞生和崛起就发生在那个年代的那个世界,古斯塔夫·施穆勒在《重商体系及其历史意义》(1884 年)[3] 的前言中,就强调了这个事实,当年各国实施的政策也反映了这一特点。其次,我将探讨,为了明辨那个充满新挑战与新机遇的世界并借以作出有效应对,当时的人士如何形成了一套现代市场经济话语。这套话语旨在阐明,市场经济是如何运行的,其机制是如何构建的。因此,当欧洲各国的经济作者们试图弄清价格机制是如何运作的、什么因素导致汇率与贸易差额或升或降时,他们其实也为我们当今的市场经济理论奠定了基础。

重商主义

E.A.J.约翰逊在其力作《亚当·斯密的先驱》中,将"重商主义"标定为一个"令人不爽的字眼"。[4] 确实,该词语在历来的使用中,呈现了混乱不堪的多种含义和各不相同的多重意图。由于对重商主义的解读难以达成任何共识,相关讨论便经常含混不清。在亚当·斯密,以及约翰·麦卡洛克、理查德·琼斯等19世纪反"重商体系"的古典政治经济学家看来,重商主义一以贯之的东西就是将货币与财富混为一谈,这种混淆特别体现为贸易顺差论。古典派的这一看法到1930年代在雅各布·瓦伊纳那里再度现身。[5] 19世纪末,历史学派的经济学家如威廉·罗雪尔、古斯塔夫·施穆勒,则将重商主义解读为一种锻造国家的学说,称其发端于近代,目的在于支撑尚且羸弱的国家政权,推动"地域国家"向"民族国家"转型。[6] 之后,如在艾利·赫克歇尔的论著中,重商主义的含义又进一步扩大,这点上文已有述及。

确切地说,就是在斯密之后,重商主义才被打造成一个多少显得连贯整齐的"体系"。以斯密《国富论》的解读为基础,重商主义经由逐步构建,被打扮成为"斯密体系"或"自由贸易体系"的对立面。[7] 及至1840年,重商主义最显著的政策特征已被概述为贸易保护主义和国家经济管控。这一观点以后得到进一步的强调,尤其见于围绕英国《谷物法》及其1846年最终废止而展开的争论。[8] 然而,把所有重商主义者都描画为现代意义甚至19世纪意义上的保护主义者,肯定是错误的。而且,把斯密描画为教条化的自由贸易分子,也同样是错误的,可是1846年后,理查德·科布登及曼彻斯特学派的追随者们偏偏就是这样描画的。[9] 在斯密与重商主义者之间固然存在重大差别,但这种差别在19世纪无疑被渲染过头了。

众所周知,"重商体系"这一术语印到纸上首先见于1763年马奎斯·米拉波的《农村哲学》。[10] 在提及该术语的段落中,米拉波高调抨击了关于一国可因货币输入而获利的想法。斯密显然读过《农村哲学》,所以他完全可能就从此书中捡拾了这个说法。[11] 不过,米拉波并非最早使用"重商体系"的人,他之前数年,那个所谓"古尔奈圈子"在讨论政治经济学问题时,已经用到这一术语。法国人用该术语指称17世纪法国财政大臣让-巴蒂斯特·科尔贝及其贸易与工业保护"体制"。[12] 不管怎样,从斯密开始,"重商体系"才赢得了普遍的知名度。斯密在其流传开来的《国富论》中,用很长篇幅刻画了"重商体系"的典型特征。[13] 按他的观点,问题的核心就是那个错把货币当财富的"流行"谬误。斯密并未直接指控托马斯·孟或其他重商主义者犯有这一谬误,相反,根据他的论断,托马斯·孟是反对英国那个禁止货币出口的古老中世纪政策的。在斯密看来,孟的主要失误在于沿用了这一流行的重金主义形象,而他本可避免这样做。孟的失误是否源于机会主义理由,即为了追求特殊利益而明知故犯,乃至侵害了公众利益,恐怕永远不得而知。然而,关键的一点是,斯密的读者甚少觉得孟真的犯有理论失误,至少据约瑟夫·熊彼特的说法,孟采用重金主义形象原本也事出有因。熊彼特进而称,斯密暗示了所谓"货币与财富的混淆","使读者不得不产生那种印象,并致使这种印象事实上广泛流行起来"。[14]

确实,多数人在读了斯密的书后往往把有害的保护主义与孟的学说划上等号。斯密自然强调了政府管控和保护体制的破坏性后果,在好几个地方,他指出这种体制不但错误百出,还会贻害自身。比如，该体制不但无法拓展贸易和工业，经常还会适得其反，尤其是该体制不会造福于公众，只会造福于那些垄断市场的生意人和制造商，帮助他们进一步积累资本。斯密的意思是，强势利益集团为追求自身私利进行着大规模合谋，这正是"重商体系"的全部祸害所在。然而，斯密对利益集团终究怀有无所适从的复杂感情。人所共知，他也积极支持贸易和制造业，不赞成重农学派指称工商活动"不创造财富"那番说辞。在斯密有关经济发展的历史阶段论中，工商经营终究构成了不可或缺的一环。[15] 更有甚者，斯密有时还为《航海法》这种典型的重商体制作辩护，他毕竟相信，作为普遍原理的自由贸易纯属空想，在自己有生之年恐怕永远无法实现。[16] 看起来，斯密仍不免拖泥带水，他在相关篇章的最后一段这样总结道：

> 谁是整个重商体系的设计者，并不难于确定。可以相信，不会是消费者，因为他们的利益完全被忽视了。那一定是生产者吧，因为他们的利益得到了如此周到的照顾。在生产者中，我们的商人和制造商至今是主要的设计者。[17]

当然，斯密有言在先：重商体系实乃"愚蠢货币观念支持下的商业干预大杂烩"，就是这种观点后来在英国由古典政治经济学不断推衍开来。[18] 纳索·西尼尔和约翰·穆勒等经济学家动辄声称，保护主义立足于"货币乃财富唯一形式"这个不灵光的"重商理论陈迹"（穆勒语）。[19] 法国的奥古斯特·布朗基，尤其是英国的约翰·麦卡洛克，也跟着强化了斯密视野下的那种"重商体系"观。[20] 麦卡洛克在为1828年版《国富论》作序时，特别点明了该体系的含义：

> 称衡量个人和国家财富的标尺，不是他们可支配产品的

丰富性，不是他们手中可用来交换贵金属的那些商品的质量和价值，反而是他们实际拥有的那些贵金属的品质。由此不言而喻地形成了那个普遍流行的政策，即禁止金银的输出、鼓励金银的输入，为政者试图借此增加国家的财富量。[21]

在另一处，麦卡洛克写道：

> 孟先生一点也不强调外贸的具体情况。外贸让我们获得了各色各样称心如意的产品，这些产品我们自己要么完全无法生产，要么在国内不可能那么廉价地生产。我们总以为如此可得的产品及财富……一文不值，反而专门去关心20万英镑的金银差额。……孟先生用来衡量外贸好处的标尺，长期以来居然被全体商人和治国者视为绝对正确。[22]

于此可见，传统上跟标准"重商体系"相挂钩的重金主义谬误及保护主义，在麦卡洛克这里已经一应俱全。与斯密一样，麦卡洛克也愿意承认，孟的《英国得自对外贸易的财富》"向获得正确见解迈进了一大步"。[23] 然而在他看来，孟还是不由自主地成了以讹传讹之牺牲品。套用麦卡洛克在另一场合的话说，以讹传讹终致"谬种流传……其灾难性后果世所罕见"。[24]

在协助打造所谓"重商体系"观点的其他作者中，理查德·琼斯特别引人瞩目。[25] 不无讽刺的是，琼斯作为一位经济史学家，协助确立了对重商主义的定义，而后辈经济史学家却力图拆解这一定义。琼斯1833年到伦敦国王学院讲授政治经济学时，初衷是要更科学地阐述这一科目，故而，他在开场讲座中，讲到要探解"各国历史事件长链条背后的深层原因"。[26] 他也谈及"先人的谬误与胡言"，体现于竟然相信金银乃"唯一名副其实的财富"。按照这一思路，凡无法有利可图地开采金银的国家,只能通过贸易来获取金银。因此,管控外贸、促进金银源源流入、再紧紧地守住金银,被认为是一国发财致富的唯一方法。[27]

不过,琼斯是在1847年刊于《爱丁堡评论》的名篇《英国未开化的政治经济学》中,才开始谈论政治经济学及相关思想"体系"[6]的。据他介绍,17世纪以前,英国盛行重金主义性质的"逐项交易顺差体制",旨在为国内聚敛金银,防止金银流向国外。当时实现重金主义目标,依靠的是"贸易中心制度和现金使用制度"的相关条例,那两项著名条例自中世纪晚期就在英国施行,明令禁止外国销售商把货币或金银带出英国。然而,随着贸易不断增长,随着商人的社会政治力量不断增强,要求解除禁令的压力与日俱增,压力的增大与"科学观念的普及"并无关系。按琼斯所见,原有体制在16世纪逐渐变迁,于是到17世纪,出现了一种新的体制,即"总体贸易顺差体制"。此时,总目标还是照旧,仍要阻止货币外流,可是采用了新手段,强调的是总账顺差而不是逐项顺差。琼斯称,新体制的首要倡导者便是托马斯·孟这位"出名的伦敦商人"。[28]

琼斯也将"混淆货币与财富"指为重商主义政策背后的主要推手。例如,他曾发表过如下直截了当的观点,从而长期影响了有关重商主义的流俗观念:

> 任何人只要听说过亚当·斯密,就一定听说过,我们的先人曾不无荒诞地看重对贵金属的占有。可是,很少有人深究先人一门心思聚敛金银的古怪做法,对于这个问题上启蒙了国人的某些前辈作者,除其名字外,大家也不甚了了。须知,正是这些英雄前辈,揭穿了迷恋金银这一"点金术"般的愚蠢。[29]

这一故事中的英雄当然首推斯密,他会同"加利亚尼[原文如此]、魁奈、哈里斯、休谟,终于能够揭露……长期以来受到人类顶礼膜拜的谬误"。[30] 琼斯声称,过往大多数经济文本的作者均因迷恋金银而丧失鉴别能力,乃至查尔斯·达维南特都成了"只有金银才算财富这一信仰"的牺牲品。[31] 琼斯称达维南特"毫不奇怪"地成为恋金盲信者,琼斯明摆着是在妄下断语。

如此不堪地描画重商主义,定然遭到过彻底的批判,尤其在20世纪。然而,上述对"重商体系"的斯密式解读在19世纪上半叶却日益滋长,最终变身为一种教条。对于此时兴起的自由放任经济学而言,建立在"孩童般恋金谬误"基础上的保护主义体制正好可用作一个绝佳的靶子。斯密式教条就此日益得到强有力的巩固,这一点甚至约翰·英格拉姆都可资为证。本来英格拉姆对重商主义者尚且持有颇为同情的观点,但到后来连他也在念叨:"重商主义学说,极而言之,就是把货币与财富混为一谈……。"[32]

一套话语

近几十年中,有关经济学史的写作出现了某种转向,作者们试图放下经济思想和分析的历史,转入经济语言或话语的历史。不少情况下,这就需要严格地批判至今仍主导着主流经济思想史的学术方法。[33] 在原有传统中,大多数作者(经常是科班出身的经济学家)将其研究对象当作经济"分析"史而不是"观念"史——姑且套用熊彼特作出的著名区分。[34] 这意味着他们强调,经济学的发展**主要**是自身"内部"的事情,体现为相关知识的持续积累以及理论和分析工具的逐趋完善。已故的马克·布劳格便是采用原有方法的杰出代表,他在1968年写道:

> 必须着重强调,很大部分经济思想史涉及逻辑上的错误和分析中的缺失,跟当时的事件没有联系。故此……我力图写一部经济分析史,展现从旧有分析层层演进这一过程,其推动力就是一种推敲、改进、完善的意愿,经济学家跟所有其他科学家一样都怀有这样的意愿。[35]

这种着眼"内部"的方法恰如熊彼特所言,关注的是"经由工具加工的知识"及以此为形式呈现的"经济分析史"。[36] 着眼"内部"的方法当然不无优点,经济文本史一定程度上显然必须研究,新理念是如何出现的,专业讨论是如何使得有关概念和分析工具完善起来的。然而,这种方法也有缺点,它经常意味着忽略理念和学说的历史维度,免不了时常以今释古。更严重的是,这种方法暗示,应当从现代经济学的立场去看待并理解之前的旧经济学。由此出发,构建学说发展史不过是在完成一个或明或暗的任务,即着重为现代经济理论进行辩护。正是这种经济思想史,遭到过经济史学家威廉·阿什利的严词抨击,他曾嘲讽其为"思想碎片的博物馆,每一种见解都被贴上某种标签,它若非惊人地开启了某个正确的现代理论,便不过自我证明了黑暗时代的极端愚蠢"。[37] 在这一方法的作用下,当年本来完全默默无闻的经济文本作者如今会被摆到显赫位置,而且,由于既往理念都放到现代理论建构的视野下加以解读,这种方法又造成这些理念产生了有别于原先表述的含义。毫无疑问,如果我们对特定理念或学说的历史作用感兴趣,那就只能回到相应的历史背景中去考察它们。换言之,若用今天的眼光倒回去解读历史,难免会引起历史维度的丧失。

在有关经济学说史的论述中,上述非历史的做法可谓司空见惯。这也许不足为奇,因为以今释古、倒读思想史的方法曾经大行其道,颇有一批大名鼎鼎的倡导者。一个早期的例证是,李嘉图、穆勒、麦卡洛克为构建自己的"古典政治经济学",对斯密断章取义,闭口不谈斯密在风格和方法上与自己差别很大这一事实。[38] 另一个倒读历史的作者是凯恩斯勋爵,他在《就业、利息和货币通论》(1936年)第23章中重新解读了17世纪的重商主义,目的是把它纳入自己的套路中。还有一个例子是马克思,他构建了一条把他本人与配第、斯密、李嘉图连接起来的思想发展线条,为的是彰显劳动价值论这一经济理论的革命性影响。[39]

现在要摆脱上述立场,转而关注实际的经济话语史,这意味着某种重大转变,即需要对经济文本进行贴近历史的解读。在一般思想史领域,所谓"剑桥思想史学派"就特别强调这种转变。昆汀·斯金纳、詹姆斯·图里、约翰·波考克都激发人们更多地从历史角度去解读文本,即关注文本形成时的历史背景。当然,这个学派的成员也提醒,不要把全部的重点放在文本作者的动机及其社会环境上,也应当更仔细关注所谓"实际表现"层面(这是从语言学家约翰·奥斯汀等人以及哲学家路德维希·维特根斯坦那里获得的启发)。[40] 斯金纳说过,我们需要"找到某种手段,去回溯当事人在说话时可能在**做**什么,从而理解到当事人在以特定话语进行表达时,他实际的意思是什么"。[41] 同样,波考克强调,为理解某一作者"所传达的意思",我们既要看到他在做什么,又要努力鉴别他所属的特定话语传统。这就要去还原作者具体语言的本相,要注意到有关作者曾"寄身的那种话语环境,这一环境让他的言语表达获得了特定意义"。[42] 总之,在波考克看来,历史学家的任务就是要学会识读(比如经济)话语中各种具体言语表述,"就如它们在其所研究的文化和时代中原本的那样"。由于任何话语或语言都反映着自身所处的政治、社会、历史的具体场景,"要恰当地理解它们,就需要判定其对应的场景"。语言同时也具有自主性,它提供了借以表述人类经验的范畴、语法、概念框架。[43]

　　这并非一定要赋予"语言"某种高高在上的本体论地位,我们没有必要硬是把文本作者简化为"不过是自身语言的传声筒"。[44]相反,语言与经验之间的关系具有过程演进、双向互动的特征。此外,受外部变化的影响,语言也会发生变迁。当语言用于交流沟通时,实际言语行为必然会对语言进行修饰和改变。[45]语言与实际表达之间的这种互动和演变关系也得到了当代社会科学者的强调,如在论及近代欧洲与"他者"的遭遇时,安东尼·吉登斯的"结构化理论",还有马歇尔·萨林斯都涉及这一点。[46]

　　把重商主义当作一种话语行为,这具有若干重要意义。首先,这将质疑那个由来已久的定论,即重商主义从来就不是一个"活生生的学说"或"有连贯性的原理"。诚然,如果这里所谓"学说"是指建立在共同方法论基础之上的整套原理和解决方案,即整箱的理论工具与方法工具,则可以说重商主义者从未共同拥有过这种学说。然而,任何人只要对 17 世纪初以后浩瀚的经济文献具备一手的了解,就必定会察觉其中的共性。托马斯·孟、爱德华·米塞尔登、乔赛亚·蔡尔德、尼古拉斯·巴贲、达德利·诺思、查尔斯·达维南特等作者都在苦苦探寻这些共同关切的问题:国家如何才能致富、国家财富由什么构成、货币在其中有何重要性,等等。而且,哪怕他们未必一致,他们终究使用了类似的概念语汇,探讨过类似的特定现象。因此,下文中可见,当 A. V. 贾基斯、唐纳德·科尔曼等人断言,重商主义"学派"并无"同心同德的卫道士",这显然错得离谱。如果我们把重商主义当作广义的语言或话语,而不是当作某种严格规整的"学派",那就不难看出,重商主义还是拥有一套共同术语的,还是力图在为某一类问题拿出其答案的。

* * *

下一章将详述,关于重商主义及其解读的争论很大程度上围绕一个问题,即如何看待重商主义文本与经济现实之间的联系?赫克歇尔采取了极端立场,认为重商主义理念和政策毫不依赖任何经济现实,与任何"切实"的经验性知识毫不相干。[47] 为对抗这一看法,有一批经济史专家着重挖掘近代欧洲曾普遍流行的特定经济状况,试图以此来解释重商主义思想家的特点。然而,将"重商主义"文本视为一味反映经济现实,无疑也会掉入简单化的陷阱。依照这种观点,肯定难以理解为何在大相径庭的经济、政治、社会环境中,居然涌现出了同样的理念。[48] 显然,各国都采用"重商主义"理念,去应对不同社会政治框架中的种种实际问题。熊彼特等人断言,基本上可以把重商主义文献当作对实际问题的一种寻常回应。[49] 可这样的推断也令人生疑,毕竟所谓"寻常"回应也各有其话语特征,任何文本作者为获得恰当的理解,都必须遵从其相应的话语规则。如果我们认识不到,孟这样的作者是针对其所相信的"经济"或"市场"体系的总体运行方式而提出其简明模型或看法的,我们必定无法确切理解他们。当然,这里所说的"经济"或"市场"体系是我们今天的说法,他们所感受到的"体系"也未必就是我们今天赋予该词语的含义。可以肯定地说,他们并没有纯粹机械地去"描述"经济现实,他们同时也在创造和构建范畴,从而借助这些范畴求得对复杂现实的理解。

更应指出,17世纪中显然正在兴起文化史学家彼得·伯克所谓"朴实意识"。[50] 这既指人们日益意识到实际意义与象征意义之间的差别,也指人们用具体实在的形式去取代抽象虚玄的形式。例如,看似矛盾的是,就在17世纪日益引入抽象与笼统范畴的同时,实证主义却悄然兴起。面对这一不断上升的趋势,该时期的经济文献肯定需要应用更多的复杂范畴,并把论点建立在规范化事实基础之上,故此,规范化事实和复杂范畴的使用在当时特别引人瞩目。因此,笼统地谈论所谓"寻常"回应,只会掩盖该时期正在发生文化与话语的变迁这一非同小可的历史转型。

由此可见,经济文本与同时代经济"现实"之间的关系的确很难厘清。经济文本作为特定话语的一部分,存在于其专属的空间,遵循着其自有的规则。有关话语行为通过某一具体的语言得到表达,并获得其特别的含义及意义。因为"经济"是一种思想的建构,无法在"现实"中被具体触摸,所以它也享有独立的专属领地。但这并不意味着重商主义话语不会受到外在现实中矛盾与事态的影响,相反,我们要再次强调话语与这种"现实"间的内在联系。不过,也不应该把重商主义者的观念简化为纯粹是"现实"的传声筒,这层关系深究起来肯定要复杂得多。

话语无疑是由传承下来的概念、词汇、思想工具及其他创造物所组成,它们因此形成了自身的规则,但话语同时要服务于交流的目的。这意味着只要话语所面对的"现实"发生变化,话语必然也会跟着变化,只是往往会有一个时滞过程。有鉴于此,对概念的旧解释会与新解释一起继续使用下去,直到不协调太过明显而自我调整为止。

在这一简要导论中还应提及最后一点,自斯密以来有关重商主义的争论之所以令人困扰,原因也是大家惯于把重商主义跟某种非常具体的经济政策划等号。例如,斯密指责重商主义作者们倡导了保护主义、垄断专营及腐败经济政策。据称,这种"严厉、粗野、自私的国家商业政策"(借用施穆勒的话),均可追溯至同一个源头;[51] 总源头就是那个妇孺皆知、错把货币当财富的恋金谬误,孟及其追随者都未能看透这一谬误。赫克歇尔则把批判的矛头指向某种"货物恐惧"症,不过,他基本上也把重商主义等同于一种政策体制,那就是广义的保护主义。在赫克歇尔看来,重商主义后来成了应对永恒经济问题的寻常方案,其着重点总是经济民族主义和保护主义措施。主要基于这一理由,赫克歇尔断言,"重商主义"与任何经济现实都毫不相干。

然而,在具体经济政策制定的背后,经济理念只是起作用的诸多因素之一,完全用学说或理念来解释或剪裁政策实践,无疑是错误的,至少最近就英国经济史展开的讨论已充分澄清了此类误解。人们已在强调,将重商主义**单纯**视为某一经济政策,是不恰当的。我们无法把多数重商主义文献看成仅仅是在捍卫保护主义,或在捍卫当政诸公17世纪及18世纪初所推行的传统管制政策。恰恰相反,许多重商主义作者对此类政策持高度批评立场,我们在此可列举巴贲、蔡尔德、达维南特,以及威廉·佩蒂特(人们推测,佩蒂特乃《虚弱的英国》之作者,此书因其"自由贸易"倾向而得到麦卡洛克的高度评价)。[52] 还应当记住的是,孟的目标之一是要攻击禁止金银输出的陈旧政策,该禁令严重打击了东印度公司的利益。不过,如果把对政府政策的批评态度归因于狭隘地代表了东印度公司的利益,那也是错误的,[53] 其他许多人不是该特殊利益集团的门徒,可他们也曾持有同样的批评态度。

本 书 内 容

本书有两个目标,一是要为16世纪已经展开的一连串经济讨论提供相关的历史背景,那些讨论直言不讳地关注,如何才能最有效地赢得国家财富,特别是国际贸易究竟能发挥何种作用。下文中可见,不但英国有过此类论争,欧洲其他不少地方也有过类似论争。第二个目标是,同时要展现,一系列概念和分析工具是如何发展起来的。这些概念和分析工具旨在应对国际贸易竞争的新局面,着力弄清市场是如何运行的。经济思想史将这一过程描述为重商主义经济思想的兴起,但实际发生的变化不止于此,我们如今所知的"经济学"中,有很大一部分就诞生于当年这些争论。

以下第二章将论述过去一个多世纪以来围绕重商主义概念而爆发的争议。第三章聚焦17—18世纪发生在欧洲的重商主义讨论,展示这些讨论尤其是国际贸易相关讨论当时的背景。第四章除论述重商主义者的财富观外,将着重对贸易顺差论作出解读。第五章和第六章将专门分析1620年代突破后的一个世纪中发生在英国的有关讨论,会具体追溯新"经济"话语的形成,这基本上是近代在讨论经济和市场运作时不期而遇的一个结果。最后的第七章将探讨本书主要论点的广泛意义,包括提供某些结论。

注释:

1. L. Magnusson, "Is mercantilism a useful concept still?" In M. Iserman (hg), *Merkanilismus. Wiederaufnahme einer Debatte*. Stuttgart, Germany: Franz Steiner Verlag, 2014.
2. E. F. Heckscher, "Mercantilism as a conception of society". In *Mercantilism*, vol. II: 5, London: Routledge, 1994, pp. 285f.
3. Trans. G. Schmoller, *The Mercantile System and its Historical Significance*. New York: The Macmillan Company, 1897, p. 77.
4. E. A. Johnson, *Predecessors of Adam Smith*. New York: Prentice-Hall, 1937, p. 3.
5. 本书第二章将论述这些作者。
6. Schmoller, p. 76.
7. See L. Magnusson, *The Tradition of Free Trade*. London: Routledge, 2004.
8. Magnusson, *The Tradition of Free Trade*, ch. 4.

9. Magnusson, *The Tradition of Free Trade*, pp. 57f.
10. M. de Mirabeau, *Philosophie Rurale ou Economie Générale et Politique de L'agriculture*. Amsterdam, the Neitherlands: Libraires associés, 1763, p. 329.
11. A. V. Judges, "The idea of a mercantile state". In D. C. Coleman (ed.), *Revisions in Mercantilism*. London: Methuen, 1969, p. 38. 此处引述自 A. Smith, *An Inquiry into the Nature and Causes of the Wealth of Nations*. Oxford: Oxford University Press, 1976, Book IV, ch. 9, p. 679.
12. See S. Reinert, *Translating Empire: Emulation and the Origins of Political Economy*. Cambridge, MA: Harvard University Press, 2011, pp. 146f., 281. 有关古尔奈及其圈子的近期论述, see C. Loïc, F. Lefebvre, C. Théré (eds.), *Le cercle de Vincent de Gournay. Savoirs économiques et pratiques administratives en France au milieu du XVIIIe siècle*. Paris, France: Ined, 2011.
13. A. Smith, *An Inquiry into the Nature and Causes of the Wealth of Nations*. Oxford: Oxford University Press, 1976, Book IV, ch. 1.
14. J. A. Schumpeter, *History of Economic Analysis*. London: Allen & Unwin, 1972, p. 361.
15. 有关杜尔阁和斯密的阶段论, see R. L. Meek, "Smith, Turgot and the four stages theory". In *Smith, Marx and After*. London: Chapman & Hall, 1977, pp. 18f.
16. Smith, Book IV, ch. 2, p. 471.
17. Smith, Book I, ch. 8, pp. 661f.
18. Magnusson, *The Tradition of Free Trade*, pp. 36f.
19. J. S. Mill, *Principles of Political Economy* (1909). Fairfield, NL: Augustus M. Kelley, 1987, p. 579.
20. Magnusson, pp. 36f.
21. J. R. McCulloch, "Introductory discourse". In A. Smith, *An Inquiry into the Nature and Causes of the Wealth of Nations*, vol. I, Edinburgh: Adam Black and William Tait, 1828, p. xii.
22. McCulloch, p. xviii.
23. McCulloch, p. xv.

24. McCulloch, pp. vii f.
25. 这方面更多内容, see Magnusson, pp. 81f.
26. R. Jones, "An introductory lecture on political economy". Delivered at King's College London, 27 February 1833. In R. Jones, *Literary Remains Consisting of Lectures and Tracts on Political Economy* (1859). New York: Augustus M. Kelley, 1964, p. 543.
27. Jones, p. 545.
28. Jones, p. 312.
29. Jones, p. 293.
30. Jones, p. 333.
31. Jones, p. 333.
32. J. K. Ingram, *A History of Political Economy*. Edinburgh, Scotland: A & C Black, 1893, p. 37.
33. 有关此类批评, see for example Magnusson, ch. 1. 有关辩护, see R. E. Ekelund and R. Tollison, "On neoinstitutional theory and preclassical economics: mercantilism revisited". *European Journal of the History of Economic Thought*, vol. IV: 3 (1977), pp. 375f.
34. Schumpeter, chs. 1, 4.
35. M. Blaug, *Economic Theory in Retrospect*. Homewood, IL: Richard D. Irwin Inc., 1968, pp. xi, 1ff., 681ff.
36. Schumpeter, p. 7.
37. W. J. Ashley, *An Introduction to English Economic History and Theory*, vol. II, New York: G. P. Putnam's Sons, 1893, p. 381.
38. See T. W. Hutchison, *On Revolutions and Progress in Economic Knowledge*. Cambridge, UK: Cambridge University Press, 1978, chs. 1, 2.
39. K. Marx, *Theories of Surplus Value*, vol. I. Moscow: Progress Publishers, 1969, pp. 354f.
40. See Q. Skinner, "Social meanings and the explanation of social action". In P. Laslett, W. G. Runciman and Q. Skinner (eds.), *Philosophy, Politics and Society*. Oxford: Oxford University Press, 1972; Q. Skinner, *The Foundation of Modern Political Thought*, vol. I. Cambridge, UK: Cambridge University Press, 1978; Q. Skinner,

"Interpretation and the understanding of speech acts". In Q. Skinner (ed.), *Visions of Politics*, *Volume I: Regarding Method*. Cambridge, UK: Cambridge University Press, 2002; J. G. A. Pocock, "The Machiavellian moment revisited: a study in history and ideology". *Journal of Modern History*, vol. LIII: (1981); J. Pocock, *Virtue, Commerce and History*. Cambridge, UK: Cambridge University Press, 1985.

41. Skinner, *Visions of Politics*, p. 104.
42. Pocock, *Virtue, Commerce and History*, p. 5.
43. Pocock, *Virtue, Commerce and History*, pp. 9, 12.
44. Pocock, *Virtue, Commerce and History*, p. 5.
45. See for example S. Fish, *Is There a Text in This Class? The Authority of Interpretative Communities*. Cambridge, MA: Cambridge University Press, 1980; Pocock, *Virtue, Commerce and History*, ch. 1, p. 5.
46. A. Giddens, *The Constitution of Society*. Cambridge, UK: Polity Press, 1984; M. G. Sahlins, *Islands of History*. Chicago, IL: University of Chicago Press, 1985.
47. Heckscher, *Mercantilism*, Part 2 (ed. Söderlund). London: Allen & Unwin, 1955, p. 347.
48. See for example A. W. Coats, "Mercantilism, yet again!" In P. Roggi (ed.), *Gli economisti e la politica economica*. Naples, Italy: Edizione Scientifische Italiane, 1985, p. 33.
49. Schumpeter, pp. 335ff.
50. P. Burke, *Historical Anthropology of Early Modern Italy*. Cambridge, UK: Cambridge University Press, 1987, ch. 16; P. Burke, *The Fabrication of Louis XIV*. New Haven, CT, and London: Yale University Press, 1992, pp. 128ff.
51. Schmoller, p. 77. 当然，施穆勒本人并不赞成针对重商主义的如此严厉斥责，他相反认为重商主义其实"无他，不过要创立良好的国家政权和良好的国民经济"(p. 76)。
52. 更多罗列，see W. D. Grampp, "The liberal elements in English mercantilism". *Quarterly Journal of Economics*, vol. IV (1952).
53. See below p. 179f.

第二章　争议重商主义

　　经济学家、经济史学家、经济思想史学家对重商主义话题怀有经久不息的兴趣,这多少有点令人困惑。100多年前,就如何解释重商主义,爆发过热烈的争议,有关争议至今绵延不绝。争议者使用18世纪由重农学派发明的这个术语,聚焦于重商主义的理念与事件,既关注核心思想,也关注经济政策。这一话题于今仍能激发众人兴致,下文中可见,为理解近代那个时期财富与实力间的关系,目前就这一概念的使用还在展开争论。显然,如何解读"重商主义",如何理解"贸易顺差"等概念,此类问题仍是专业研究的对象,也仍能引起学界的广泛注目。

　　大家对"重商主义"兴趣不减,应该也不难理解。假如有关讨论主要集中于"纯粹"的历史问题,仅涉及重商主义作者或政客曾经说过什么,那它可能只会吸引少数恋旧的历史专家的目光。然而,事实并非如此。重商主义话题实已成为一个由头,带动了对方法问题、理论问题及政治问题的广泛讨论,经济学家和历史学家纷纷借此一展身手,亮出本人钟爱的想法。在这种讨论中,理论不同、政见各异的争议者就总体的方法问题及相关解释框架问题唇枪舌剑,有时还很有火药味。

　　首先很清楚,正是19世纪有关经济学"方法"的争辩触发变局,使得人们对于如何理解17世纪及18世纪初经济思想这一原不起眼的问题提高了兴趣。当然,这一讨论隐含了诸多政治玄机。

在李斯特那样的德国保护主义者看来,还有在罗雪尔和施穆勒那样的经济史学家看来,**决不**应该把17世纪的经济学当作前科学时代的胡说八道,往故纸堆里一丢了之。相反,他们认为,应当特别强调被斯密指称为重商体系的那个东西所蕴含的历史合理性,而不要渲染其中的认知谬误和分析缺陷,此乃非比寻常的大事。为此,他们大力宣传经典的历史主义原则,强调应该用当时的视角去研究重商主义,而不要从经济学日后成就的角度去观察问题。他们坚持认为,重商主义理念对当时而言具有合理性。这种看问题的方法,显然契合了他们对古典政治经济学尤其是对李嘉图和穆勒的总体批评态度。众所周知,那些德国人相信,经济世界中并不存在成熟无比、只待经济学家摘取的普世法则,相反,经济行为的理性无不深刻地局限于特定的时间、地点、国情。他们的意思一目了然:自由放任**绝非**经济常识中的通行语言,既然重商主义理念是对17世纪和18世纪状况的理性回应,保护主义经济学就适合后发的德国以"独特"方式建设其现代工业社会。

19世纪后期有关重商主义的争论,基本上就是在上述思想与政治氛围中出笼的。以此为起点,罗雪尔、施穆勒、维尔纳·桑巴特、威廉·坎宁安、威廉·阿什利等经济史学家力图把重商主义当作内容广泛的思想流派和经济政策向世人推介,指出重商主义着眼于借助保护主义和经济民族主义来促进经济增长与现代化。这批人对重商主义的定义被录入1894年初版《帕格雷夫政治经济学词典》,成为随后许多年里的一个标准。当时的定义是:"重商体系指的是自中世纪工商组织解体至自由放任占支配地位以前欧洲的经济政策。"[1]

从此往后,重商主义是什么、应该是什么,便成为赞成还是反对自由放任和古典政治经济学的一个战场,世人为何如此强调"斯密体系"与"重商体系"二者的差别,主要缘由应该就在这里。进入 20 世纪相当一段时间后,赫克歇尔和凯恩斯各自利用上述两种体系的所谓"鸿沟",去放大各自的经济政治说辞。此外,瓦伊纳等人也看到,可以利用 17 世纪和 18 世纪,用来为自身的意识形态目的服务。然而,这些做法带来了高昂代价。当两种体系日益两极化时,其间的分歧被不断夸大,其共同基础却基本上遭到忽视。

其次,对重商主义的长期讨论不仅涉及赞成还是反对自由放任或古典政治经济学这一大问题,而且它也成了提出一般方法与理论问题的由头。例如,**经济理念**与**政策**的关系便是一个广为讨论的话题,下文可见,它也饱受争议,在赫克歇尔发表关于重商主义的著作后更是如此,他的著作进一步凸显了原有分歧。尤应看到,本来针对我们所关注的这一时期,人们多认为经济思想与实际政策之间存在密切联系,可在赫克歇尔之后,大多数讨论者往往转而怀疑思想与政策的相关性。

在此背景下,值得注意的是,经济史学家倒并不在意**理念**与**事件**的相互关系出了什么问题。巴里·沙普、查尔斯·威尔逊、乔伊斯·阿普比等人仍然确信,重商主义思想"真实"反映了经济领域发生的实际变化。例如,他们坚持解释说,之所以出现贸易顺差论,是因为国际贸易和国际交易在 17 世纪尚不够发达,当年需要关心收支平衡这一头等大事。[2] 再比如,马利内、孟、米塞尔登之间的讨论,可以说"确实"反映了 1620 年代初的贸易萧条局面。很有典型意义的是,科尔曼作过一番评论,提及经济史挑战了赫克歇尔等人的历史解读,科尔曼说:"最近的研究表明,孟所构建的贸易顺差学说,其实基本上直接得自他对 1622—1623 年萧条的观察。"[3] 然而,我们难道不应该承认,观察家不也是经由某个解读和构想的过程,才把握重大历史事件的吗?这里涉及认识论问题,按现代标准,一味把理念看作简单地反映事件,这种认识论是相当粗浅简陋的。不仅如此,以这种认识论为基础,就无法理解为何在那么多不同背景中、在那么长时间里,人们却同在使用贸易顺差这类概念。1620年代后的一个世纪中,英国的贸易和工业总况已经发生巨变,可是,那个顺差概念照样还在继续使用。下文会进一步讨论这一悖论,这里仅先提示一点,即不同的主观认识视角总会介入到观察和争论中,这无疑使得有关讨论比起原本可能的情况要更加热烈、更加持久。

重商主义问题也提供了一个机会,大家借机可以讨论**理念**、**政策**与**特殊利益**相互间的一般关系。人所共知,斯密原本就指出,在集团利益与重商主义之间存在着清晰的联系,此后,如瓦伊纳还有最近介入争论的罗伯特·伊克伦和罗伯特·陶里森,都沿用了这一思路。不过,熊彼特也援用过这一论点,用来为历史学派的"亲重商主义"立场至少提供某种可信依据。熊彼特相信,如果承认重商主义学说具有强烈的派别立场,确实为商人集团的利益而构建,那么斯密之流的解释便不无合理之处。熊彼特说:"重商主义时代的许多政策实际上都可追溯到有关集团的利益或者其所施加的压力,世人能够清楚地识别出这些集团,而且从它们的立场中,重商主义政策才可能获得本不存在的某种合理性。"[4] 以下会细论这一问题。

最后,在关于重商主义的讨论中,关于如何撰写经济学史的方法问题也得到了重视。的确,重商主义是否能"修成正果"(罗伯特·西弗尔最早使用这一说法),肯定取决于从什么角度来写经济学史。[5] 我在上一章提到,经济学史撰写过程中,存在着站在现代立场上过度以今释古的现象。这种方法一切从以后的分析成就出发,把经济学史变成了打捞"理念的碎片"(亚瑟·洛弗乔伊用语)。[6] 熊彼特至少承认,这样的做法是有问题的,他指出:"把今人的意思不加鉴别地解读到旧文本中,无异于背弃历史学家的职责,这跟过分强调旧文本中的每个错误一样不足为训。"[7] 然而,其他人却缺乏这份谨慎。例如,瓦伊纳就是一个立场迥异、倾向性严重的学者,他用下列方式阐述了自己的方法论:

> 经济史学家及德国历史学派经济学家埋头研究重商主义者,他们一般更感兴趣于重商主义时期的事实而不是理念,经常按照本人从少量重商主义著作中看到的东西,就重商主义学说的性质提出通论性概括。对于涉及货币与贸易问题的现代经济理论,他们既没有表现出兴趣也没有展现出知识,惯于用明确的重商主义推理方法去为重商主义学说作辩护。……有鉴于此,本项研究大致罗列了亚当·斯密之前英国流行的有关贸易的理念,这些理念或好或坏,但都依照现代货币与贸易理论加以归类并考察。[8]

这种处理方法不乏追随者,罗伯特·伊格利、[9] 马克·布劳格、威廉·莱特文即属此列。特别是在莱特文那里,任何人都会感到像在参加一个经济学讨论班,莱特文俨然像教授一样,在斥责那些重商主义学人没有好好阅读保罗·塞缪尔森的著作。[10] 然而,这种方法经常遭遇挑战,主要是来自历史学家的挑战。

在以下部分,我将论述跟重商主义问题相关的若干争议片断,会试图概括长期讨论中所提出的主要论点。这一论述能在多大程度上廓清重商主义的本来面目,尚待读者评判。熊彼特曾告诫读者,不妨先忘掉自己过去读到的有关重商主义者的印象,努力不带偏见地从头开始,这应该不算很差的告诫吧!

历史上的修正

上一章中强调,重商主义或称"重商体系"这一概念是由重农学派在1760年代发明的,之后经过斯密之手,它才变得更像一个较有系统的东西。斯密为了凸显自己对商业贸易、财富本质、财富创造等问题的看法,把重商主义扎成"稻草人"展现给世人。我们还提到,麦卡洛克、琼斯等古典政治经济学家在19世纪初又进一步巩固了对重商主义的这一定义。

然而,针对斯密以来对重商主义的正统解释,几十年后在德国和英国都出现过修正的声音。质言之,修正派质疑了那个所谓"愚蠢恋金"的说法,指出那个倍受嘲讽的贸易顺差论也许是有合理依据的。他们争辩说,如果更现实地把重商主义当作一个宽泛意义上的国家打造过程,那它就更有道理了。而且,根据这一解释,重商主义作为一个含义宽广的概念,焦点在于近代的某些决策模式及国家的经济管控。不但如此,这一解释也严肃拷问了斯密强调的观点,即所谓重商主义纯属为特殊集团谋利的一种学说。故此,修正派的论点是,重商主义本质上代表了民族国家的利益。

把重商主义宽泛地定义为国家打造过程,对这一新定义的充分阐述最早见于1884—1887年间《立法、行政与经济年鉴》上的12篇长文。文章作者为德国经济史学家施穆勒,他探讨的问题是,1680—1786年普鲁士的选帝侯和国王(最突出者是腓特烈大帝),如何为日后德国的统一奠定了基础。"重商主义"就是施穆勒使用的术语,用以指称该时期普鲁士行政部门实施的国家统一与中央集权政策。他说:"17世纪和18世纪的全部内历史……均可概括为:以国家的经济政策对抗城镇、区域及大地产的经济政策。"[11] 施穆勒信守自己的历史观,认为强大统一国家的兴起乃历史发展宏观进化链中的一个重要环节。据此他相信,在每一历史发展阶段,"旨在控制社会与政治生活的机构"都会脱颖而出,这种机构对"族群或民族的生存"不可或缺。在他看来,村、镇、区,以及最后的民族国家就是不同阶段中依次而生的机构。[12]

由此可见,重商主义在施穆勒手中变成了与斯密那里迥然有别的东西。首先,它表达了"整个国家的经济利益……可以归结为某些普遍得到接受的基本原理"。[13] 既然重商主义被视为"国家政策",重商主义思想者和著作家的具体观念便不必细究。如所言,"贸易顺差的整个理念与学说……仅占次要地位,从属于以国家为本的经济运行过程"。[14] 所以,施穆勒以下列方式定义了重商主义:

> 关键是要创立浑然一体的真正的**政治**经济体,其焦点不仅是国家政策下达给四面八方,而且要有同声相应的内心脉动。只有如此理解重商主义的人才能了解真相。重商主义的核心无非是国家打造,这不是狭隘意义上的国家打造,而是国家打造与国民经济打造齐头并进。这是现代意义上的国家打造,它从政治共同体中创建出一个经济共同体,从而赋予国家打造以更高的意义。这一体制的本质不在于某种货币学说或贸易顺差学说,也不在于关税壁垒、保护性税则或航海条例,而在于某种远大得多的东西,那就是:全盘改造社会及其组织,全盘改造国家及其机构,以民族国家的经济政策取代局部的地方经济政策。[15]

非常肯定的是,施穆勒的宽泛定义把重商主义描述为特定历史阶段的"精气神",这种定义自有其历史渊源。罗雪尔的巨著《德国国民经济学史》(1874年)和埃德蒙·海靖的《贸易差额理论史》(1880年),都以其重商主义论述启迪了施穆勒。[16] 例如,施穆勒认同罗雪尔的看法,即18世纪普鲁士"重商主义"政策的合理性,源自当时德意志诸侯邦国的普遍国情,当然,也是大选帝侯刻意追求的政策结果。施穆勒在阅读海靖的著作时,一定为自己的解释找到了有力支撑,因为在海靖的论著中,贸易顺差论正是近代欧洲列强权力竞争的一个真实写照。海靖在论述时,直截了当地把重商主义定义为用以争取国家实力的经济体制。[17] 不过,海靖自己先已借鉴过老一辈经济史学家的见解,其中包括卡尔·比歇尔、布鲁诺·希尔德布兰德,特别是李斯特那位杰出的"国民经济学家",李斯特最早把重商主义当作推动现代化、实现国家富强的一套国民经济纲领。因此,"重商主义国家"的理念原本就深嵌在德国历史经济学的思想中。

在使用德语的各国,年轻一辈的经济史学家跟新古典经济学家卡尔·门格尔于1880年代爆发过一场所谓"方法之辩",然而在英国,同样发生过方法争辩。杰拉德·库特最近指出,决不应该把英国的方法争辩看成只是德国之辩的简单翻版,[18] 相反,必须把它跟英国当时的具体讨论及所谓"新重商主义"在英国的兴起联系起来。从1880年代起,英国的"新重商主义者"倡导提高关税、改良社会、推行"建设性"社会帝国主义,此番游说最显著的结果就是1903年约瑟夫·张伯伦的关税改革。新重商主义者在宣传发动中,主要得到了具有历史意识的经济学家的思想支持,其中最重要的人物有坎宁安、阿什利、休温斯。[19]

其次,必须看到,英国的方法争辩(如坎宁安与阿尔弗雷德·马歇尔1890年代的激辩)之所以出现,原因在于英国存在一个历史经济学的特殊派别。[20] 琼斯常被视为该历史经济"学派"的先锋,这大致是不错的。但应提醒的是,琼斯作为斯密的追随者,自认为与斯密属于同一战壕的战友,正在一起反对李嘉图学派非历史的演绎经济学。历史的方法自然意味着对李嘉图学派采取批判态度,所以也联合了索罗尔德·罗杰斯、阿诺德·汤因比、克利夫·莱斯利等经济学家。莱斯利尤其在1870年代攻击了正统政治经济学的所谓演绎方法及其自由贸易幻想。他还以酷似德国人的口吻,攻击了正统信条包含的享乐主义,他强调,人的行为动机不单为了财富,更有道德伦理、宗教情绪、家庭义务等等。他不赞成自由放任,相反倡导政府监管、保护主义及国内市场均衡。[21]

然而,要等到坎宁安、阿什利、休温斯这个"三人组"形成后,充分成熟的英国版历史经济学派才于1880年代粉墨登场。在历史经济学派与正在兴起的新古典学派的交锋中,最引人注目的部分当属坎宁安与马歇尔的对垒。这一对垒后来变得日益激烈,最终导致坎宁安辞去剑桥大学的教席,马歇尔由此在英国经济学界确立起近乎霸主的地位。[22]

坎宁安、阿什利、休温斯深刻怀疑新古典学派的演绎雄心,更愿把人视为历史的产物,受到不断演化的制度与社会条件之塑造,而不赞成把人视为纯由享乐激发的"经济人"。他们强烈抵制自由放任,着力为新重商主义政策辩护。当然,就政治态度而言,三人大相径庭:坎宁安是一名宗教保守分子,在风格与秉性上简直要走回头路;阿什利大致属社会民主人士,热情地支持工会及社会帝国主义;休温斯则是社会自由主义者,与张伯伦过从甚密,还充当其学术顾问。[23]根据贾基斯的说法,坎宁安公然赞成几乎所有形式的监管措施和重商主义政策,这让休温斯大为惊愕。[24]可是,由于不喜欢正统政治经济学,而且为了确立历史经济学派,休温斯仍愿意跟坎宁安和阿什利联手合作。

坎宁安在所撰教材《近代英国工商业成长史》(1882年)中,为都铎王朝实施的国家监管政策作了辩护。他认为,政府管控的历史作用一般而言,在于摆脱中世纪的各自为政,培养一种民族精神,从而为以后的国家强盛及辉煌的殖民体系奠定基础。坎宁安也看到,某些管控指令在17世纪走向瓦解是顺理成章的,但同时他对过分的自由放任和企业自由发出了警告。总体而言,他同意汤因比的悲观看法,即19世纪无所限制的产业自由已酿成贫困阶层生活水平的下降。[25] 此外,英国经济与社会在快速转型,正从基于礼俗社会的有机秩序转变为基于法理社会的工业秩序,这便造成了进一步的异化及民族精神的颓丧。坎宁安的总体态度故而明白无误,类似于施穆勒的立场:

> 国家终究是民族精神的体现,反映了公众实际思想感情的总基调。虽未必如意……但国家汇聚了国内众多个体的共性,表达了休戚与共的精神。[26]

坎宁安在《近代英国工商业成长史》中,把重商主义刻画为一种争取强大而不是争取富裕的体制。据称,国家实力是历代王朝及治国者的管控政策所追求的最终目标,他就把这种增强国力的体制定义为"重商体系"。[27] 这种定义显然跟一个世纪前斯密头脑中的东西迥然有别。坎宁安在给德文《学刊》撰写的文章中曾明确探讨了斯密对重商主义的解读,他特别批判斯密所谓重商主义主要代表了特殊集团利益那种观点。坎宁安相反指出,重商主义政策展现了国家的总体利益,以及对国家统一的追求、对特殊利益的打压。

坎宁安与施穆勒一样,对重商主义作者们秉持的具体看法并不特别在意,他认为那些最多仅具次要意义,他其实倾向于认同斯密的看法,即重商主义者的理论水平不高。然而,这一点无关紧要,他所强调的是,一旦从更高的视角观察,重商主义的内容便具有历史合理性,所以在更长的视野下完全符合理性。历史地看,重商主义者孜孜以求的目标是正确的,而且他们的大多数手段也合情合理,这些手段和目标合在一起,促成了强大民族国家的建立。[28]

艾利·赫克歇尔

《重商主义》是赫克歇尔厚重的论著,瑞典文初版发表于1931年。[29] 次年,该书译成德文,英文初版于1935年推出。几乎一夜之间,这位自由主义瑞典经济学家兼经济史学家名声大噪,赢得了大批国际读者。然而,总体而言,经济学家和经济史学家对赫克歇尔的著作持批评态度。评论者承认他为作品付出了巨大劳动,也赞赏他丰富的学养和技巧,但他们指出了书中的以下缺点:

——赫克歇尔在论述重商主义政治时,往往既脱离经济理念也脱离经济实践(托马斯·马歇尔);[30]

——他未能把重商主义的"形势、理念与行动"融为一体(赫伯特·希顿);[31]

——他思想中的"重商主义"体系存在某种脱离历史的情况(马克·布洛赫);[32]

——也很难说中世纪以来国家的全部管控政策,统统由共同且系统的动机与目标所支撑(马克·布洛赫、赫伯特·希顿);[33]

——他把实力本身解释为重商主义的主要目标(雅各布·瓦伊纳);[34]

——他的"货物恐惧"观念及以此对中世纪后西欧向货币经济

过渡的解释,太过笼统且不符合实际(赫伯特·希顿)。[35]

然而,这其中某些批评一定会让赫克歇尔听起来感觉刺耳,尤其是瓦伊纳坚称赫克歇尔把实力当作重商主义的主要目标,这等于把赫克歇尔跟坎宁安那样的经济史学家等量齐观,此言定让赫克歇尔无比惊讶。瓦伊纳看起来像是赫克歇尔最强硬的敌手,这的确令人费解,毕竟赫克歇尔在书中充满赞许地提及瓦伊纳,称:"当我有机会研究他在此问题上的论述时,我欣然发现我们的意见高度一致……。"[36] 更有甚者,赫克歇尔自认为是历史学派坚决的反对者,在涉及理论与方法问题的文章中,他总是针对经济史学发出严厉批评。[37] 此外,在《重商主义》第一章,他以批评的口吻指出,施穆勒和坎宁安忽略了重商主义的"经济方面",也即那些以贸易保护和货币体制为形式的内容;反过来,他以赞赏的口吻讲述斯密的立场。[38] 诚然,赫克歇尔出道时一度是保守的历史学家,得到过乌普萨拉大学神秘的哈罗德·希哈恩教授的栽培,但后来担任斯德哥尔摩经济学院教授时,他捍卫自由放任和国际自由贸易体制,其对赫克歇尔—俄林定理这一国际贸易理论的贡献便是例证。[39] 此外,从1920年代起,他在政治倾向上也变得更加自由主义。

还有,他在另一点上也自认为跟瓦伊纳观点一致。赫克歇尔如同瓦伊纳一样,强烈反对历史学派的那个说法,即重商主义本质上是在理性地回应实际经济世界中发生的事件。前文已示,赫克歇尔走了极端,否认重商主义经济理念跟任何经济现实有关联。故此,当瓦伊纳在1930年对主要是德国历史学派的"经济史学家"迎头痛击时,赫克歇尔总体上应该是乐观其成的。[40]

然而,赫克歇尔的大作依然被看成在为历史学派辩护,这实在也是其来有自、咎由自取。赫克歇尔像施穆勒一样,对重商主义持有一种非常宽泛的看法,其定义的宽泛度甚至超过了施穆勒和坎宁安。赫克歇尔在书中将重商主义当成一种经济的、管控的、行政的、政治的思维,植根于中世纪的城镇政策。据称,重商主义本质上乃"经济政策史上的一个阶段",[41] 但同时又是一个经济学说体系,是一套"保护与货币体制"。在赫克歇尔这里,重商主义的经济内容获得了比施穆勒那里远为连贯的系统特征。他把重商主义看成是历史上始终出现、广为流行的常识性经济思想,坚称该思想并不限于某一特定历史时期。岂但如此,据赫克歇尔所言,重商主义还是关于人与社会的一种特定观念,带有自私和物欲的内涵,俨然就是一种世界观。

仔细看来,尽管赫克歇尔对重商主义的定义更加宽泛,但仍相当接近施穆勒的定义,而且,似乎十分契合历史学派所推崇的那种历史阶段论,哪怕赫克歇尔的出发点是要批评历史学派的方法。[42] 更有甚者,赫克歇尔那个"货物恐惧"概念简直异想天开,如同马克思和黑格尔的概念一样,这就更让人觉得他与历史学派同道而行。货币需求及"货物恐惧",作为"货币拜物教"的一种形式,其实反映了从实物经济向货币经济的历史转型。

当然,为什么赫克歇尔的书受到批评且屡遭误解,主要原因也在于其复杂的结构。例如,读者往往难以把握书中各部分之间的关系,这很大程度上是因为他未能确定自己的对象到底是什么。显然也因如此,他对重商主义的定义简直包罗万象又捉摸不定,而且,他之所以如此兼收并蓄地看待重商主义却又未能真正地集大成(阿尔弗雷德·马歇尔便如此抱怨),主要缘由也在这里。所以说,他论述了管控政策、经济学说、社会总体观念诸多方面带有系统性的那些特征,但没有说清楚这几大块之间的相互关系。

我们不妨按照以下方式来重新构建赫克歇尔的总体论点。他首先强调,重商主义作为一种特定的经济政策,具有体系性特征。

他说:"人们经常讨论,重商主义是否构成一个理论体系,可这一表述本身就有问题。"他继续道:

> 无论自己是否意识到,每个人头脑中都存在某些理念,作为其行动的基础。重商主义者就拥有诸多经济理念,涉及经济体制是如何创立的、如何以可取的方式去影响该体制。[43]

此外,他阐述道,为理解重商主义,必须区分其目的与手段,据称,重商主义政策的终极**目的**是要增强国家的对外实力。[44] 这一点与斯密及自由主义经济学显然有矛盾,斯密他们宁愿把个人富裕放在国家富裕之上。不过,这依然不是重商主义最突出的特征,赫克歇尔强调,重商主义的不凡之处在于与其总目标相随的**手段**。他认为,用以支撑国家政治力量的那些经济手段才是重商主义不可或缺的部分,也才让人们普遍将重商主义视为一种保护体制和货币体制。至于是否应当把重商主义当作经济政策还是经济思想或者二者兼而有之,赫克歇尔始终模棱两可,既未开门见山地言明,也未在整整两卷中向读者交代清楚。不管是政策还是学说,反正赫克歇尔急于指出,**决不**应该把重商主义看作仅仅是在理性地反映近代经济体系的运行现实。在开卷章节,与随后章节相比,他尚且比较谨慎,曾指出:"千万不要以为,凭借对某一特定阶段所执行经济政策的描述,就足以解释当时的经济状况。"[45] 但后来他就比较绝对化,称:"即使经济现实有时产生影响,它们也不会改变经济政策的总趋势。"[46] 在第二版所添加的一章中,他说得更加斩钉截铁,只是此刻他已调转论辩方向,评论了其时的经济思想。他断言:"重商主义作者的政策具有其惯常的鲜明理论趋向,没有任何理由可让我们认为,这些政策的构建来自对现实状况的任何知识。"[47]

以此为理论基础,赫克歇尔以言过其实的立场告诉我们,重商主义包含五个他要论述的侧面。其一,重商主义是一种促进统一的体制,这当然是施穆勒的主要观点。其二,重商主义是一种增强实力的体制,坎宁安先前就曾这样阐述过。其三和其四,重商主义是一种涉及保护主义与货币的体制,赫克歇尔在这里跟斯密发生分歧。其五也是最后一点,他强调必须将重商主义视为一种社会观念,据说人们时常忘记这一侧面。有鉴于此,赫克歇尔的主要目的就是要整合所有这些侧面,从而系统地为重商主义现象提供一个总体解释。

为此,赫克歇尔在本人著作的第一部分,论述了"重商主义乃促进统一的体制"。他对相关经济史和立法史的追溯既雄心勃勃又卓有成效,洋洋洒洒达四百多页,可是总体上并未超越施穆勒。"重商主义乃增强实力的体制"在著作的第二部分得到简要论述,篇幅为 40 页。作者在这里主要重申了坎宁安的立场,即重商主义政策的最终目的在于强化国家自身实力。第三部分专门论述了"重商主义乃保护主义体制"。赫克歇尔在此提出了他那个著名的区分,即一种是"保障供应政策",那是中世纪城镇经济管理中的典型特征;另一种是"保护主义体制",这属于重商主义时期。保护主义体制大致可由一种心理倾向和态度加以解释,此即"货物恐惧"症。在赫克歇尔看来,这种怪异的重商主义心态相信"卖出本身就是目的",[48] 要想方设法让货物脱手。此番解释也为该时期不胫而走的贸易顺差论找到了一条理由。赫克歇尔还表示,货物恐惧这一心理的历史渊源固然植根于中世纪的封闭状态,但另一因素更为关键,大体而言就是货币经济的扩展,经济的货币化意味着"货币收入形同经济活动的唯一目的"。[49]

在论述"重商主义乃货币体制"的随后部分,赫克歇尔回到了那个恋金谬误。依据赫克歇尔对重商主义作为保护主义体制的解释,可以合理推断,他会同意斯密的说法,即重商主义作者把货币与财富混为一谈。然而,他在这里谨慎地注意到,这种重金主义态度或许在早期重商主义者那里司空见惯,但到17世纪已远不再流行。事实上,他写道:

> 因此,不要把作为货币体制的重商主义解释为对货币的刻意崇拜。在理性者的思想中,重商主义的关键点在于,对货币及贵金属在社会中的功能作出理论阐述,借以促进经济生活的发展……[50]

在这一部分,赫克歇尔着手展示,重商主义思维如何念念不忘以一种拔高的态度看待货币作用。他指出,在重商主义者的头脑中,经济发展取决于货币的大量流通,正是这一观点而不是对货币致富能力的某种神秘信仰,才有助于解释重商主义者对货币的贪恋。

在最后部分,赫克歇尔论述了"重商主义乃社会观念"的情况。起初,他强调了"自由主义"与"重商主义"的相似点,据称,这两套体系立足于同一个观点,即人是一种由当代天赋权利学说所唤起的社会动物。不过他发问:同一套社会理论怎么会导致大相径庭的经济体制——自由放任与重商主义呢?他给出的答案是,天赋权利理念在重商主义者手中带有某种不问道德的气息,故此,人们注意到,重商主义者"普遍地漠视人伦"。[51] 早先时候,尚且有过禁止高利贷之类的法律在保护穷人,但这种伦理道德后来被物质至上的世俗观念所取代,更何况新兴的普遍原则是,只要有利于国家强大,丧失个体福祉也在所不惜。于是在近代,"十足的马基雅维利主义"风生水起,最典型地体现为对穷人的态度。赫克歇尔相信,穷苦阶级总体而言被当作一件"自由商品",任由有产阶级随意处置。

不仅如此,据称,自由放任与重商主义之间首要的分野在于,自由放任学说无疑更加符合人伦,而重商主义观点惯于推崇国家管控。尽管自由放任的倡导者如同唯利是图的重商主义者,也经常会不讲道德、为所欲为,但他们毕竟相信世上原本存在某种和谐状态,而这是重商主义者缺乏的信念。赫克歇尔在回应批评者时写道:"在重商主义者眼里,高明的治国者借助高超的管理能带来良好的结果,依仗经济生活的放任自流却无法取得这种结果。"[52] 因此,赫克歇尔认为,是否相信存在"看不见的手",这是区分"斯密世界"与"孟世界"的主要界线。就这样,在赫克歇尔手里,重商主义基本上变成了一种维度宽广的世界观。

财富还是实力?

赫克歇尔跟施穆勒及历史学派一样,拓展了"重商主义"概念,使之成为一个经济思想体系、一套社会思想观念,当然也是一种植根于中世纪的经济政策体制。在他的解读中,国家是重商主义的主要实施者和推动力。虽然他在回应评论者时承认,实力和财富乃重商主义政策的目标,但希顿也没有讲错,即赫克歇尔"坚持认为重商主义将实力置于财富之上,这与自由放任理论形成对照,称,自由放任理论以发家致富为指针,甚少考虑致富对国家实力的连带影响"[53]。

瓦伊纳在1930年分两次刊载的长文中,表达了对斯密的崇敬,挑战了历史学派的立场。前已提到,瓦伊纳旗帜鲜明地批判了历史学派,称其"对于涉及货币与贸易问题的现代经济理论,既没有表现出兴趣也没有展现出知识";而且,在从历史角度为自身合理性辩护时,历史学派"按照明确的重商主义套路,几乎无一例外地表现出为重商主义学说护短的倾向"。[54] 瓦伊纳不但没有从重商主义者的角度去理解他们,反而提出了一套从理论内部,即从"现代货币与贸易理论"进行分析的战略。以此为基础,他"通过现代理论视野下的分类和考辨,罗列了亚当·斯密之前英国流行的贸易方面的理念清单"。[55] 他因此认为,经由如此严格的查考,可以更好地弄清历来学说的演化脉络,这比历史学派的处理方法要高明,因为历史学派无非断言,有关理念只是以某种方式反映了前现代的经济现实。

按照瓦伊纳的说法,重商主义者犯下的错误恰如斯密早已指出,就是把货币与财富混为一谈。他强调,如果认识不到这一点,那就不可能解读贸易顺差论,也不可能解读所谓外贸才能致富的观点。据称,重商主义者"至少一度相信,货币之外的一切货物都毫无价值"。[56] 可见,瓦伊纳通过断章取义,居然比斯密还要武断地强调,重商主义者全部是不折不扣的重金主义者。此外,他对1620年代讨论中涌现的新东西视而不见,对于通常作出的"逐项交易顺差体制"与"总体贸易顺差体制"之区分,他也不予承认。前已可见,《国富论》中已经暗示了这一区分,1820年代在琼斯那里,这一区分已成为一种正统观点,可是瓦伊纳声言,这种区分不过是凭空想象的产物。[57] 相反,他认为,真正的区分倒是17世纪后期出现的就业优先论,即所谓贸易的劳动顺差论(详见第四章),从此才扫除了贸易顺差论那个旧教条。

不过,瓦伊纳乐意承认,仅仅是某些极端重商主义者才会彻底混淆货币与财富,至于温和重商主义者把金银当作财富,则可从一个不同角度加以理解。为何货币在16世纪和17世纪被认为如此

至关重要,瓦伊纳对此作了自己的阐述,不无讽刺的是,他还是接受某种解释,相信这一谬误存在"物质"基础。他就此强调:

> 比较精明强干的重商主义者在作品中认为,贵金属对国家福祉具有无以复加的作用,乃至让人觉得贵金属理当拥有超出其他商品的价值。如此看待贵金属,比起把金银与财富彻底混为一谈,更值得注意。[58]

然而,既然往这条路上走,他就为一系列历史学派的新解释打开了大门,我们会看到,这些新解释在第二次世界大战后纷纷涌现。因此,瓦伊纳对历史学派方法论的批判反而是在呼唤更恰当、更丰富的历史学派解释。

瓦伊纳也挑战了由经济史学家(最突出者当然是施穆勒)作出的另一个推断,他反其道而行之,沿着斯密的思路称,重商主义作者们并不真正推崇"国家管控"。他认为,可以实证表明,那些重商主义者很少崇奉总体利益,也很少捍卫国家立法和政策。更有甚者,他们大多数对当下政治持批评态度,并据此把自己定位为改良者,只是如瓦伊纳所坚称,他们终究是特定类型的改良者,即在努力改革旧结构时,首先充当了"特殊利益"的代理人,用现代术语说就是"寻租者"。据认为,当时每个团体都在不停地游说,所要求的是符合自身经济利益的立法改革。明显受斯密论调的启发,瓦伊纳写道:

> 现代某些人推崇重商主义的美德,他们要我们相信,当年有关法律和公告源自建立富强国家的高尚热情,旨在反对逐利商人的自私冲动。但其实,这些法律和公告不过是动机各异、彼此冲突的各种利益的大杂烩而已。[59]

在赫克歇尔的著作出版并翻译前,瓦伊纳已有两篇文章问世。

可是,瓦伊纳在读了赫克歇尔的书后,更加坚定了自己对历史经济学派的批判态度。所以,在他的相关书评及十年后发表的文章中,他严厉批驳了那种观念,即国家实力本身就是重商主义者追求的目标。[60] 本来在这个问题上,大致可言赫克歇尔的立场与坎宁安接近,但仔细阅读赫克歇尔的书可见,他把对实力的争取当作重商主义政策多重目标中的**一个**,毕竟他的志向明显是要提出一个集成的综合解释,追求实力只是多项内容中的一项而已。说起来,赫克歇尔大体上还算谨慎,不愿意突出某个单一性解释。在回应瓦伊纳等人时,他愿意承认,实力和财富**二者**同为重商主义全盛时代经济政策的中心命题。在此问题上,他似乎也表示,这两个关联目标背后另外闪现着一个非常独特的社会哲学,那就是重商主义的世界观。

然而,瓦伊纳已经义无反顾地打定了自己的主意,因此,在他眼里,赫克歇尔反正就是在支持"重商主义者关于实力高于财富的命题"。[61] 瓦伊纳在1948年的文章中,也注意到赫克歇尔在此问题上态度暧昧,但似乎视之为某种战术性退让。在瓦伊纳笔下,反正赫克歇尔坚持认为,重商主义者"总是把实力当作国家政策的**唯一**目的,总认为财富**只有**在增强国力时才有意义",只不过赫克歇尔没能把这个意思表达清楚。[62] 为加以"修正",瓦伊纳谦虚(或不够谦虚)地提出了据说赫克歇尔也会爽快认同的某种解释:

> 几乎所有重商主义者……都会赞同以下各主张:一、财富是追求实力时绝对必需的手段,无论该实力用于安全自保还是对外侵略;二、实力对获取或保持财富都是必需或有用的手段;三、财富与实力各自都是国家政策恰当的终极目标;四、财富与实力这两个目标长远看呈现和谐共进的关系……[63]

重商主义与经济史

赫克歇尔关于重商主义的两卷著作无疑令有关讨论重振旗鼓。此书 1930 年代初问世时,重商主义正好是个纷争不休的政治问题,保护主义和经济民族主义在欧洲已卷土重来,当时的极权主义声音在怪异地发出重商主义的"管控"老调。[64] 此外,凯恩斯也在其《就业、利息和货币通论》中充满赞许地谈论重商主义,不禁让赫克歇尔这样的"老派"自由主义者大惊失色。[65]

然而,第二次世界大战后,在一派迥然有异的政治气氛中,对重商主义的讨论照样延续,只不过有关讨论不再引起政治领袖和经济学家的特别关注,更多地只是经济史学家的研究侧重点。1950 年代和 1960 年代的突出特点是,经济史作为一个学术领域快速崛起,在英美世界尤其如此。[66] 而经济史的崛起相当程度上依靠了有关重商主义的争论,至少在英国是这样。英国的讨论聚焦于两个问题:其一,人们批评了赫克歇尔那个面面俱到的重商主义定义,并质疑这一宽泛定义的价值。其二,对国际贸易关系新的历史研究似乎启迪人们,可从新角度去解读重商主义现象。在此背景下,业界开展了活跃的讨论,试图为重商主义思维这一上层建筑确立一个恰当的经济与历史基础。

就上述内容的第一点而言,贾基斯在 1939 年已毅然抛弃了"重商主义国家"的观念,他是伦敦国王学院的研究员,在研究英国文献特别是伊丽莎白时期文献方面享有声誉。贾基斯把斗争的矛头正式指向了堪称"德国学术"的历史学派,也包括坎宁安和阿什利这样的同路人。虽然贾基斯对赫克歇尔一笔带过,但大量批评意见仍适用于赫克歇尔。贾基斯发问:是否应当把重商主义当作一个连贯的"体系"？他本人当然清楚答案，故而写道，重商主义"从未拥有一套信条，也没有一帮同心同德的卫道士"，他断言，重商主义没有提供连贯的学说，甚至连"几个确定的原则"都没有。故此，重商主义不过是个扎起来的稻草人，其炮制者是"18世纪那班人，他们借助自然法体系来支撑自己的信仰"。[67]

约20年后，这一观点得到科尔曼那位首要经济史学家的进一步阐述，此人公开反对赫克歇尔及其对重商主义的"大杂烩处理方法"。据科尔曼所言，正是经由赫克歇尔那种黑格尔式的加工，重商主义才真正成为一个有模有样的东西，从而能在几个世纪中以不同面目呈现于世。[68] 科尔曼的以下结论常为人引用：

> 何为重商主义？它存在过吗？作为对经济思想趋势的一种描述，这个术语自然不无用处。……作为对经济政策的一个标签，它不但引人误入歧途，而且频频陷人于思想混乱，纯粹是历史编纂学中的一个障眼物。该术语虚假地粘合起支离破碎的事件，掩盖了特定时代和特定环境中的特定现实，抹去了各种必不可少的杂质，包括思想观念与先入之见、政治的和经济的利益与影响，以及有待历史学家考证的相关人物的个性。[69]

在后来的文章里，科尔曼延伸了上述论点，将重商主义视为一种经济思想趋势。1980年，他承认重商主义这一术语或许拥有某种启迪价值，实际上作为一个例子，它代表了那些"乌有之物，可世人终究要发明这些东西，为的是防止历史研究陷入头绪纷繁的汪洋大海"。[70] 不过他还是坚称，若用来描述**实际的**特定思想脉络或经济政策，这个术语不仅不恰当，而且误导人。

贾基斯和科尔曼固然对当时的讨论产生过很大的独特影响，

但同时显而易见，1950年代以来的多数讨论者不大情愿认同他们颇为极端的观点。尽管如此，业界如今的确对"重商主义自成体系"的观点持普遍怀疑态度。前已提及，约翰逊在其影响甚广的《亚当·斯密的先驱》(1937年)中，就认为重商主义是个"令人不爽的字眼"。熊彼特在《经济分析史》中的权威意见，即重商主义者（他所谓"顾问行政官"）是一些并不擅长理论构建的实务人员，也比较贴近这一立场。[71] 与此一致，特伦斯·哈奇森主张，应尽量避免使用"重商主义"一词，因为它已变得太过宽泛笼统。他认为，用如此包罗万象的概念去描述几十年里众多社会经济状况中的经济思想，实在不够明智。[72]

然而，尽管许多人通常赞成应当修正赫克歇尔那个"不符合实际"的大杂烩，但他们还是沿用重商主义这一术语，并确实主张应当保留该术语。[73] 不容否认，自17世纪初直到斯密时代的经济文献中，可以见到某些连贯的主导思想，既然如此，为何不用"重商主义"标签去指称这些理念与构想呢？还有，如果该术语具有某种启迪价值，可以充当韦伯所说的某种理想类型，难道它就不能至少在一定程度上反映某种基本现实吗？熊彼特说那些顾问行政官干脆没有进行过理论构建，这也极其令人费解。诚然，他们未曾使用20世纪经济学所发明的方法论，某种意义上我们甚至也可以同意熊彼特的看法，即重商主义者并不擅长理论构建，但如此就能一锤定音吗？连熊彼特都以为，重商主义思想者未能系统地进行哪怕是有缺陷的思考，这着实令人难以置信。

由具体经济政策出发作普遍化推论，这正如鲍勃·科茨所言，总体上也算天经地义。"经济政策"，即国家立法或行政机关或其他共同财产团体在不同层面作出的林林总总的决定，必然起码要靠某种设想和观念所指引，这些设想和观念必然涉及经济应当如何运行、立法或监管行动应当追求何种最终目标这样的问题。科茨写道:"经济史学家认识到,假如对经济体系运行的方式没有**某种'概念'**,假如对于'手段'与'目的'的关系没有某种'概念',那就不可能有任何连贯的决策。"[74] 当然,一般而言,18 世纪及 19 世纪初的治理结构中看不到如此连贯的决策,但这种看法真的就符合实际吗?毫无疑问,更可信地说,在这一时期,行政官和政治家都在努力寻找某些手段,用以实现他们所提出的一整套目标,且不论这些目标的内容及其合理性。对于这场由贾基斯和科尔曼开启的大讨论,大多数人很可能会同意理查德·瓦欧斯的态度,瓦欧斯一方面告诫人们不要作出过于简单化的概论,另一方面还是严肃认真地说:

> 在批评性文献中,常可见人们指责重商主义者的经济论述不成体系、就事论事,说他们对国家政策仓促建言,为了君主致富而杂乱条陈。这里不应当为这种指责去辩护,因为重商主义文献中的连贯性和条理性都超过了该指责承认的程度。……重商主义理念,如同大多数经济思想的阶段和流派,也确实有过变迁与发展,但一以贯之的东西还是存在的。[75]

1950 年代后的重商主义讨论也由经济史学家主导,讨论中的第二个重要主题是,考察重商主义时期在经济理念、事件、政策之间的相互关系。虽然赫克歇尔认为思想与政策之间存在明确的联系,但他完全不承认在思想与事件之间存在正面的联系。有鉴于此,比如科尔曼就曾用直白的语言对他提出了批评。科尔曼着重强调了经济理念背后的实体基础:

> 赫克歇尔特别重视理念的连贯性,但与之相匹配的还有

现实状况的连贯性,这是他所忽视的。正是在经济生活的这些基础上,才确立起人们关于经济生活的一般理论。[76]

因此,从 1950 年代起,经济史专家们开始探寻,经济生活的这些基础究竟由什么构成？例如,查尔斯·威尔逊在一系列文章中,着手证明乔治·克拉克此前强调的一点,即"要想解释重商主义态度,就应当了解当时的商贸状况,特别是应当了解贸易商切实而沉重的资本需求"。[77] 斯密以来诸多解释者的一个通病,如威尔逊所言,在于"很少查考一种可能,即对金银的迷恋或许有着合理的历史根源"。[78] 据威尔逊研究,孟、米塞尔登等早期英国重商主义者作品中的一个主题是,他们对特定的某项贸易逆差表示忧虑,尤其涉及波罗的海贸易。据威尔逊分析,该时期大部分贸易都以双边形式进行,从波罗的海国家进口的粮食、木材、铁、铜对英国至关重要,但要维持这种贸易,只能靠英国输出真金白银,这在当时始终是个问题,背后的主因是,荷兰人主导着向波罗的海地区的出口。[79] 于是为抵销向该地区的贵金属流出,在与其他国家和地区的贸易中就必须要有"盈余",威尔逊相信,重商主义者之所以那么关注贸易顺差,个中缘由正在于这一独特局面。随着贸易在 17 世纪变得越来越多边化,这一学说才日显过时,最终被束之高阁。[80] 赫克歇尔在回应威尔逊时,否认双边贸易与结算在 17 世纪乃通行做法这一结论,他断言,汇票在当时已有存在,这尤可用来反驳威尔逊为重金主义所作的那套辩护。[81] 威尔逊在应答中重申自己的观点,称"在国际贸易的众多领域,贵金属无不发挥着独特作用,这使得重商主义思想蕴含合理的成分"。[82] 此外,"硬通货"观点"深深植根于个体商人的头脑,他们知道自身业务经营需要什么"。据此,威尔逊指出:"**以货币为形式**的贸易资本曾被视为货物交易中必不可少的一环。"[83]

1950年代初,另有其他研究也解释了重商主义思想背后的历史合理性,这同样引发激烈讨论。约翰·古尔德于1954年和1955年发表的两篇文章得出结论,英国1620年代初的工商大萧条是重商主义学说兴起的一个原因。据古尔德分析,大多数当时的观察家都赞同一个观点,即危机的主因在于"货币体制和外汇机制中的某种缺陷"。[84] 由此可论,

> 凡是仔细研究过1620年代贸易萧条的人……都明白,孟最有名的著作《英国得自对外贸易的财富》多半代表了对当年事件与讨论的反思成果。[85]

古尔德在论述有关货币形势时,无疑借鉴了雷蒙德·德洛夫的开拓性研究成果。德洛夫在研究托马斯·格雷欣及16世纪的国际交易关系时具体表明,英国1620年代危机前这一时期围绕交易与货币问题的讨论,很大程度上受到当时一系列特定条件的影响,那个局面中,安特卫普的交易商占据核心位置,英国及英国商人则处于边缘位置。因此,当格雷欣或许还有马利内相信,应当打破外国交易者的欺行霸市时,很可能就是以此为历史背景的。[86]

古尔德就这些问题所采取的立场以后得到拓展,见于巴里·萨普的《商业危机与英国的变迁,1600—1642年》(1959年)。萨普在这一重要著作中强调,英国尤其在1620年代的确存在切实的"银两流失"情况,主要缘于英国银币定值过高,从而造成需求特别是对英国呢绒的需求大幅下跌,当然,高币值本身又缘于三十年战争后欧洲大陆的货币混乱和贬值。萨普强调,其实正因为这些问题,所以"当时人们纷纷抱怨货币紧缺",[87] 孟、米塞尔登、马利内激烈争论的焦点,就是应当如何解释这一通缩过程与货币紧缺现象。

古尔德和萨普倾向于赞成马利内的结论,即问题的根源在于国际货币操纵。由于货币问题是要害问题,马利内的立场比起孟和米塞尔登的立场更加务实,后两人认为英国货币昂贵不过是贸易逆差造成的次生现象。萨普坚信,归根结底,"那些年反复宣称英国存在贸易逆差,其实背后还有更糟糕的现实"。于是,他随即得出结论:"被历史学家指为'典型'重商主义的大量经济文献,实际上都是某种特定经济形势和一场短期危机的产物。"[88]

因此,萨普与贾基斯、科尔曼、熊彼特一样,也不承认重商主义具有完整体系这一说法。他告诫:"当统称这些作者为'重商主义者'时,会有一种危险,反而赋予他们某种学说的连贯性,似乎其背后有一系列逻辑原则在支撑,可是,事实并非如此。"[89] 他们的作品其实"基本上不值得当作充分成熟的体系来看待,它们不过是面对经济环境中连续不断的波动,在连续不断地作出务实回应罢了,须知,经济环境中的基本要素始终变化得相当缓慢。"[90]

毫无疑问,经济史研究的兴起大大有助于加深对重商主义学说的理解。首先,这些研究向世人展示,重商主义文献如何跟当时的政治与经济问题及辩论相关联。其次,它们有力地呈现了该时期在经济理念、政治与利益集团之间复杂的相互关系。例如,英国历史学家 R. W. K. 辛顿表明,尤其是 17 世纪政府的政治拥有高度的自主性,肯定不能把它视为直接受控于"重商主义思维"。[91] 直到进入 18 世纪后相当一段时间,以促进国内生产为目的的保护主义,才充分成为英国历届政府一以贯之的工作守则。[92]

然而,与此同时,经济史学家的诸多意见也在不同程度上表现出某种简单化倾向,即他们惯于把文本"解释"为直接从经济、政治、社会环境中派生而来。但如前已论,这里涉及的那种复杂"环境"从来都不是一目了然的,要解释它们,还是要回到某种话语背景当中,要回到历史传承下来且能为当事人所理解的那些概念与词语中。单纯说孟和马利内介入了一场事关实际问题的讨论,恐怕还是不够的。显而易见,当他们讨论"实际"问题(如货币投机对贸易收支的影响)时,他们必定借助了以历来观念为基础的某个理论框架,前人终究已对经济如何运行以及如何研判经济形成过某些观念。他们讨论时所使用的概念,如"盈余"、"减持"、"交易"等等,当然含有他们所知的特定含义。所以,科茨就强调了一个既包含认识论也事关实证的问题:

> 当同时存在相互冲突的观点时,又怎能单纯用"事件"本身来解释呢,除非你设法证明,哪些事件具体酿成了哪种特定的观念或态度。在对事件作出反应的人当中,既有古怪者、偏执者,也有既得利益的热衷捧场者、谋职者、治国者,还有主要动机在于超然追求'真理'的罕见人士。[93]

凯恩斯与重商主义

在斯密的《国富论》之外,最著名的经济学著作当数凯恩斯发表于1936年的《就业、利息和货币通论》。此书第23章专门论述了最早那批经济学家,在凯恩斯眼里,这些经济学家遭遇了"古典经济学派"不公正的对待。他指出,重商主义者决非古怪人物,他们的理念也非思想混乱状态下的胡说八道。[94] 他陈述了在他看来重商主义学说中最重要的"科学真理"因素:

> 当一国财富相当迅速地增长时,在自由放任情况下,这种良好的状态会因为对新投资诱导不足而遭到打断。[95]

况且,"国内投资的机会长期看取决于国内的利率,而对外投资量则必然取决于外贸顺差的规模"。[96] 此外,利率是由"贵金属的数量"决定的。从这一点出发,重商主义者强调贸易顺差时,其中的逻辑便清楚地呈现在世人面前。故此,

> 采取措施增加外贸顺差,是有助于增加对外投资的唯一可用的**直接**手段;与此同时,外贸顺差对贵金属流入所产生的影响,又是唯一可用的**间接**手段,有助于降低国内利率从而增加对国内投资的诱导。[97]

在凯恩斯看来,这基本上就是重商主义思想的核心论点。不用说,凯恩斯选择的这一视角正好契合他本人的理论诉求,于是,他必须认定,重商主义思想与政策的总目标在于"充分就业"或"充分开工"。至于这一目标是否确实可在重商主义文献中观察到,他未加细究,反正视之为理所当然。对凯恩斯的这一推断,理当展开广泛讨论,瓦伊纳先指出过有关问题,威尔逊后也写道:"当重读重商主义者的著作时,不禁产生某种不安的感觉,毕竟重商主义者把就业和开工当作增加贵金属供应的手段,而不是颠倒过来。"[98] 但凯恩斯无意深究这一点,他还是继续探讨,重商主义者的哪些具体观点是有道理的,甚至可能比古典自由放任学派的观点还要高明。

其一,凯恩斯赞扬重商主义者,因为他们**没有**假定经济中存在自我调节的趋向并因此假定利率必然会确定"于恰当的水平"。相反,据凯恩斯所见,重商主义者认为高利率乃经济增长的主要障碍,他们"甚至认识到,利率取决于流动性偏好及货币量"。[99]

其二,凯恩斯指出,重商主义者意识到一种危险,即过度竞争会让贸易条件变得不利于本国。其三,凯恩斯称颂重商主义者的一个观点,"而古典学派两个世纪后尚且斥之为荒诞不经",该观点

是，货币紧缺会造成失业及停工。其四也是最后一点，"重商主义者坦然面对自身政策蕴含的民族主义本质及助长战争的可能"，"他们承认自己追求的目标就是**国家优势**和**相对实力**"。[100]

不难看出，凯恩斯对重商主义思想的解释不过是一种自我发明，目的是要为自己的论点提供支撑，他这个弱点也是容易被人抓住的。例如，威尔逊就说过，凯恩斯恰如论述经济思想史的经济学家惯常的那样，掉到了过度以今释古的陷阱里；[101] 凯恩斯想当然地以为，重商主义者力图实现的最终目标就是充分就业，其实他们很可能着眼于提出一个促进经济增长、国家强盛和现代化的远大纲领。凯恩斯对重商主义文献的见解也非面面俱到且鞭辟入里，故而，他的文本中自会有某些事实的出入，实际情况也的确如此。[102]

不出所料，赫克歇尔对凯恩斯的解读方案秉持相当负面的态度，比如，他急于指出，称重商主义者基于实际经济观察而得出其见解，这"完全缺乏任何依据"。[103] 诚然，任何人试图从合理的历史角度去解释重商主义观点，都必然遭到赫克歇尔的反对，但他特别要批判凯恩斯的一个观点，即所谓重商主义时期的失业和停工实由投资不足所造成。按照赫克歇尔的结论，失业和停工跟农业收成不好及战争等因素有关，与"现代"意义上的商业周期关系不大。[104] 然而，根据我们掌握的 1620 年代英国贸易危机背后的成因，赫克歇尔的这一观点似乎站不住脚，那场危机看来明显具有"现代"特征。此外，我们后面还会看到，某些重商主义作者相当直白地把失业跟低投资和低增长联系了起来，尽管可能用的是其他术语。

凯恩斯作为重商主义的解读者终究不是可以一批了之的。[105] 第一，充分就业乃至对资源的充分利用显然**的确**是重商主义作者们提出的一个重要政策目标。当然,应当把这一目标放到一个更大规划中去,这个规划强调的是国家富强。第二,凯恩斯充分意识到过度以今释古的谬误性,所以他其实相当自警,努力不把自己的言辞装到重商主义作者的嘴里。而且,他审慎地注意到当时流行的具体制度条件及其与今日的差别。[106] 此外,凯恩斯的历史理解也不像人们有时声称的那么肤浅,首先,他非常了解比如西班牙的经济史;其次,他就重商主义者面临的具体制度框架所作的评论,从历史角度看并非没有道理。

当然,凯恩斯的解释同时也难免存在某些严重问题,有些问题我们已经熟悉。其一,明显可见,凯恩斯偏爱过分简化的概括。他显然依仗本人直觉,好作大而化之的笼统归纳。其二,他跟其他许多人一样,过于简单化地看待理念、事件、政策之间的关系。照凯恩斯的版本,所有这些层面都隶属于一个连贯(尽管模糊)的"系统"。其三,很难说,"充分就业"或"充分开工"就是重商主义思想与决策的唯一目标。让大量人口处于工作状态固然是重商主义思维的基石,但"充分就业(或开工)"当时究竟指什么,并不能容易地探解。其四,凯恩斯试图找出重商主义思维的内在逻辑,这显得有点解释过头而不免勉强。不少学者已经指出,当 17 世纪的诸多作者探讨价格、货币、利率等等如何相互关联时,他们有时并不讲逻辑。显然,某种程度上必须承认,的确存在这样的不足之处和逻辑错误,否则又该如何理解他们的某种信念?比如说,他们一方面相信货币泛滥会导致利率走低,另一方面又把价格走低当作重要的政策目标。利率跟价格水平,跟需求和就业到底有什么内在关系?假如认为重商主义者在这些问题上总是头脑清晰,那肯定言过其实,所以,当凯恩斯坚称,重商主义者的思想拥有环环相扣的结构,那确实讲得太过离谱。

不过，在凯恩斯主义如日中天之时，有一种观点不胫而走，不少人认为，凯恩斯倡导充分就业和开工的政策，走的正是重商主义者的路子。例如，美国经济学家道格拉斯·维克斯在研究18世纪的货币理论时，注意到有位名叫威廉·波特的重商主义者曾经发现了乘数效应。[107] 维克斯用总结性语言，得出这个结论："古典学派之前的文献有个重要特点，它们构建了一个关于货币的理论，用以解释就业、繁荣、经济发展之类问题。"他进而言之：

> 当时人们不仅注意到，在流通货币供应量的或大或小与就业和开工及实际贸易活动的或多或少之间，存在着一种对应关系，而且他们还仔细考察了这中间所蕴含依存关系的实质。[108]

确实如此吗？在A.K.森对"后期重商主义者"斯图尔特的全面研究中，也充斥了这种思想。森直白地论述斯图尔特：

> 只有借助凯恩斯的分析，才能看清楚斯图尔特实际上在探求什么。他对现金需求的本质与重要性作了分析，其中的核心结论是，现金需求量取决于工商业状况、生活方式、民众日常开支等等。此外，他强调，货币量的增加会方便流通、降低利率，从而对工商活动产生影响。这些想法我们近年方才熟悉起来，方才不像19世纪那辈人一样觉得它们荒谬可笑。[109]

我们将在下文中细论这些问题，这里只需提及一点，即凯恩斯对重商主义的那种解读在1950年代和1960年代曾相当时兴，比如威廉·格朗普1952年发表的一篇影响甚广的文章就充满了这种论调。格朗普在那篇文章中特别强调了"'充分就业或开工'在重商主义政策中的重要性"，据此断言，充分就业和开工乃重商主义政策与思想的主要目标。[110] 他这个以今释古之论的核心就借

鉴了凯恩斯,他说:

> 我以为,重商主义者之所以要维持贸易顺差,是基于一个推论,即英国的出口要大于进口,这样才能增加就业或开工,这个推论短期而言是合理的。[111]

凯恩斯此前已经特别强调,外来投资和贵金属流入会降低国内利率从而增加就业和开工,格朗普在文章中尤其论及外来投资在这方面的作用。不过,尽管格朗普明显受到凯恩斯宏观经济学的影响,但他的论点毕竟立足于重商主义作者们的实际作品。还有,他因为直接参考了有关文本,所以还能够在某些方面修订凯恩斯的论述。

重商主义与寻租社会

斯密比其他任何人都更加强调,自私者的个人利益是"重商主义体系"背后的强大推动力,因为"某些人的自我利益从来就跟公众利益不相吻合"。如前已见,这一想法多年来一直得到人们的支持。几十年前,此论现身于一套由公共选择论派生的说法,即认定重商主义乃寻租行为。伊克伦和陶里森在一项研究中提出其解读,称"重商主义的本质在于,通过国家机器来处理垄断权的供求"。[112] 这两名美国经济学家的雄心不可谓不高,他们在自己的模型中不仅着手"解释重商主义政治经济学",而且有志于"更加合理地说明重商主义社会秩序在英国和法国的兴衰"。事实上,因为这意味着要同时实证地解释这一切,所以他们声称自己的模型比以往各种模型都更"强大"。此外,他们在解释"重商主义社会秩序"时,提出要着重分析"各种制度约束下"个体的行为,而不再集中分析那些"非理性的错误"。他们藉此希望避免"通常的范式",据称通常范式基本上眼睛只盯着"重商主义作者的愚蠢"。[113]

与此对照,他们提供了源自芝加哥学派的公共选择"实证经济学",并称理性寻租、方法论个人主义、演化制度约束是这里涉及的关键变量。但与此同时,寻租被认为是比逐利还要特定的东西,指的是花费"稀缺资源用以捕获纯粹的利益转移"。因此,重商主义的兴起意味着此类行为者也在同时兴起:

> 这些人看到,如果能获得垄断权以生产某些特定产品(或提供某些特定服务),就能获得潜在的好处。于是,这些人会试图颠覆市场力量,会让国家下令将生产权专门授予自己,从而垄断特定产品的生产。[114]

伊克伦和陶里森采用英国和法国的案例来说明自己的命题。针对英国,着重应当解释为何国家管控和"重商主义社会秩序"后来逐渐式微,至于法国,则要解释为何国家管控在那里经久不衰。他们提出,在英国,当旧专制主义盛行时,寻求垄断权并不需要太高的成本。然而,随着议会崛起及相应"不可控性"的增大,再加上"私有领域回报的增加",旧的管控体制便走向没落。据称,"在此情况下,通过国家庇护而寻求垄断权的做法显然不再是一本万利的买卖"。[115] 而在法国,旧专制主义和君主的威权继续递延,于是,寻求垄断权照样还是个体的最优选项。

不过,伊克伦和陶里森之流的出发点,本来就是把重商主义定义为个体在其中寻求垄断权的一种体制,所以,他们的这一论述等于在绕圈子,简言之即循环论证。尽管他们下结论说:"我们的理论……是要为重商主义在英国的衰落及其同时在法国的强化提供一种解释",[116] 但就此而言,人们如同一位批评者那样不禁要问:

"能不能先明确,什么样的证据(如果有的话)足以证伪这一理论?换言之,什么样的反例(如果有的话)可以说服他们放弃这一理论?"[117]

进而言之,在伊克伦和陶里森的解读中,难以找到理念、事件、政策之间的联动机制,他们干脆称此为伪命题。他们坦承:"我们把重商主义当作一个寻租社会的理论,并不意味着思想活动会对公共政策产生很大影响。"[118] 在他们的世界里,真正有分量的还是那些自私自利的商人、君主及公众。一句话,两位作者的论述,仅仅关注那些参与重商主义寻租过程的行为者及其成本与获利。

伊克伦和陶里森的研究方法中有一个奇异特点,即他们似乎对重商主义作者实际写了什么完全不感兴趣。这种兴趣的寡淡,在上述作品出版16年后他们更厚的新著《政治化的经济》中再次可见。他们虽然受到数位经济思想史专家的批评,但依然称自己"坚持新古典立场不动摇"。[119] 不仅如此,在本书中及其他场合,他们拒绝把重商主义文本放到历史背景中加以解读,称那样只会从头就错、一叶障目。故此,他们毫不犹疑地断言,无论当年情况如何,那些重商主义文本有意无意地都在给自私自利披上合理化的外衣。伊克伦和陶里森在书中继续表明,英国、法国、西班牙各自出现的政治经济学,纯粹是寻租的结果,这种论调不禁让人想起马克思的观点,即行为者在涉及自身"真实"利益时往往都那么不由自主。同样,照其逻辑,18世纪的制度变迁,尤其是英国的制度变迁,无非是"为节省成本"而带来的结果。[120] 总之,他们以公共选择理论为出发点,费心费力地上溯到17世纪和18世纪的欧洲史,最后找到的恰恰是他们出发时想好要找的东西。

发达与欠发达

激进经济学的主要创始人当属马克思,总的来说,他对重商主义者似乎没有发表非常原创的评论。当然,马克思也没有像斯密那样,认为重商主义者基本上错误百出、缺乏理论分析能力。马克思肯定是称颂威廉·配第的,但这不是因为配第具有重商主义倾向,而是因为配第堪称劳动价值论(或此论原型)之鼻祖。[121]

然而,从《资本论》第一卷第八节有关"原始积累"的著名论述中,其实可以引发出对斯密之前政治经济学和经济政策的两种不同解释。一种解释就是像马克思那样,认为那时的经济思想与决策是虚幻的,仅仅用以汲取"得自异化的利润";另一种解释认为,既然当时必须采取手段进行"原始积累",那些经济思想与决策便是对这种手段的合理化和理论化(参见上文对伊克伦和陶里森的论述)。[122] 当马克思偏向于第一种解释时,他自然相信,"得自异化的利润"是重商主义思想的核心要旨,就此而言,他的看法类似于赫克歇尔的"货物恐惧"说。据称,以为一件物品在国际市场上的卖价高于其实际价值,这其实是一种幻觉,产生幻觉的原因有多个,但主要是因为混淆了私有经济与国民经济。因此,正是商人资本家低买高卖的把戏,在支撑这一谬误。以后会论及,这种解释极其靠不住,因为大多数重商主义者完全能够区分私有经济与国民经济,况且,他们大多数人一致同意,不仅外贸而且生产才是财富之源。尽管如此,马克思的那套理论在某些马克思主义学者中仍然颇有市场。[123]

然而,马克思提供的另一视角会引导我们往另一个方向走。为了完成从"封建"农业经济向"资本主义"工业经济的过渡,必须将小农转变为非自由的无产阶级,同时必须通过国际剥削(主要通过贸易)创造资本,这种资本随后将投资于工业生产。按照这一版本,"重商体系"就不再是一种虚幻的东西,相反,它适合这个剥削性"原始积累"时期的历史现实。

这一理论在马克思主义学者中也不乏追随者。[124] 但是,这一视角至少在部分脱去马克思主义外衣后,也用来服务于发展理论,比如用来说明"欠发达的加剧"这一激进命题的正确性。这里的中心议题是,重商主义政策在多大程度上促进了贸易剥削。尤其受到强调的是,重商主义与一系列重大问题究竟有何联系,这些问题包括压榨性的殖民体制、欧洲列强有利的贸易条件、不平等交换、侵略性贸易政策,以及仅进口原料同时又返销利用原料加工的工业品这一毫不含糊的政策。

许多著作对这一解释仅仅稍作提及,但意大利学者科西莫·佩罗塔最近以成熟的形式呈现了该解释。[125] 他坚信,贸易顺差论"确实"就是约翰逊思想中的"劳动顺差论"。据此可言,重商主义的主要关注点在于工业发展,其核心就是借助国际贸易发展民族工业。在约翰逊等人看来,这种劳动顺差论仅在 1660 年后才问世,而根据佩罗塔的研究,其历史要悠久得多。特别是考虑到历史上曾普遍地指责"奢侈品的进口,同时屡屡呼吁进口原料并用制成品去交换",则这一理念更可上溯至中世纪。[126] 佩罗塔是这样定义这一学说的:

> 如果进口物品的价值大于出口物品的价值,该国就在交换中获利;如果进口物品中蕴含的劳动大于出口物品中蕴含的劳动,该国就会吃亏。[127]

按这一描述,重商主义便十足成了进口替代的代名词。依照这个具有现代气息的理论,工业的建立将带来高附加值的生产及更多的就业。因此,佩罗塔认为,17世纪的重商主义者已经超前认清了某一环节的重要性,三百年后批判自由贸易的发展经济学家如劳尔·普雷维什、冈纳·缪尔达尔也不过在强调这一点,即:

> 国际贸易中当事各方的优势是不平等的,这取决于所交换商品的使用价值,更准确地说,取决于商品使用价值的不同生产能力。[128]

据佩罗塔分析,重商主义者已进一步认识到,存在着以"现代"工业为形式的更高生产能力,它能赋予较发达国家技术垄断,借此可剥削欠发达国家或可改善自身贸易条件。

到佩罗塔这里,我们似乎回到了原点,也即他的解释酷似历史学派和赫克歇尔的结论。此外,在佩罗塔的版本中,重商主义再次变成运用经济手段打造现代国家,即在国际竞争环境中促进经济增长及经济现代化。而且,它一定程度上又等同于保护主义。作为一种为替代进口而推动国内生产的政策,它还一直可上溯至中世纪,并从此断断续续地绵延至今。如此把重商主义解读为一种跨越时空的政治架构,从理论角度说当然会令赫克歇尔欣慰不已,但从政治角度说定会让他无比惊恐。

施穆勒的回归

有人宣称重商主义是个"障眼物",拒不承认历史上存在过整齐划一的重商主义理论体系,但历史学家继续在使用这个术语。更准确地说,许多人虽说尽量避免这个标签,在实践中免不了仍然用到它。因此,当发展经济学家埃里克·赖纳特在《富国为什么富,穷国为什么穷》中说:"在好几个历史时期,人们对富裕与贫穷机制的了解比今天要更透彻",我们就很容易理解他指的是什么。赖纳特尤其提到了安东尼奥·塞拉的《简论国家获得大量金银的方法》(1613年),认为此书清晰分析了佩罗塔所讲的"欠发达"与"发达"问题,而以前的解读者仅将这部作品归类为早期重商主义书册。不过,与佩罗塔不同的是,赖纳特明确提到,自己从施穆勒那里得到过启发,书中特别贯穿了施穆勒对17世纪和18世纪政治经济学的分析,[129] 只是他在书中一次也没有提到重商主义这个术语。

以往几十年中,历史学家们一方面避免重商主义这个术语,另一方面仍借鉴其内容,这已然成为某种共同策略。[130] 例如,伊斯塔凡·洪特在力作《贸易的猜忌:历史视野下的国际竞争与民族国家》(2005年)中,对重商主义一词也仅一笔带过,然而,当他承认对外航运是支撑国家实力的"经国大事"时,其立场便很接近施穆勒。索弗斯·赖纳特等人就强调,重商主义实乃17—18世纪"好斗的政治经济学"。[131] 伊斯塔凡·洪特和索弗斯·赖纳特并不相信重商主义是一种前后一贯的经济理论,但他们依然觉得这个概念还有用处。例如,索弗斯·赖纳特反对把重商主义者视为混淆货币与财富的恋金分子,他跟洪特一样又比较接近施穆勒的解读,会把重商主义基本上看作某种有助于民族国家的经济政策体系,能帮助它们在激烈的国际竞争中争取实力与财富。

自然可以预料,并不是每个人都赞赏施穆勒的回归。比如,斯蒂芬·平克斯在最近加入讨论的一篇文章中强调,托利党与辉格党对于财富以及国家在致富中的角色持有不同的观点,两党对于"财富与实力"之间的关系也存有分歧。[132] 这种观点认为,强大英国政权并非始终如一地追随某种前后一贯的重商主义政策。其实,以前在罗伯特·布雷纳等人关于商业与帝国的论著中,已可见这种观点的端倪。布雷纳指出,在 1649—1660 年克伦威尔共和国时期,在塞缪尔·哈特利布等激进派与"帝国的激进政策"、"好斗的商业政策"之间,存在着密切的关联性。[133] 毫无疑问,政治圈内原本就存在重大分歧,以后更是演化为对立的托利党和辉格党,此种分野对于理解 18 世纪后期的商业政策可谓至关紧要。此外,人们在批评施穆勒时,采用的是经常表达的那个观点,即 18 世纪末以前的国家(不只是英国)终究还很弱小,尚不足以执行属于自己的连贯一致的经济政策。比如,迈克尔·布莱迪克、保罗·斯特恩等人都表示怀疑,认为整个这一阶段并无职能健全的国家可言,更谈不上有什么"专权国家"。[134] 当时干脆就不具备掌控那种权力或实力的工具,国家的不同部门,包括各种各样的群体和机构,所执行的政策有时不免会跟自身的目标或利益背道而驰。认为前工业时代的国家"漏洞百出"、政权弱势乏威,这种观点在其他不少论著中也多有采纳。[135]

反思重商主义:但往哪个方向?

保罗·斯特恩和卡尔·韦纳林德近期编辑了一本关于重商主义的著作,两位编者建议应当"反思重商主义",但不一定放弃这个概念。他们回到那个观点,即重商主义并非整齐划一的"理论",甚至都算不上一个连贯的政策。这种观点也不是毫无道理,问题却依旧:那它是什么呢? 两位编者建议,我们应该拓展重商主义概念,在更宽泛的意义上"进行反思"。他们说,重商主义者不是如今意义上的"经济学家",他们也未必在现代意义上谈论"经济学"甚或"经济政策"。故此,他们应对今人所谓"经济问题"的方法,"在思考宇宙、世界、国家时,离不开 17 世纪、18 世纪欧洲的意识形态背景和争议"。[136] 据称,他们中部分人是有现代意识的,但还有部分人则向后看,眼睛盯着亚里士多德。依照两位编者的看法,重商主义的基石在于一项以改良为目标的事业,所谓"现代化"是从一批弗朗西斯·培根式的改良者那里横空出世的,那些改良者包括"博物学家、殖民官员、公司高管、治国政客、布道修士,甚至是江洋大盗",[137] 基本上都从 17 世纪中叶起集聚到那个"哈特利布圈子"内。

上述并不严格的定义,无论对重商主义抱有多大的同情态度,仍然有它的问题。我们知道,赫克歇尔也曾把重商主义看成"一种社会观念",但他很快就放弃了这一做法,其《重商主义》有关此话题的第五部分肯定只能算是未完成的残篇。也许他觉得那样的定义太过宽泛,简直可以无所不包。显然,假如在这个意义上去"反思",其所蕴含的风险是,我们会严重地稀释重商主义,乃至这个术语不再有任何使用价值。

就如上一章已经提及,我在本书中强调,重商主义本质上由一系列讨论所构成,讨论的目的是要驾驭其时正在快速发展的商业世界,也要驾驭由此对近代欧洲的国家和社会产生的影响。那是一个为了赢得富强和影响力而纷争不断的世界,既有帝国及旧政治体**内部**的纷争,也有行将确立的民族国家**之间**的纷争。这样的定义不会预先假定,国家必定都已确立起了整合一体的政权,事实上,当时各地的商人、政客、事业推动者之所以提出那些理念和政策,本身就是想要打造那种国家机器,此所以施穆勒说,重商主义乃建立新兴民族国家这个"纲领"的一部分。我的定义并不排除这种可能,即当时关于商业活动、国家财富、富与强之关系等问题的理念,很大程度上受到了如今已不能算作"经济类"话语的影响。显然,在当时的各种话语之间,不存在严格的分界线,比如,在自然世界与商业世界之间可任意跨越,下文中可具体看到这一点。然而,当年话语的多元交织并不意味着我们就无法看清,从 16 世纪起,关于商贸以及如何通过商贸实现富强的一场特定讨论正在方兴未艾地展开。

注释:

1. Author unknown, "Mercantile system". In *Palgrave's Dictionary of Political Economy*. London and New York: Macmillan & Sons, 1894.
2. C. Wilson, *Economic History and the Historians*. London: Weidenfeld & Nicolson, 1969, p. 50f. See also C. Wilson, "Treasure and trade balances: further evidences". *The Economic History Review*, 2nd ser., vol. IV (1951-2).
3. Donald C. Coleman (ed.), *Revisions in Mercantilism*. London: Methuen, 1969, p. 105.
4. J. A. Schumpeter, *History of Economic Analysis*. London: George Allen & Unwin, 1954, p. 337.
5. R. Schaeffer, "The entelechies of mercantilism". *Scandinavian Economic History Review*, vol. XXIX: 2 (1980).
6. A. Lovejoy, *The Great Chain of Being*. Boston, MA: Harvard University Press, 1936.
7. Schumpeter, p. 338.
8. J. Viner, *Studies in the Theory of International Trade*. London: George Allen & Unwin, 1937, pp. 1f. 马克·布劳格的经典著作对此更予强调, see M. Blaug, *Economic Theory in Retrospect*. Homewood IL: Richard D. Irwin Inc., 1968.
9. R. E. Eagley (ed.), *Events, Ideology and Economic Theory*. Detroit, MI: Wayne State University Press, 1968.
10. W. Letwin, *The Origins of Scientific Economics: English Economic Thought 1660-1776*. London: Methuen, 1966. 有关评论观点, see R. E. Ekelund Jr. and R. F. Hébert, *A History of Economic Theory and Method*. New York: McGraw-Hill, 1997, ch. 1.
11. G. Schmoller, *The Mercantile System and its Historical Significance*.

New York & London: MacMillan & Co. , 1896, p. 2.
12. Schmoller, p. 50.
13. Schmoller, p. 59.
14. Schmoller, p. 61.
15. Schmoller, pp. 50f.
16. W. Roscher, *Geschichte der National-Oekonomik in Deutschland*. Munich, Germany: R. Oldenbourg, 1874; E. von Heyking, *Zur Geschichte der Handelsbilanztheorie*. Berlin, Germany: Puttkammer & Mühlbrechte, 1880.
17. See also K. Tribe, "Mercantilism and the economics of state formation". In L. Magnusson (ed.), *Mercantilist Economics*. Boston, MA: Kluwer, 1993; J. Viner, "Power versus plenty". In D. C. Coleman (ed.), *Revisions in Mercantilism*. London: Methuen, 1969, p. 62; Judges, pp. 48ff. 近期思路相同的论著, see E. Reinert, *How Rich Countries Got Rich… and Why Poor Countries Stay Poor*. London: Constable, 2007.
18. G. M. Koot, "Historical economics and the revival of mercantilist thought in Britain ca. 1870-1920". In L. Magnusson (ed.), *Mercantilist Economics*. Boston, MA: Kluwer, 1993. See also G. M. Koot, *English Historical Economics, 1870-1926: The Rise of Economic History and Neomercantilism*. Cambridge, MA: Cambridge University Press, 1987.
19. Koot, 1987; see also A. Kadish, *Historians, Economists and Economic History*. London: Routledge 1989, ch. 7; L. Magnusson, *Tradition of Free Trade*. London: Routledge, 2004, pp. 64f.
20. See Koot, 1987; Kadish, 1989.
21. T. E. C. Leslie, *Essays in Political and Moral Philosophy*. London: Longman, Green & Co. , 1879.
22. See Kadish, 1989, ch. 6.
23. See Koot, 1987.
24. A. V. Judges, "The idea of a mercantile state". *Transactions of the Royal Historical Society*, 4th ser. , vol. XXI (1939). 也刊于 D. C. Coleman (ed.), *Revisions in Mercantilism*. 引文从第 53 页起。

25. Refers to A. Toynbee, *Lectures on the Industrial Revolution in England*. London: Rivingtons, 1884.
26. W. Cunningham, *Politics and Economics: An Essay on the Nature of the Principles of Political Economy, Together with a Survey of Recent Legislation*. London: Kegan, Paul, Trench & Co., 1885, p. 135.
27. W. Cunningham, *The Growth of English Industry and Commerce in Modern Times, Part II: The Mercantile System*. Cambridge, UK: Cambridge University Press, 1882, pp. 13ff., 380ff.
28. W. Cunningham, "Adam Smith und die Merkantilisten". *Zeitschrift für die Gesamte Staatswissenschaften*, vol. XL (1884).
29. See also L. Magnusson, "Eli Heckscher and his mercantilism today". In R. Findley *et al*. (eds.), *Eli Heckscher, International Trade and Economic History*. Cambridge, MA: MIT Press, 2006; L. Magnusson, "Eli Heckscher and mercantilism: an introduction". In E. Heckscher, *Mercantilism*, vol. I. London: Routledge, 1994.
30. The review of Heckscher's *Mercantilism* by T. H. Marshall. In *Economic Journal*, vol. XIV (1935), pp. 718f.
31. H. Heaton, "Heckscher on mercantilism". *Journal of Political Economy*, vol. XIV: 3 (1937), pp. 386f.
32. M. Bloch, "Le mercantilisme, un état d'esprit". *Annales*, vol. VI (1934).
33. Heaton, 1937; Bloch, 1934.
34. J. Viner, "Power versus plenty". In D. C. Coleman (ed.), *Revisions in Mercantilism*. London, Methuan, 1969, pp. 64ff.
35. Heaton, 1937.
36. E. Heckscher, *Mercantilism*, vol. II. London: Routledge, 1994, pp. 184, 266.
37. See for example "Den ekonomiska historiens aspekter". In E. Heckscher, *Ekonomisk-Historiska Studier*. Stockholm, Sweden: Bonniers, 1936.
38. E. Heckscher, *Mercantilism*, vol. I. London: Routledge, 1994, p. 28f.
39. See L. Magnusson, "Eli Heckscher and mercantilism"; R. Henriksson, "Eli F. Heckscher: the economic historian as economist". In B.

Sandelin (ed.), *The History of Swedish Economic Thought*. London: Routledge, 1991.
40. J. Viner, "Early English theories of trade, parts 1 and 2". *Journal of Political Economy*, vol. XXXVIII (1930). 这两篇文章再刊于其本人所著 *Studies in the Theory of International Trade*. London: George Allen & Unwin, 1937.
41. Heckscher, I, p. 20.
42. Heckscher, "Den ekonomiska historiens aspekter".
43. Heckscher, I, p. 27.
44. Heckscher, I, p. 24.
45. Heckscher, I, p. 20.
46. Heckscher, I, p. 268.
47. Heckscher, II, p. 347.
48. See Heckscher, II, p. 118.
49. Heckscher, II, p. 138.
50. Heckscher, II, p. 261.
51. Heckscher, II, p. 285.
52. E. Heckscher, "Revisions in economic history". *The Economic History Review*, vol. VII: 1, 1936-7. Also in Coleman (ed.), *Revisions in Mercantilism*, p. 32.
53. Heaton, "Heckscher on mercantilism", p. 379.
54. J. Viner, "Early English theories of trade". *Journal of Political Economy*, vol. XXXVIII (1930), p. 249.
55. Viner, p. 250.
56. Viner, p. 265.
57. Viner, p. 260. 在第259页,他明确攻击理查德·琼斯区分了"逐项交易顺差体制"与"总体贸易顺差体制"这两个发展阶段。
58. Viner, p. 270.
59. Viner, p. 404.
60. J. Viner, "Review of Heckscher's *Mercantilism*". In *The Economic History Review*, 1st ser., 1935, pp. 100ff; J. Viner, "Power versus plenty under mercantilism". *World Politics*, vol. I (1948). 最后这篇文章也刊于 D. C. Coleman (ed.), *Revisions in Mercantilism*, 1969.

61. Viner, "Power versus plenty under mercantilism", 1948, p. 65.
62. Viner, p. 67.
63. Viner, p. 71.
64. See P. W. Buck, *The Politics of Mercantilism*. New York: Henry Holt & Company, 1942. 该著作无疑是从这个角度撰写的。
65. 论述凯恩斯的一章后由恩斯特·索德伦添加到作者故世后出版的第二卷。
66. 有关经济史的历史, see L. Magnusson, "Introduction". In L. Magnusson, *Twentieth Century Economic History*, vol. I, London: Routledge, 2010.
67. A. V. Judges, "The idea of a mercantile state". In Coleman, pp. 35f.
68. D. C. Coleman, "Eli Heckscher and the idea of mercantilism". In D. C. Coleman (ed.), *Revisions in Mercantilism*, p. 116. 该文首刊于 *Scandinavian Journal of Economic History*, vol. V: 1 (1957). See also C. W. Cole, "The heavy hand of Hegel". In E. M. Earle (ed.), *Nationalism and Internationalism*. New York: Columbia University Press, 1950.
69. Coleman, "Eli Hechscher and the idea of mercantilism", p. 117.
70. Coleman, "Mercantilism revisited", p. 791.
71. Schumpeter, p. 143.
72. T. W. Hutchison, *Before Adam Smith. The Emergence of Political Economy, 1662-1776*. Oxford: Basil Blackwell, 1988, pp. 4f.
73. See L. Magnusson, "Is mercantilism a useful concept still?" In M. Isenmann (hg), *Merkantilismus. Wiederaufnahme einer Debatte*. Stuttgart, Germany: Franz Steiner Verlag, 2014.
74. A. W. Coats, "Mercantilism, yet again!'. In P. Roggi (ed.), *Gli economisti e la politica economica*. Naples, Italy: Edizione Scientifiche Italiane, 1985, p. 35.
75. R. C. Wiles, "The development of mercantilist economic thought". In T. Lowry (ed.), *Pre-Classical Economic Thought*. Boston, MA: Kluwer, 1987, p. 148.
76. Coleman, "Eli Heckscher and the idea of mercantilism", p. 111.
77. Wilson, *Economic History and the Historians*, p. 48. See also G. N.

Clark, *The Seventeenth Century*. Oxford: Oxford University Press, 1947, p. 27.

78. Wilson, p. 64.
79. 这是威尔逊得出的一个主要结论,see C. Wilson, *Profit and Power*. Cambridge, UK: Cambridge University Press, 1957.
80. See C. Wilson, "Treasure and trade balances: the mercantilist problem". *The Economic History Review*, 2nd ser., vol. II (1949).
81. E. Hechscher, "Multilateralism, Baltic trade and the mercantilists". *The Economic History Review*, 2nd ser., vol. III: 2 (1950).
82. C. Wilson, "Treasure and trade balances: some further evidence". *The Economic History Review*, 2nd ser., vol. IV (1951-2), p. 242. 赫克歇尔不便自己上阵,这之后由普莱斯出面为之辩护,see J. M. Price, "Multilateralism and/or bilateralism: the settlement of British trade balances with the North, c 1700". *The Economic History Review*, 2nd ser., vol. XIV (1961). 普莱斯在此较有说服力地断言,在 17 世纪多数时候,比如与北方的双边贵金属结算需求只占较小分量。
83. Wilson, "Treasure and trade balances: some further evidence", p. 54.
84. J. D. Gould, "The trade depression of the early 1620's". *The Economic History Review*, 2nd ser., vol. VII (1954), p. 82.
85. J. D. Gould, "The trade crisis of the early 1620's and English economic thought". *The Journal of Economic History*, vol. XV (1955), p. 123.
86. R. De Roover, *Gresham on Foreign Exchange*. Cambridge, MA: Harvard University Press, 1949.
87. B. Supple, "Currency and commerce in the early seventeenth century". *The Economic History Review*, 2nd ser., vol. X (1957), p. 244.
88. Supple, p. 251. 也参见他的结论,see Supple, *Commercial Crisis and Change in England*, 1600-1640, 1959, pp. 226ff.
89. Supple, *Commercial Crisis and Change in England*, p. 228.
90. Supple, *Commercial Crisis and Change in England*, p. 251.
91. R. W. K. Hinton, *The Eastland Trade and the Common Wealth in the Seventeenth Century*. Cambridge, UK: Cambridge University Press, 1959.
92. See L. Magnusson, *Nation, State and the Industrial Revolution*.

Abingdon, UK: Routledge, 2009, pp. 45f.
93. Coats, "Mercantilism, yet again!" p. 34.
94. J. M. Keynes, *The General Theory of Employment, Interest and Money* [1936]. London: Macmillan, 1973, pp. 333f.
95. Keynes, p. 335.
96. Keynes, p. 335.
97. Keynes, p. 335.
98. Wilson, *Economic History and the Historians*, p. 48. See also Viner, *Studies in the Theory of International Trade*, p. 55.
99. Keynes, p. 341.
100. Keynes, p. 348.
101. C. Wilson, *Economic History and the Historians*. London: Weidenfeld & Nicolson, 1969, pp. 48f.
102. For example de Roover, *Gresham on Foreign Exchange*, p. 287.
103. Heckscher, *Mercantilism*, vol. II (Söderlund ed.), p. 347.
104. Heckscher, *Mercantilism*, vol. II (Söderlund ed.), pp. 342f.
105. 对凯恩斯解释的正面复述, see D. Walker, "Keynes as a historian of economic thought". *Research in the History of Economic Thought and Methodology*, vol. IV (1986). 但该作者必定过分称颂了凯恩斯"对经济思想史的重大贡献"。例如, 沃克表示, 凯恩斯"正确解释了他们关于贸易差额的推理, 正确识别并解释了他们对消费与投资开支之充足性的关注"。(p. 28)
106. For example, Keynes, pp. 333, 336f.
107. H. D. Vickers, *Studies in the Theory of Money 1760-1776*. Philadelphia, PA: Chilton Co., 1959, p. 21.
108. Vickers, p. 25.
109. S. R. Sen, *The Economics of Sir James Steuart*. London: G. Bell & Sons, 1957, p. 98. Also see P. Chamley, "Sir James Steuart: inspirateur de la Théorie générale de Lord Keynes?". *Revue d'économie politique*, vol. LXXII (1962), pp. 303f.
110. W. D. Grampp, "Liberal elements in English mercantilism". *Quarterly Journal of Economics*, vol. LXVI (1952), p. 471.
111. Grampp, p. 472.

112. R. E. Ekelund and R. D. Tollison, *Mercantilism as a Rent-Seeking Society. Economic Regulation in Historical Perspective*. College Station, TX: Texas A & M University Press, 1981, p. 5.
113. Ekelund and Tollison, pp. 6, 21, 28, 147.
114. Ekelund and Tollison, pp. 19, 21.
115. Ekelund and Tollison, p. 28.
116. Ekelund and Tollison, p. 153.
117. Coats, "Mercantilism, yet again!" p. 31. 另一批评意见, see S. Rashid, "Mercantilism as a rent-seeking society". In L. Magnusson (ed.), *Mercantilist Economics*. Boston, MA: Kluwer, 1993.
118. Ekelund and Tollison, p. 154.
119. R. E. Ekelund and R. D. Tollison, *Politicized Economies: Monarchy, Monopoly and Mercantilism*. College Station, TX: Texas A & M University Press, 1997, p. x.
120. Ekelund and Tollison, p. 17.
121. 马克思甚至称配第为"老朋友", see *Theories of Surplus Value*, vol. I, p. 354.
122. 这一分析由马克思在《资本论》第 24 章中提出, see Marx, *Capital: Die Sogenannte ursprüngliche Akkumulation*. K. Marx, *Das Kapital*, vol. I. Berlin, Germany: Dietz Verlag, 1957, pp. 751ff.
123. M. Dobb, *Studies in the Development of Capitalism*. London: Routledge & Kegan Paul, 1967, pp. 209ff.
124. For example, L. Herlitz, "The concept of mercantilism". *Scandinavian Economic History Review*, vol. XII (1964).
125. See C. Perrotta, "Is the mercantilist theory of the favourable balance of trade really erroneous?" *History of Political Economy*, vol. XXIII: 2 (1991); C. Perrotta, "Early Spanish mercantilism: the first analysis of underdevelopment". In L. Magnusson (ed.), *Mercantilist Economics*. Boston, MA: Kluwer, 1993. 也参见其完整研究成果, C. Perrotta, *Produzione e lavore produttivo. Nel Mercantilismo e nell' illiministo. Nel Mercantilismo e nell' illiministo*. Lecce, Italy: Galatina, 1988.
126. C. Perrotta, "Is the mercantilist theory of the favourable balance of trade really erroneous?" pp. 318, 322.

127. Perrotta, p. 321.
128. Perrotta, p. 313.
129. E. Reinert, *How Rich Countries Got Rich…and Why Poor Countries Stay Poor*. London: Constable, 2007, p. 7.
130. 有关延伸讨论, see Magnusson, "Is mercantilism a useful concept still?"
131. S. Reinert, *Translating Empire: Emulation and the Origins of Political Economy*. Cambridge, MA: Harvard University Press, 2011.
132. S. Pincus, "Rethinking mercantilism: political economy, the British empire, and the Atlantic world in the seventeenth and eighteenth centuries". *William and Mary Quarterly*, 3rd ser., vol. LXIX: 1 (2012).
133. R. Brenner, *Merchants and Revolution: Commercial Change, Political Conflict, and London's Overseas Traders, 1550-1653*. Princeton, NJ: Princeton University Press, 1993, p. 598.
134. M. J. Braddick, *State Formation in Early Modern England, c. 1550-1750*. Cambridge, UK: Cambridge University Press, 2000; P. Stern, "Companies, monopoly, sovereignty and the East Indies". In P. Stern and C. Wennerlind (eds.), *Mercantilism Reimagined: Political Economy in Early Modern Britain and its Empire*. Oxford: Oxford University Press, 2013.
135. L. Magnusson, *Nation, State and the Industrial Revolution*, ch. 2.
136. Stern, p. 4.
137. Stern, p. 7.

第三章　财富与实力

熊彼特在所著《经济分析史》中,不大喜欢用"重商主义者"这一术语,他更喜欢说"顾问行政官",用以指称16—18世纪就贸易、商业、货币、金融,以及如何通过"经济"手段赢得更大政治实力,而发表长短书册和条陈策论的那些作者。然而,除顾问和官僚外,这个群体还包括商人、金融家、项目负责人,偶尔还有学界的专家。他们中有些人地位较高,也有些人地位较低,这个时期在欧洲多数国家都能看到这批人。¹

熊彼特为何选用"顾问行政官"一词,理由应该不难理解。在他看来,这些人跟真正的经济理论家相距甚远,他们多从事实务,怀揣某种计划,效力于国家或某个特定利益集团。真要说他们"发明"了理论,那也是在管理业务的过程中最多通过学习而时有所悟,目的在于解决问题,或者说为支付薪酬的雇主提供问题解决方案。进言之,这些雇主不仅可能代表了现代意义上的国家,而且可能代表着在近代角逐富强与影响力的利益集团、股份公司及其他实体。

不过,就那个作者群体所处的历史背景,我们必须有个更加确切的认识。那是一个国家打造如日方升的世界,如施穆勒所言,地域国家正在向民族国家转型,王公贵族、议会机关、公司团体各显身手欲执牛耳。²但那也是一个国际竞争愈演愈烈的时代,欧洲内外大家都在全力争夺有价值的商贸机会。在这场权势竞逐中,从政府到公司各方都投下了赌注,公益与私利也以说不清道不明的方式紧紧缠绕在一起。

然而,从中世纪晚期开始,世人便充分理解到,国家或国君只要拥有财力,就能拥有强势的政治和军事地位;国王或其他统治者同时早就知道,要想获得税赋收入,关键在于掌控一片领土。这种观念在文艺复兴时期意大利的共和派中,也已成为重要的思想内容。大家知道,尼科洛·马基雅维利的爱国言论不仅讲到共和价值观乃良治美邦之基础,而且强调应当积累实力、招募兵员、掌控领土。[3] 在马基雅维利与16世纪末的乔万尼·博特罗之间某个时候,出现过一种共识,人们相信"良好的治理"也应包括特定种类的经济政策。故此,德政不再是国家富强的先决条件,道理倒过来也对,即德政也有赖于繁荣的经济。[4]

但从16世纪开始,人们越来越认为,政治实力(无论是君王的还是民间的或公司的)取决于国际竞争下对商业和贸易线路的掌控。这意味着,凡能控制重要贸易线路的君主,定能在军事冲突和政权斗争中占得上风。更有甚者,人们日益相信,"国家利益"在于确立本国制造业,在于加工原料而不是向外输出原料。若发展本土工业,一国就能雇佣更多的劳动力,并从能工巧匠那里分得大量利润。而且,随着各种税费收入的增加,国库便可充盈,工业繁荣的国家就能同时拥有强大的海军实力和总体军事威力。

关于商业和工业能促进君主的国力,英国对此也早有认识,到17世纪及18世纪初,休谟所谓"贸易的猜忌"已成为一种强烈的情绪。[5] 当然,按照伊克伦和陶里森的说法,这种情绪中掺杂了利益集团的寻租冲动。英国的国民情绪聚焦于效法先进,在17世纪就是要特别效法尼德兰联省共和国(俗称荷兰共和国)。[6] 事实上,整个欧洲都以敬畏的眼光望着荷兰,难以理解这个袖珍共和国,才从对抗哈布斯堡王朝的血战中脱身出来,竟然在17世纪就赢得了富强。在当时观察家眼里,最让人印象深刻的莫过于,这片狭小的土地居然养育着众多人口。由于人口众多被视为政治与军事实力的基石,荷兰的成就不但引来了尊敬的目光,也成为其他国家纷纷学习的对象。

那么,如此繁荣是如何实现的呢?托马斯·孟在《英国得自对外贸易的财富》中表达了钦佩之情,他的一番言辞在当时并不罕见:

> 这样一个小国,规模还比不上我们两个最大的郡,自然财富、食物、木材,以及战时或平时所需的军火本来都十分有限,如今竟然绰绰有余地拥有了这一切,乃至不但能满足自身庞大的需要,还能把船舶、大炮、绳索、谷物、火药、子弹等货物卖给其他君主,这些东西都是尼德兰人靠着勤奋贸易从世界各地汇聚来的。[7]

显然,荷兰不是因为农业生产率特别高才变得如此物产丰富、需求强大。威廉·配第作为经济学家和政治算术家曾说过:

> 最早开垦这些地方时,法国的一亩地说不定比荷兰或西兰的一亩地还要好,这里最初开发成农场时,耕种者数目也未必正好与土地数目比例恰当。[8]

名叫亨利·鲁宾逊的商人作者在1649年印证了上述大部分事实:

> 我们的邻居荷兰人和西兰人依靠贸易大幅增进了航运和财富,他们的土地本身相当贫瘠也产出有限,只能供养并雇佣二十分之一的人口。为此,他们必须特别勤劳,通过为其他国

家服务才能让自己谋生。"[9]

人们通常认为,荷兰共和国之所以人丁兴旺、国家富强,靠的是贸易和工业的发展。1744年,戴克估计,"有贸易比起无贸易的情况下,能让荷兰维持多七倍的人口"。[10] 此前约60年,蔡尔德似已摸清了荷兰成功的秘诀,他说过:"尼德兰人在内外贸易、总体财富、航运船队方面增长迅猛,成为当今世人羡慕的对象,也有可能成为世世代代的奇迹。"[11] 此外,据巴贡的看法,"联省共和国和威尼斯诸邦的繁盛与财富,考虑到其各自地盘的狭小,充分展现了贸易能给一国带来的巨大利益"。[12]

当威廉·坦普尔发表其名作《联省共和国见闻》(1673年)时,荷兰人与英国人正在进行十年内的第三次战争,他以如下方式审视了英国的敌手:

> 凡是读过万卷书走过万里路的人都看得很清楚,古往今来还找不到哪个国家,会像荷兰狭小的四个沿海省份那样掌管过如此庞大的贸易,人们普遍估计荷兰的贸易超过了欧洲其他所有国家的总和。……荷兰致富依靠的不是本国物产,而是靠了工业实力,它加工种种外来货物,成了欧洲的装配总站,并向各地提供市场所需要或欢迎的东西。[13]

坦普尔先于1668—1672年,后又于1674—1679年担任英国驻荷兰共和国大使,在他看来,荷兰人崛起为成功的贸易商,靠的是良好的政治制度,即自由的"宪政秩序"。坦普尔写道:

> 若无个体间的相互信任,贸易便无从兴起;若缺乏对公共与私人安全的信心,随之缺乏对政府及其力量、智慧、正义的信任,贸易也不可能大举增长或繁荣兴旺。[14]

此外,自由主义的荷兰宪法允许并鼓励异教徒或异议者移居本国,这使得众多精明的贸易商和强干的实业家能在荷兰土地上安身立命,这反过来又为开放竞争的商业环境提供重要的前提条件。同样,《虚弱的英国》一书的匿名作者(极可能是伦敦律师威廉·佩蒂特)1680年写道:"荷兰人在这方面还有一个胜过我们的优势,他们提供着自由港、自由贸易及给予外国人的一切其他国民自由,借此,其各色人才、航运事业和贸易总量无不持续增长。"[15]

不过,坦普尔也提到了荷兰奇迹背后的第二个原因,即众多的人口。他说:

> 我以为,贸易的真正原因和基础在于众多的人口聚居在狭小的土地上,于是,一切生活必需品都变得昂贵,拥有财产的人只能勤俭持家,没有财产的人则被迫辛勤劳作。[16]

在坦普尔看来,众多的人口使得民众更加勤俭,从而构成了贸易和工业得以兴盛的必要条件,随后,贸易和工业的发展反过来又让人口的进一步增长成为可能。对荷兰而言,人口与经济增长如此螺旋形上升,结果是,"世上没有已知的同等规模的其他任何国家,在人口比例方面能与该国相媲美"。[17] 在1620年代,托马斯·孟曾表达过类似观点:

> 财富和实力会让一个民族放任并作恶,贫困和弱小会让一个民族明智并勤勉。就后一点而言,我可以在基督教世界找到例证,这些民族自己的国土上物产稀少甚至一无所有,却通过与外国兢兢业业地展开贸易,获得了巨大的财富和实力。其中名声最大者当数低地国家中的联省共和国,自从摆脱西班牙奴役的枷锁后,联省涉及人类生活的各项政策发生了多么大的可喜改善啊![18]

荷兰共和国的成功故事被反复纳入某一历史叙事中,这一叙事特别强调贸易具有提升文明的功效。例如,蔡尔德认为,只有贸易和交往的增加才能调教"诸多野蛮人不合群的秉性",贸易和商业总体上提供了互相合作的精神状态,从而为国民群体创造必需的前提条件:

> 我们看到该国大部分民众原在本国土地上缺乏适宜作物,却全力培植并改良了有关品种,将其产出投入到制造业,还将产品从一地运输到他地。如此一来,商贸交往在该国的总财富中占有显著且独特的位置。[19]

从荷兰案例中可得出结论,财富堪称 17 世纪一个强国非凡崛起的基石,所以实力与财富会携手共进。1693 年,当讨论英国《航海法》的效果时,蔡尔德就明确强调:"财富和实力绝对应当统筹谋划。"[20] 此外,达维南特提出,经济探讨的总目的在于,"始终并将继续揭示,如何保障并增益英国的财富与实力"。[21] 他在另一篇策论中设问:

> 若无实力,一国何谈安全?若无财富,一国又何来实力?若无管理完善、范围广泛的商贸网络予以支持,一国还有办法致富吗?[22]

对这些问题,达维南特自会给出毫不含糊的答案。事实上,半个世纪前的利威尔·罗伯茨也早断言:"凡能创造财富的东西,也定会带来力量和保障。"[23]

近一个世纪后,多产作者马尔基·波斯特韦特在其著名的《贸易和商业通用词典》(1751—1755 年)中,仍在讨论有必要具备"有实力的商业计划"。他的主要原理是,"越是促进国内和国外的流通量,国家便越富裕、越强大"。[24] 这一点无比重要,所以他随后向政府提了一个好斗的建议:"一个海洋国家的宏大目标应当是,利用与其他贸易国的不和,摧毁对方的航运和商业,阻断其海军装备的一切补给。"[25]

由此可见,正如财富乃政治与军事实力的前提条件,政治与军事实力会创造出更多的贸易和财富。这一点与那个时期的历史环境也是相适应的,达维南特或许就此作了最准确的表述。他说,最初某些小国热衷于贸易,但"这些小国被实力远为强大的邻国所包围",由于缺乏国家实力,它们经常遭到大国攻击,致使商业随之而凋零,"一次战役就会抹掉许多代人辛勤积累的财富"。[26] 因此,贸易必然需要以实力为后盾,但同时,实力又有赖于财富和贸易作支撑。

在他人水域捕捞

为什么荷兰能够从一贫如洗跃升为富甲一方?按当时脍炙人口的理由,显然那是因为荷兰拥有自由进步的体制,人们相信商业和工业在共和制度下最能繁荣昌盛,这是17世纪和18世纪各种说法中反复提及的命题。例如,乔舒亚·吉在1729年后至少印刷四次的一个册子中,花了很多页的篇幅讨论,何种政府治理最善于激发商贸事业。他承认,商贸活动看起来最能在共和政体中兴旺,不过在国王统治下也有一定机会,尤其是在"精明贤达的君主意识到贸易乃生财之道后"。[27] 吉列举了亚历山大大帝、法国路易十四以及莫斯科公国的彼得大帝等君主,中心思想是,君王"物色能臣强将来管控并提升贸易,努力把贸易从那些无视或轻视贸易的人手里夺过来"。[28] 其他人则不那么相信,单靠贤明君主就能促进长远的贸易发达。因此,《虚弱的英国》之作者(佩蒂特?)1680年指出,不论是荷兰共和国还是法兰西专制帝国,都无法跟英国那样的宪政王国竞争。他说,专制君主制下,"全体命运系于君王一身的贤明",而我等知道,国王如同一切凡夫俗子,也"受七情六欲驱动,不可能不犯错误",如此便会损及贸易。问题是,共和政体下,又难逃无政府状态的风险。相比之下,"立宪君主制下,国王与议会互相制衡,足可为商业成功提供最佳基础"。书中的推断与马基雅维利的有关论述不无共同点,比如作者断言,立宪君主制下,人民扛枪打仗多出于爱国理由,而不是为了赚钱。[29]

当年另一个广为流传的说法是,荷兰人为抢夺他人的贸易机会,非常节俭和勤劳,简直无所不用其极。例如,孟在1620年代特别讲到,荷兰人如何在竞争中打垮了鲱鱼行业中的英国人,乃至把他们赶出了北海。据孟所言,就是在这样的基础上,荷兰人于17世纪初,在波罗的海与北海之间确立起自身垄断地位。他声称:"在英格兰、苏格兰、爱尔兰皇家海域内的渔业,本乃我国天然财富",可是荷兰人

> 用我们的鱼供应基督教国家的许多地方,由此每年取得极大利润,同时,他们靠着我们的鱼,换得所需的外国货物和货币,还借此维持了大规模的海员就业和航运事业。[30]

一模一样的事也发生在"新英格兰、弗吉尼亚、格林兰、撒姆尔群岛、纽芬兰等地的渔场"。按同样方法,荷兰人针对南海及其他地方的贸易线路和贸易货物,跟英国、葡萄牙、西班牙展开竞争。孟指出,几乎在所有地方,荷兰都抢占上风,在竞争中打败了其他国家,如今,必须出手制止这一切,甚至不惜一战。当时其他作者也强调了捕鱼业对英国的重要性,例如,亨利·鲁宾逊在1641年断定,渔业对英国的重要性不亚于东印度贸易。他写道:

除非维持并扩大渔业从业队伍和东印度贸易,否则其他国家就会侵占我国利益,我们的贸易必定会天天下跌,整个国家都会按同样的速度滑向贫穷和毁灭。[31]

以后数位评论者,包括赫克歇尔在内,都特别关注 17 世纪的人们在多大程度上以零和博弈的眼光看待国际贸易。[32] 零和眼光不只反映了静态的贸易观,更是 17 世纪晚期争强好斗气氛的一个结果。按照零和眼光,凡涉及厚利的贸易线路,一国之所得必然是他国之所失。纵然是高度怀疑贸易顺差口号的达维南特和巴贡,也执迷于这种世界观。还可列举更多例子,比如,蔡尔德在 1690 年代详细论述了 17 世纪特别流向荷兰的"贸易损失"。他列出的英国贸易损失中,包括了对俄国的贸易、对格林兰的贸易、从葡萄牙圣沃尔斯的盐进口、白鲱鱼贸易、从葡萄牙毕尔巴鄂的羊毛进口、部分东印度贸易、与中国和日本的贸易,还有,"荷兰人夺走的与苏格兰和爱尔兰的贸易"。[33]

作为商人兼管理者的鲁宾逊在这个问题上讲得更加周密,他在 1649 年写道:"一国贸易量的最大化,会摧毁或蚕食其他国家的贸易量",这必定令人恐惧,因为"那个获得并维持最大贸易量的国家,同时会拥有最大的船运量,会取得海洋主权,随之还会赢得对世界的最大支配。"[34] 就英国而言,他相信:

> 人所共知,甚至近十年前,我国的贸易在各国中尚出类拔萃。可如今,我们的海上船只虽然足令任何以英国为敌者闻风丧胆,但由于我国的贸易及相应的航运未能达到应得水平的四分之一,某外国赢得了优势,并损及我方利益。长此以往,外国将继续在贸易、财富、海员量、航运业等方面继续压制我们。[35]

毫无疑问,鲁宾逊此番言论特别针对的是尼德兰人,即前文提及的"荷兰人和西兰人"。

这种反复唠叨永远把国际商贸视为零和博弈,无论是真是假,反正构成了一个世纪后休谟所谓"贸易的猜忌"那种话语的基础。[36]然而,对英国人而言,原先担心的是荷兰人抢走商贸繁荣,后来心中的忧虑却慢慢发生转向,感到在纺织品及其他货物方面受到了法国竞争的威胁,这种忧虑到1670年代变得尤为突出。塞缪尔·福尔特雷1673年发表了一本很有影响的书册,此人担任大沼泽平原总管,也是国王枢密院成员,他就强调,英国在与法国贸易中遭受了何其多的损失。他写道,损失特别在于英国进口了奢侈品及葡萄酒,使得贸易平衡对英国不利,如此对法贸易逆差日益危及英国,毕竟法国在实行科尔贝的保护主义体制,向国外制成品(主要是纺织品)征收进口重税。英国对此能做什么呢?现成的答案就是,必须打开法国的关境,而这恐怕只能仰仗庞大的舰队和战争的胜利才能实现。

然而,对上述问题的另一个答案也日渐为人接受,那就是应当通过低价出口去应对激烈竞争。[37]最初,面对法国的保护主义关税,这个方案未必行之有效,但据分析,在世界其他地区,而且从长远看,低价定能增加出口。从道理上讲,可以通过两个办法来降低出口价格,一是尽量压低工资,这种论点在很多作者那里原已耳熟能详,17世纪末以来更是如此。但是也不该不假思索地以为,应当打贫穷工人的主意,让他们更加缺吃少穿。波斯特韦特当年就说,低工资的关键在于生活必需品的低价供应,这一点与19世纪出笼的生存工资论不无共通之处。他长篇累牍地作了论述,比如在文集《英国的商业利益》(1757年)中主张,应该多管齐下提升本国农业,也包括利用爱尔兰、苏格兰及所谓海外种植园,借以保障低廉食品的供应。据称,应降低"生活必需品价格,降至目前水平的一半以下乃至三分之一……如此必将降低一般劳工价格,毕竟劳工价格是由生活必需品决定的"。[38] 此外,波斯特韦特认为,这个方法将使英国能够"低价生产我们的主营产品及其他新发明的制成品",最终可望"大幅增加我国出口"。[39]

从1690年代起,英国经济策论作者之间争论重开,如在达维南特、波勒克斯芬、马丁等人之间。不妨这样来理解这场争论,大家是在回应当年一个战略问题时发生了分歧,那个战略问题是,英国该如何应对外国价格竞争的加剧?伊斯塔凡·洪特便持有这个观点,他甚至直言,当年的问题跟当今所谓离岸经营问题颇相类似。[40] 一个高工资的富国真能跟低工资国家的廉价进口产品展开竞争吗?达维南特作为一名"托利党自由贸易分子"(这是百年前经济史学家阿什利杜撰的词语[41]),看到未来的英国可成为廉价货物的集散地,可集聚来自印度以及英国正式与非正式殖民地的软棉布及其他各种产品。英国靠着加工这些产品再返销海外便可赚大钱,何况还能从国际贸易中的货物运输和金融中介环节获取利润。此外,在达维南特看来,要想实现英国的富强,维持经济帝国架构是个必要的前提条件。故而,他并未说英国要放弃正式的殖民地(或种植园),但显然已接近提出那个"自由贸易帝国主义"设想,这种不靠正式殖民地、仅靠自由贸易来维系非正式殖民体系的设想要过一个半世纪后才深入人心。[42] 不过,另还有一种回应办法(这个思路在如今的相关争论中也能看到影子),那就是英国不要放任廉价商品汹涌而入,而应该把本国市场保护起来,还应该采用后世所谓"进口替代战略",也即发展本国工业并雇佣大量贫穷劳工,这种回应办法能让英国获利更多。下一章讨论对贸易顺差理论的不同解读时,还会回到这一战略上。

然而，在18世纪还有另一种回应办法，有人指出，廉价产品的涌入未必是个问题，关键在于高工资的富国要提高生产率，如此就能把商品卖得比外国便宜。追踪源头的话，最早提出这一观点者很可能是意大利南部的安东尼奥·塞拉，他在1613年就阐明，贸易和工业相对于农业，能提高生产率、增加规模收益并实现扩张（下文还会论及此人）。[43] 在英国，马丁于1701年提出，重要的是，可借助节省劳力的新技术来提高生产率。[44] 这一观点后来得到了塔克、休谟、斯密的进一步论述。无论如何，从长远看，正是这种回应办法最后胜出。[45] 经由李嘉图、托伦斯等人的阐述，这个主张进一步丰满，成了现代比较优势理论的重要组成部分。

* * *

从以上回顾可见，自16世纪至18世纪，商业争夺和国际竞争呈现全新格局，英国人对此作出了自己的回应。不过，在欧洲其他地方，各路英豪也觉得有必要出面回应，回应的方式则各有千秋。要认清近代欧洲的"顾问行政官"（再借用熊彼特的术语）有关论述中的差别，关键要研判其所处的特定历史背景，必须跟他们在国际财富和实力的激烈竞争中各自所处的地位联系起来加以考虑。

那不勒斯王国

坦普尔及英国其他人当年对荷兰人羡慕嫉妒恨，摆到意大利的话，恰如那不勒斯人对威尼斯和热那亚那些商贸城市的情绪。威尼斯、热那亚及佛罗伦萨生意兴隆、财源茂盛，南部的那不勒斯在16世纪明显落在后面。那不勒斯由西班牙君主统治，16世纪末经历着社会和经济危机，农村笼罩在死亡与饥饿的恐惧中，贸易活动形同一潭死水。这个王国覆盖了意大利南部大部分地区，还包括西西里岛,农业占据主导地位,出口货物多为粮食等食物。国内其他消费品需从外国进口,到 16 世纪末公共债务已攀升至摇摇欲坠的高位。[46] 小农阶层遭到某种"再封建化"的打击,收益分成的佃农制让他们终生债务缠身,形同地主手中的农奴。[47]

为何那不勒斯如此贫穷,威尼斯却那么富裕?这样的问题让安东尼奥·塞拉陷入沉思。塞拉是卡拉布里亚人,出生于科森扎的一个城镇,当时被关在那不勒斯的维卡瑞亚监狱。他把个人思考结果写成《简论国家获得大量金银的方法》这一册子,于 1613 年出版。世人对塞拉了解甚少,也不清楚他为何身陷囹圄,据猜测,他写下上述册子原是为争取提前获释。书中注明献给其统治者:"光耀千秋的唐·佩德罗·费尔南德斯·德·卡斯特罗阁下"(西班牙总督、莱莫斯第七伯爵,1610—1616 年),但他究竟是如愿以偿还是弄巧成拙,如今已无从知晓。[48]

两百多年后,弗里德里希·李斯特称颂塞拉的《简论》为"首部政治经济学专著",这一评价得到众人认同。[49] 更有甚者,后人倾向于相信,塞拉早已预示了李斯特的政治经济学国民体系(核心是挑战斯密及其追随者的"世界主义"政治经济学),同时堪称现代进口替代理论之先驱。[50] 这种说法不算离谱,但也应强调,必须把塞拉放到其所处思想环境中才能充分理解他。塞拉很大程度上受到了时代话语的影响,其中特别包括马基雅维利对良好政府治理的政治分析,以及对致富过程中经济及经济政策的作用探讨。

为恰当领会塞拉对那不勒斯困境的剖析,还可参照乔瓦尼·博特罗(1544—1617 年)。此人是皮尔德蒙德的牧师、外交家、著作家,除在国外履行外交职责外,一生大部分时间都住在米兰。博特罗著述宏富,强烈批判了马基雅维利尤其在《君主论》中表达的"有违基督教精神"的观点。然而,在意大利从"政治为重"向"经济为重"的"后马基雅维利转型"中,博特罗也是重要一环。当时大批作者都参与其中,如撰写了《意大利史》(1537—1540年)的弗朗切斯科·圭恰迪尼,还有那不勒斯的公爵卡拉法,熊彼特认为卡拉法在15世纪中叶已在主张,通过发展工商实业促进国家富裕。[51]

另外,博特罗在其最有名的著作《论国家的理性》(1589年)中,提出了用经济手段实现良好政府治理的建议,包括为了国家富强,必须拥有庞大的人口、充足的资源、管理得法的农业、门类多样的手工业,等等,这些内容在意大利当时的讨论中完全是前所未闻。[52] 至于对外贸易,博特罗指出,统治者"必须保证,货币不得离开本国,除非十分必要"。[53] 这一点酷似半个多世纪后托马斯·孟将要重复的说法,博特罗如此写道:

> 统治者要想知道究竟把多少货币自留起来而又不损及民众,他必须仔细了解为支付进口商品,有多少货币离开了本国;从出口的商品中,又赚到了多少货币。同时,他还应计算清楚,自留的货币总量永远不应该多于收支的结余款。假如收入少于支出,君主不应考虑自留货币,因为那是行不通的,如果非要那样做不可,便等于自取灭亡。[54]

塞拉强调,为支付必需品及奢侈品的进口,并保证有银币输入,那不勒斯必须实现货物贸易"顺差",而且,君主更应通过发展工业来完成这一关键任务。毫无疑问,塞拉对贸易顺差必要性的论述后来成为一个反复探讨的话题,不仅仅在17世纪的英国。[55] 还应当注意,塞拉的策论换个角度看的话,甚至更令人感兴趣。他撰写那个册子,也是为了跟马克·桑蒂斯进行辩论,桑蒂斯在所著《论汇率变化对王国的影响》(1605年)中,解释了那不勒斯王国货币短缺的原因,认为短缺来自不利的汇率。而塞拉在策论中指出,货币或铸币的短缺应从贸易逆差角度来解释。这样的争论跟多年后马利内与孟、米塞尔登之间的争论简直如出一辙。孟以后也会特别强调,汇率走低纯粹是"实际"收支因素引发的后果。[56]

在那不勒斯,经济马基雅维利主义当然并未随塞拉而结束,毕竟南意大利在工业和贸易方面仍相当落伍,更何况17世纪经贸活动的重心逐渐从地中海转往大西洋,连整个意大利半岛都受到不利影响。到1750年代某个时候,在那不勒斯管理美第奇家族财产的数学家巴托洛梅奥·英泰利偶然发现了塞拉1613年的那本珍稀册子。英泰利是当时的顶尖知识分子,意大利思想史专家弗朗科·文丘里在富有创见的论著中,称英泰利为"那不勒斯启蒙运动之父"。[57] 同属这一启蒙派别的还有安东尼奥·吉诺维西(1712—1769年),此人1754年成为那不勒斯及意大利首位经济学兼商学教授。当时与经济类有点搭界的教席在普鲁士仅有三个(分属哈雷、林特尔恩、奥得河畔的法兰克福),在瑞典仅有两个(分属乌普萨拉、图尔库)。吉诺维西讲授经济学问题并发表了大量作品,尤其涉及商业以及良好政府治理对经济繁荣的作用问题。他最初的著作是三卷本《约翰·卡里论英国商业述评》(1757—1758年),此书其实是一部英国商业史,介绍了英国如何借重保护政策扶植国内工业,吉诺维西一心一意劝诫国人也应该走这样的保护主义道路。[58] 正如索弗斯·赖纳特所示,该著作的底本是英国布里斯托商人卡里撰写的《论英国与法国交战当下的贸易和税收状况》。此书初版于1695年,之后在欧洲一举走红,先由乔治-玛丽·布特-杜芒特译成法文于1755年出版,再由热那亚人吉诺维西推出,后由克里斯蒂安·奥古斯特·维希曼译成德文以"官房学派"的面目在1788年发表。赖纳特生动地指出,此书每翻译一次,篇幅便大增一轮(卡里的原书不足200页,法文版增至1 000页,到吉诺维西手里扩至1 500页),且在涉及相关国别内容时变得愈加细致,当然也愈发偏离原版。[59]

另有一人也崇敬塞拉,他就是斐迪南多·加利亚尼(1728—1787年)。加利亚尼也是那不勒斯人,他曾衔命担任那不勒斯驻巴黎使馆秘书,任职十年后回国成为那不勒斯商务法庭顾问,1777年出任皇家领地总管。加利亚尼在诸多领域都是一位了不起的创新者,年方22便发表论著《货币论》(1751年),此书提出了以效用和稀缺为基础的价值理论,据称就其分析的严密而言在斯坦利·杰文斯之前无人能出其右。[60] 由于驻守巴黎的缘故,加利亚尼自然熟谙法国"纯经济学人"与重农学派内部的相关争论,但也读过英国哲学家和经济学家的不少著作。他15岁时即已翻译了洛克的《论降低利息和提高货币价值的后果》,还对该书提出强烈批评。以后,他用法文发表个人最著名的经济学著作《小麦贸易对话录》(1769年),由此介入了法国关于粮食贸易的激烈辩论,这场辩论是在新的放开措施出台后于1764年爆发的。书中,加利亚尼在贸易自由与贸易管制间持中和立场,称经济政策如要奏效,必须顾及不同国家特殊的制度背景和历史状况。[61] 然而,在后世大多数解读者眼里,加利亚尼也是一名重商主义者。可更确切地说,他作为火力十足的反重农主义者,终究受到了当时尤其是巴黎经济讨论的影响。[62] 更应指出,他对经济政策的一般思路其实植根于16世纪的那不勒斯,塞拉的《简论》散发出的那套话语便是加利亚尼的思想基础。

西 班 牙

那不勒斯通常由西班牙人前来统治,但从1500年起西班牙却是一个跟那不勒斯天差地别的国家。塞拉在寂寞的铁窗岁月里苦苦思索，缺乏金银矿藏的国家如何才能发家致富，而作为帝国的西班牙怎么可能有同理心呢？西班牙在海上舰队的保驾护航下，从美洲新大陆运回大量金银，早已赚得盆满钵满。不过，到16世纪末大家看到，源源流入的金银不但给西班牙带来了财富，随之也在酝酿无比棘手的问题。[63] 按通行学说史的说法，马丁·阿斯皮奎塔1556年构建了著名的所谓"货币数量理论"。然而，正如亚瑟·门罗不久前指出，货币数量理论基本上原已有之，例如，哥白尼暗示过这一思想，萨拉曼卡学派的杰出学者，如弗朗西斯科·费多礼亚、多明戈·索托、托马斯·梅尔卡多等肯定有过类似想法，阿斯皮奎塔也属于这一学派。[64]

这些人预判，金银的大量流入必然造成货币价值的下跌、商品价格的上升，故此，在当时的欧洲，所谓"价格革命"已成为家喻户晓的现象。在西班牙，随着价格水平的上升，国内商品自然愈发昂贵，外来货品则显得价格低廉。结果是，西班牙的农业和工业都因廉价外国商品的竞争而遭受损失。[65] 在英国，如在1720年，伊拉斯姆斯·菲利普斯在一本批评公共债务加重的书册中，就把西班牙的情况描述为"有钱币无贸易"，如此坐拥钱币"犹如死水一潭"，"对其所有者价值有限"。具体而言，

> 西班牙便是这一真相的鲜活例证。秘鲁和墨西哥的矿藏让西班牙人以为自己不必再勤劳谋生，金银的涌入冲垮了一切有用的行业与技艺，漠视劳作、轻视商贸把他们变成饭来张口衣来伸手之辈，只等着世界其他地方来供养。[66]

为何一个金银横溢的庞大帝国居然会跌入贫困？针对这个谜团，哈布斯堡王朝1550年代的公共财政总监路易·奥尔蒂斯力图找到答案。[67] 他拿出了一个经典方案，即阻止西班牙人输出钱币，

阻止他们购买外国商品。佩罗塔据此相信,奥尔蒂斯实为"欧洲头号重商主义者"。[68] 可是,光凭这一点也许还不能给他奉送这个头衔。我们知道,在中世纪晚期,早就存在禁止钱币输出和商品输入的法令。但关键点是,奥尔蒂斯跟那不勒斯的塞拉一样,大力倡导为实现工业发展而采取保护主义措施。他强调,西班牙不应该购买外国制成品,也不应该输出原料,而应该保证在国内加工这些原料,否则,他坚称西班牙将始终处于"欠发达"状态。[69]

奥尔蒂斯之后,还有数位西班牙作者持有同样的立场,包括弗朗西斯科·马塔、桑乔·蒙卡达、伯纳多·尤洛阿。尤洛阿在18世纪中叶大声疾呼应当发展国内生产,著有《西班牙工厂和贸易的振兴》(1740年),书名本身就鲜明表达了作者的志趣。[70] 名声远播西班牙之外者当推吉罗尼莫·乌茨塔里兹(1670—1732年),他生于纳瓦拉王国的圣塞瓦斯蒂安,作为国王腓力五世的商务顾问,尤其在商贸实务上思路清晰。[71] 此人1690年代曾在布鲁塞尔长期生活,还在那里结婚成家,熟悉欧洲北部的习俗,更了解荷兰城市的贸易成就以及布拉邦等地的工业发展,他谅必也熟知当时法国和英国有关贸易和工业的著作。[72] 其代表作是《商业与海洋的理论和实践》(1724年),此书内容跟书名有所出入,并未专论贸易,书中提出了一套完整的纲领,阐述如何让西班牙实现经济繁荣。乌茨塔里兹探讨的问题有:如何设计有利的税收制度?如何促进人口增长?如何兴建更多工场?专就工场发展而言,他主张原料应由本国工业来加工,而不该向外出口,这种办法如今已家喻户晓。他心目中有害的商业做法是,为进口外国制品而输出货币,对此他予以谴责。他心目中有益的商业做法是,在外贸中出口制品以换取原料,对此他予以称赞。

由上可见,西班牙的"顾问行政官"(很可能熊彼特就是参照西班牙的情况才采用了这个术语),得出了跟那不勒斯人一样的结论:为了致富,一国必须确立本国工业,避免进口制成品,并停止出口未加工货物和原料。对那不勒斯而言,其时的主要问题料想是农业很不发达,处于封建色彩很浓的制度下。西班牙的问题有相似之处:农村人口过多,小农一贫如洗,此外还罹患帝国的病症。西班牙通过征服,建立了一种秩序,可让贵金属从美洲殖民地源源流入。然而,商业活动未能促进西班牙的富强,殖民地的金银涌入反而推动价格和工资上涨,使得西班牙相对于北面其他欧洲地区缺乏竞争力。当年各国(既包括西班牙也包括其他国家)的文献中,常见的批评是,西班牙人已经懒惰成性,荒废了农田、庄园、工场、技艺,却如点金术故事中那样,终究无法靠金银吃喝。下文可见,在即将到来的世纪,大多数作者在论述商业与繁荣的关系时,都吸取了这一见解。

法　　国

"顾问行政官"这个称号也可用来描述 17 世纪若干法国重商主义作者。法国历经半个世纪的宗教与政治动荡,到 17 世纪初在亨利四世的支持下重拾社会安宁。由于长期惨烈的内战,国内农业、贸易、工业统统处于凋敝状态,但就从此时起,国家渐趋走上复兴之路,及至路易十四财政大臣让-巴蒂斯特·科尔贝(1619—1683 年)主政,经济和政治实力开始增强。打从 17 世纪初以来,法国的振兴计划基本上借由国家管制而推行,科尔贝 1661 年掌权后,其管制政策明显具有扩张主义倾向,致力于谋取殖民地利益并加强控制有利可图的贸易线路。相比之下,17 世纪上半叶的政策重点则完全可以概括为赫克歇尔所称的"保障供应政策",[73] 目标无非是要让法国在普通消费品和丝绸等奢侈品方面更加自给自足。那时的政策原则是,但凡国内能够获取或制造的东西,都不要从外国人手中购买,于是乎,对外贸易本身被认为没有价值,不过就是为了输入金银,至于其他物品则尽量在法国内部解决。[74]

从理论上说,这些政策建议在当时了无新意,也非仅限于法国。就如在英国那样,法国政府15世纪末的条例至少就在强调,不准金银流向海外,且反过来强调自给自足。同时,法国人也早就禁止原料输出及奢侈品进口,他们还大力鼓励航运等产业的发展。[75]因此,进入17世纪后,法国在原有基础上更加有力地执行"保障供应政策",用力程度还超过既往。

这种格局与同时期的英国形成了显著对照。英国固然已在17世纪中叶逐步解除金银输出禁令,但保护主义大体上也还是保留了下来,特别是为对付荷兰人,英国实施了咄咄逼人的《航海法》(1651年等),简直把保护力度提到了前所未有的程度。在法国,17世纪后期,国内的保护主义声浪也甚嚣尘上,人们呼吁尽量在国内生产制造,反对进口外国制品。然而,透过表面相像可知,法国与英国的政策本质上存在重大差别。英国的政策重点是要鼓励更多地向外出口,借以增加国内就业,当时的指导思想是,只有国际市场的日益扩大才能给英国带来财富。法国的政策基调却大异其趣,至少在科尔贝掌权前确实如此。以下可见,在17世纪初,安东尼·蒙特克里因等人纷纷强调,法国拥有丰富的自然资源及其他资源,所以法国完全可以自力更生:

> 凭借万顷良田、海量财富、广土众民、坚固城池、无敌武器、显赫战功,陛下这片土地能够养育数量无限的臣民。[76]

因此,法国的经济讨论在17世纪大部分时候都充满了经济民族主义和自给自足的论调。以下,我们会借助三位作者来论述这一话语的成长过程,之后再对法国情况作一综述。

第一位是让·博丹(1520—1596年),严格说来他属于上个时代,一般很少把他当作重商主义者,多知道他是著名的政治思想家。但是,从1600年前后法国出现的思想和作品这一角度看,此人非常值得注意,如果说蒙特克里因让政治经济学得到了成熟表达,那么,博丹这位人文主义大家堪称政治经济学之先驱。当然,博丹有其独到之处,以下便可领略这一点。[77]

在经济学界,博丹最为人乐道的贡献,是在答复让-切鲁特·马勒斯特鲁瓦特时,提出了货币数量理论的雏形,尽管如前已述,西班牙的作者此前即已了解有关原理。[78] 马勒斯特鲁瓦特在献给国王查理九世的小册子中阐述过一个观点,即,法国当时的通货膨胀表面看来由价格上涨引起,背后的真正原因实乃货币贬值,即历任国王反复降低了铸币成色。不过博丹坚持认为,实实在在的价格上扬确在发生,主要是因为美洲贵金属大量流入了欧洲和法国。为此,他提出一个著名原理,即"无论何时何地,物价上涨的主因都在于,用以计量物价的东西变得充裕了"。[79]

博丹如同其他国家的作者一样,强调法国是一个缺乏矿藏的国家,若要获得金银,就必须进行贸易。然而,他也指出,与外国人的贸易不应仅限于聚敛贵金属。可见,博丹有别于后一代法国经济作者,他没有把自给自足当作普遍目标来倡导。他相信,对外贸易会促进文明进步,通过贸易与外国友好交往实乃上帝旨意的一部分:

> 假如我们可以不用这些物品,那固然很好,可实际上根本做不到。我们不单需要买入,还需要卖出,需要贸易和借贷,甚至需要把财产送给邻国,哪怕仅仅是为了维持对外交往和

国际友谊。[80]

所以,博丹总体上认为,与外国人交友比起与外国人交战,总是件大好事。[81]

但是,具体问题总是更加复杂,在自给自足问题上,博丹其实也有矛盾之处。例如,当他在政治著作《共和六书》(1589年)中论述国家的实际经济问题时,他就特别强调法国有必要发展本国的工业制造,他陈言,更多的国内生产意味着法国劳工能有更多的就业机会。为此,他不仅建议对进口制成品设置关税,而且提出应当征收出口关税。他的推论也有典型的"保障供应政策"特征,即相信大量出口盐、粮、酒会造成国内市场上供应短缺,从而会抬高国内物价,当然,为了换得金银,部分出口这些东西还是必要的。他并不担心给出口加税会加大向外销售的难度,即使法国的盐价提高三倍,他认为也不会出问题,"外国人不会觉得价格上涨三倍就无法承受高成本"。[82]据此不妨断言,博丹并不相信价格弹性原理,他等于在说,法国的好产品简直可按任何价格卖出去。[83]

第二位作者是巴泰莱迈·拉菲马斯(1545—1611年),他是真正熊彼特意义上的"顾问行政官"。拉菲马斯获得政治权力,起点是他成为亨利四世的裁缝和贴身男仆,由于接近权力中枢,他在1602年又被任命为工商总监,这一职务让他实际掌管了本已多由国家控制的法国制造部门。拉菲马斯的宏大抱负是要兴办更多制造工场,一定程度上凭借冷酷无情,他似乎完成了这一任务。然而,当亨利四世1610年作古时,这位贴身男仆的政治生涯也走到了尽头,次年他便黯然离开人世。[84]

拉菲马斯不但是精明的政客,还是经济议题方面妙笔生花的作者,所撰写的一批册子多发表于1600—1604年。他在书中提出了如何发展并繁荣法国经济的一整套纲领,大多数书册在他

1602—1604年担任工商委员会总监期间撰成。拉菲马斯在诸多册子中提出了计划和建议,同时针对怒气冲冲的反对者而为他本人的建言作辩护。他的工商委员会非常敬业,C. W. 科尔深入研究了相关存世档案,称:

> 任职的委员召开了150多次会议,钻研了各种工商问题,采访调查了发明家、工匠、企业家,向国王上奏条陈,推动大型项目运作,核准或否决大批经营计划。[85]

拉菲马斯领导的这一委员会特别关心一个问题,即如何在国内兴办蒸蒸日上的丝绸工业,不过,委员会也商讨过如何改良马群品种、如何改进麻纺织业、如何扶植棉亚麻混纺布业等其他问题。[86] 经常有人说,拉菲马斯的思想受到了亨利四世的财政大臣马克西米连·贝蒂讷即苏利公爵(1560—1641年)的影响。但两人之间还是有所差别,因为苏利的主要兴趣在于农业的改进。当然,苏利跟拉菲马斯一样,重视提高本国自给自足的水平,杰罗姆-阿道夫·布朗基直白的评论讲得清楚不过:"在苏利眼中,消费外国产品的任何行为,都如同对法国犯下盗窃罪。"[87]

然而,拉菲马斯尤其在1600年发表的一批策论中,提出了一个可以把务实建议都囊括进去的总体框架。[88] 这一框架具体要达到何种目的,之前一本小册子的完整标题其实已有清晰表述,即:

> 《法国本拥有能让国家走向辉煌的财富,外国商贩的贸易却让我国民众陷入困境,为维护王国的发展,无论如何都应立即限制任何行当的小商小贩,并应取消领事特权》(1598年)。

于此可见,拉菲马斯对于当时法国贸易、工业、农业的凋敝现状可谓痛心疾首,他指出,正是外国商人来去自由、随心所欲,一手造成了目前的不幸局面,国内商人不仅未能促进国家富强,反而参

[73]

与令法国陷于贫困的商贸活动,起了推波助澜的负面作用。例如,法国卖出原料,为购入奢侈品而任由金银流向海外。他强调,如此一来,法国毁掉了自身经济,竟然促成了意大利、佛兰德、德意志邦国及英国的繁荣。[89]

为改变这一悲惨局面,拉菲马斯力图确立一项民族主义经济纲领。例如,为了兴办丝绸工业,就应当整合一切力量,最大限度地减少从国外进口同类产品。他指出,值得从外国进口的货物基本上只有金银,而为进口金银起见,法国必须出口制成品。

由上可见,拉菲马斯热心倡导的东西大致还是这一时期的正统信条。他说过,贫穷和匮缺由货币外流造成,因此,其关注点不外乎要尽可能把大量金银留在法国境内。据宣称,金银是王国的"神经",是"能让国家在敌人面前傲然挺立的真正物质基础"。[90] 同时应当注意,拉菲马斯从未提出过哪怕类似贸易顺差的命题,而且,尽管他承认外贸对国家作用重要(主要是输入金银),但他的志趣仍多放在提高本国的自给自足上。不过,可以肯定,仍应该把拉菲马斯视为"保障供应政策"的温和倡导者,而算不上重商主义者。

最后来看一下前已提及的安东尼·蒙特克里因(1575?—1621年)。此人是诗人、冒险家、叛乱分子、五金制造商,肯定不是"顾问行政官"。他最有名之处莫过于,发表了一册关于经济问题的著作,名为《政治经济学策论》(1615年),书中首次采用了"政治经济学"一词。[91] 可是,后世学者通常轻视此书及其作者,称其"价值不大",甚至是"盛名之下的垃圾"(阿什利)。[92] 应当说,这种论点完全错误,至少从历史角度看是如此。事实上,蒙特克里因提出"政治经济学"是一项影响深远的创举,在一个世纪甚至更多时间里极大地影响了法国的经济辩论。[93] 当然,阿什利对于蒙特克里因沿用乃至剽窃博丹、拉菲马斯等人的作品深感震惊,但这很大程度上是个时代误判问题,因为此类袭用在当年可谓比比皆是,那个年代里,人们视文字作品为天下公器,直接引用而不交代出处算不得大逆不道。

这当然不是说,蒙特克里因书中不存在现代读者不喜欢的很多东西。在《政治经济学策论》中,作者给人的面目是一个极端的法兰西民族主义者,充满了仇视外国人的敌对情绪。书中把外国商人比作"法国身上的吸血鬼",[94] 据说其"陌生面孔"和"外乡口音"充斥了法国的大街小巷。[95] 事实上,他对外国人的指责实在不遗余力,比如,声称外国人腐化堕落,[96] 还用各种花招骗走宝贵的铸币。故此,如果不把这些人成批赶走,他们就会抢掠法国财产,徒然留下一堆废墟。

诚然,蒙特克里因的作品不"像19世纪作者那样有条有理地阐述经济理论,只是散漫凌乱地论述工商与政治的各个方面"。[97] 但是,从这个时期还能期待什么吗?最有意思的是,他特别强调法国可以并必须实现自给自足,其强调的程度远远超过拉菲马斯。他认为,法国拥有充足的农业资源及自然资源,人口庞大且勤劳。这位作者的爱国热情简直无穷无尽:

> 法国是世上最为美丽、自由、宜人的地方,如果法国的子民乐意生长于斯,您执掌帝国的荣耀与子民的快乐同在,那我们就有理由称之为举世无双的帝国。只有法兰西帝国可以超越邻国,邻国的一切都无法与此同日而语。[98]

与拉菲马斯一样,蒙特克里因尤其强调兴办工业的重要性,认为法国借此才能立于世界。在这方面,他更强调有必要支持五金加工业,对他而言这也正常不过,因为写书时,他正在卢瓦尔河畔奥颂的五金行业做事。他此外断言,为让制造业繁荣兴旺,必须禁止一切外国制成品进口,这对纺织业和五金业至关重要。然而,蒙特克里因还想走得更远,准备禁止或至少严加管束外国商人在法国的生活、工作、贸易。他大量借鉴了博丹的思想,强烈要求对出口商品和进口商品均征收关税。[99] 据说,法国产的麦、酒、盐、羊毛等原料都该禁止离境,他甚至强调最好外国人少买点法国货,那样可给法国人留下更多东西。[100] 蒙特克里因说:"本王国如此欣欣向荣、物产丰盈,原不借邻国货物以通有无",[101] 只是考虑到要输入金银,外贸出口才具有特别意义,在这一点上他重复了拉菲马斯的意见。但除此之外,他宁愿法国闭关自守,靠本国资源自力更生。要实现这一伟大目标,仅仅存在两个障碍,一是法国境内外国人众多;二是法国人自身还有点懒惰,故此,蒙特克里因强调,铲除这两个障碍已成为国家经济管制和经济政策的主要目标。

蒙特克里因的著作还有一个更大的志向。他批判性地考察了亚里士多德、色诺芬、柏拉图及其他古代权威,探讨了如何把亚里士多德的经济(持家)概念与现代的政治概念结合起来,并拟根据新的社会和历史状况加以进一步发展。蒙特克里因着重于国家政权与经济绩效之间的关系问题,相信人多由私利私欲推动,但他并不相信任何自发的力量,不相信自私自利的行为能增益公众福祉。为拨乱反正,他主张必须依靠强大的国家政权去管控私利行为,这样才能最终为国民创造财富和幸福。[102] 可见,蒙特克里因在采用他本人的"政治经济学"概念时,怀有一个比古典作者们更大的目标,想要把经济学定义为新时代的"持家"学问,凸显经济资源决定着政治与军事实力这个全新事实。

拉菲马斯和蒙特克里因17世纪初建议的经济政策,到科尔贝时代已大显身手。前已提及,这一政策强调,自给自足是一个核心目标,对外贸易本身不能带来经济增长和更大繁荣。在部分人看来,尽量减少对外商贸交往才是上策;另一部分人则主张,应当管理贸易,使之促进原料进口和制成品出口。如果说英国重商主义者有时会把外贸描述为"你赢我输"的零和游戏,那么,科尔贝及其追随者则把这一观点推到了极致。人们时常强调,在科尔贝眼里,贸易线路的数目是有限的,战争中的政治力量与技巧决定着如何在列强间分配这些线路。[103] 德国历史学家莫里茨·伊森曼注意到,科尔贝采用"银两战争"概念描述当时不同国家竞逐商业的那种秩序,况且还提出"自然秩序"说,用以确定一国理当占有多少国际贸易,确定的依据是一国的海岸线长度。由于法国几乎常年在跟荷兰打仗,后来又跟英国打仗,这样援用高高在上的"秩序"谅必给了科尔贝很好的理由,用来为路易十四的好战政策辩护。[104]

与此同时,情况开始发生变化。17 世纪末,法国出现了一套新的经济话语,与前一时期的科尔贝主义(包括再之前几十年红衣主教黎塞留的政策)大唱反调。[105] 一批所谓"纯经济学人"借着新话语,批判了科尔贝及其保护主义和自给自足政策,不过,也并未矫枉过正地要求废除一切形式的贸易管制,或废除用于扶植工业的全部专营特权。他们把注意力主要放在可以激发一国财富增长的那些因素上,其中包括工业,但首先还是农业,这个学派对于商业和外贸的作用说得比前辈要少。及至 18 世纪中叶,重农学派更是认为,贸易没有价值,对财富创造毫无贡献。

在那批"纯经济学人"中,这里仅介绍两位,让-弗朗索瓦·梅隆、夏尔·迪托。[106] 这两人偶尔也被称为重商主义者,他们无疑受到了当时英国商业及贸易顺差讨论的影响,英国的达维南特及"托利党自由贸易分子"就在 17 世纪阐述了自己的观点。特别就梅隆而言,他还从曼德维尔那里获得过重要启迪。此外,梅隆和迪托都卷入过约翰·劳的宏大计划,显然也受到劳的影响。[107] 迪托尤其讨论了贸易顺差的概念，如同英国人那样称之为"商业的晴雨表"。[108] 迪托和梅隆都远离科尔贝体制及其对外贸的态度。梅隆是 18 世纪中前七十多年中被引用、被翻译最多的经济学家之一，他坚定信奉自由贸易，并且捍卫奢侈品消费，理由是能创造就业，他相信高水平的需求对一国繁荣是必要的。他严厉抨击货币就是财富的观念，指出："有些人以为金银充盈就等于国家富庶，诚有必要批判此种谬误。"[109] 不过，对于一定程度上管控进出口的必要性，他并没有完全持负面态度，比如曾指出，禁止"向外出口国内加工制造所需原料"在法国也属通行惯例。[110] 然而，他尚不能完全确信这种惯例是否明智，毕竟据说存在着众多例外情形，他认为，进出口收支顺差归根到底应当建立在"相对其他民族的竞争优势"基础上。[111]

不过在法国，科尔贝真正的对立面一般首推稍早的两位作者，即布阿吉尔贝尔和沃邦。塞巴斯蒂安·沃邦（1633—1707 年）是伟大的陆军元帅和防御专家，他在经济领域之所以声誉卓著，主要是因为他在法国推行了新税制。特别是在所著《皇家什一税计划》（1707 年）中，沃邦已经构想了日后坎蒂隆及重农学派将详加论述的理念。[112] 皮埃尔·布阿吉尔贝尔（1646—1714 年）则在 1700 年前后的一批著作中，特别是在《法兰西详情》（1695 年）和《法兰西辩驳书》（1705 年）中，开始把经济当作某种体系，这一观点此后将得到坎蒂隆及重农学派的采纳。他们既然把经济视为自我均衡的一种秩序，那就可以用这一论点去反对此前的管控制度。

人们经常指出，布阿吉尔贝尔本身深受詹森主义的影响，可能还深受道德哲学家皮埃尔·尼古拉（1625—1695 年）的影响。[113] 布阿吉尔贝尔类似于尼古拉（还有塞缪尔·普芬多夫及同时代的英国作者），相信自我均衡状态，也相信商业社会中的个体本质上互相依存。在他们看来,生产与消费以及供应与需求的力量都受到自然因素和天意的支配,货币无非是一种中介,本不存在尽量聚敛货币的迫切需要。布阿吉尔贝尔与尼古拉一样,断言人虽然是自私的动物且充满了贪欲,但可以调教并管控此类私人之恶,从而创造公共之利。由此明显可见一条清晰的理论线路,日后将通向曼德维尔、坎蒂隆等作者,不过,这里不拟深挖此类很有意思的主题。随着布阿吉尔贝尔的登场及 18 世纪的开启,一种不同的经济学话语无疑在法国脱颖而出,并随后切实影响了法国的"纯经济学人",且还影响到苏格兰人。更有甚者,在马克思这样的热情者看来,布阿吉尔贝尔的登场标志着"古典政治经济学"的诞生。[114]

德意志邦国

观察历史可知,在欧洲德语区,其早期国家构建似乎跟国际商贸的争夺没有太大联系,这一点与西面和南面的邻国形成了鲜明对照。多个世纪中,神圣罗马帝国分裂为诸侯邦国、宗教领地、市政联合体,及至 16 世纪初,境内存有数百个大致独立的政治实体,错综复杂的血缘和臣属纽带把它们联结在一起。这些邦国实体为夺取权力和影响力,也彼此竞争甚至交战,其中只有奥地利规模较大。奥地利是哈布斯堡王朝的家园,从中世纪起垄断了神圣罗马帝国的皇帝宝座,但它是个内陆国家,地理上跟诸多小邦国接壤,故而,增加或夺取外贸生意一般并非德意志君王或主政者的首要任务,其权力与收入更多地依赖于内部资源。有鉴于此,德意志顾问行政官的主要兴趣自然放在拓展国内税基上,实现的办法不外乎两个,或者增加臣民税负(此乃粗放战略),或者努力发展农业并实施有效的工商管理制度(此乃集约战略);同时,他们也希望扶植本土工业，这样可望不再进口奢侈品、武器、金属制品。另一方面，三十年战争（1618—1648 年）沉重打击了德意志诸侯邦国的经济和政治，军队来回穿行洗劫，造成了无数的破坏和伤亡，德意志人要到下个世纪很久之后才恢复元气，那时在北部崛起了一个雄心勃勃、日渐强大的新国家，此即勃兰登堡—普鲁士。

在关于经济思想史与学说史的标准教科书中，经常可见一个视若当然的观点，称"官房学派"是一种有德意志特色的本土版重商主义或重商体系，植根于德意志民族独特的历史及其在欧洲独特的地理之上。[115] 有关德国"独特性"的观念，源自罗雪尔的巨著《德国国民经济学史》（1874 年）。在这部著作中，罗雪尔首先对三十年战争之后德语区内的衰败凋零深表哀叹。[116] 经此动荡，当务之急是在法律、秩序、稳定税制的基础上，尽快确立诸侯邦国政权，也因此，这里出现了经济思想特别是经济政策实践方面的不同"流派"。施穆勒对此作了更有力的强调，他在所著《重商体系及其历史意义》（1884 年）中阐明，重商主义的德意志特色系由德国的欠发达、国家形成的迟缓、对英国（及法国）的商贸依附所造成。如果说重商主义一般表现为在列国交战世界中追求一系列自利性经济政策，那么，其德国类型的出现，根源不在于"重商主义政策是否必要和可取，德国人对此本来就有也该有共识"。还是德意志的内陆性地理位置、政治无政府状态、经济欠发达水平，决定了德国重商主义的独特性。[117]

然而，过多地强调德国的独特性也无太多意义，在意大利、西班牙、法国，当然还有英国，无疑也都存在各自独特的国情。而且，把德国独特的重商主义称为"官房学派"未必有多大帮助，理由有这么几条。第一，官房学派与重商主义一样，也是个备受争议的概念。[118] 阿比昂·斯莫尔一百多年前讲，官房学派"基本上就是一种治国理政的理论和方法",这个说法以后经常被引用。[119] 斯莫尔还说,"重商主义者基本上不算经济学家",他们是某种"政治学家"和"国家雇员"。[120] 在基思·柴博对官房学派所下的定义中,国家利益是个中心要点,不过,他把官房学派视为 1720 年代后在普鲁士大学兴起的一种"行政经济学"。[121] 另外,安德烈·韦克菲尔德更宽泛地把官房学派当作某种主要形成于 18 世纪的一套共同话语,但经他扩展,远不再是单纯的"经院学问",也不是狭隘意义上的"经济学"和"行政经济学"。据称,"德国的官房学者处于学术探讨与经济发展的交汇地带。……这一理念的倡导者相信,可通过系统应用自然科学和人文科学促进经济发展"。[122] 因此,韦克菲尔德所谓"官房学家"所指范围很广,既包括大学里的财政学教师,也包括不同领域的自然科学家、做化学和矿物学实验的发明家和妙想者,还包括大胆闯荡的探险家乃至名副其实的捣蛋鬼。可见,各方对官房学派有关理念和政策的解读差别甚大,难以糅合到一起,唯一的共同点也许是,大家都重视国家在创造经济繁荣中的重要作用,换句话说,都相信权力是经济富裕的基础。在重商主义的其他版本中,我们原已观察到其他国家大致同期也有过类似思路,故此,说德意志有其非常特殊的"独特性",恐怕理由不够充分。

　　第二,用官房学派这个概念去指称**所有**德意志邦国内各异的经济思想和著作,且覆盖 17 世纪到 19 世纪这个长时段,肯定说不通。[123] 显然,我们必须更加精准一些。罗雪尔早已指出,在神圣罗马帝国的大范围内,不同邦国和区域之间情况千差万别。[124] 当人们用官房学派这个术语时,主要指的是德意志北部,特别是勃兰登堡—普鲁士。官房学派这个无所不包的名称,很大程度上是以后年代构建起来的,因为后人发现,用这个名称来跟 1870 年后德国的统一、威权政权的崛起联系起来，还不无用处。

第三，完全有必要更具体细致地考察官房学派的时机问题。正如柴博所示，作为一套明确的话语，官房学派一直要到18世纪才真正出现，且应专门指称尤其在普鲁士从1720年代起才出现的那种大学教学内容，不仅包含经济学，还包含法学、行政学、自然科学等等，目的是要促进有效的经济发展、稳定的政治秩序、普遍的民众福祉。总之，官房学派这个名词主要以复数为形式，想必覆盖了一批相关的学科和话语。

为恰当理解官房学派，恐怕应该以1727年为起点。是年，普鲁士国王腓特烈·威廉一世下令，在哈雷大学和法兰克福大学开设属于新学科的两个教席，哈雷大学聘任西蒙·加塞尔担任"官房、经济与政策事务教席"，法兰克福大学聘任迪特马尔担任"官房、经济与治安科学教席"。加塞尔此前担任哈雷大学法律教授，获得过"战争与领地参事"头衔。迪特马尔则是历史学家，在受聘的同一年，为这个新学科撰写过专著，题为《经济、治安与官房学导论》(1727年)，此书以后长期都是一部标准教材。

迪特马尔在书中着重描述了其时普鲁士行政、财政、治安的制度。在17世纪，"治安"主要是指采取手段恢复权力与安全，[125]但对迪特马尔而言，这一概念的含义更多也更宽，"治安"是指父权主义国家设法为臣民谋福利。[126]或据库尔特·沃岑多夫的解释，治安以提高总体福利为宗旨。[127]除此之外，迪特马尔的教材中有一部分专论"经济学"，但他对经济学的定义基本上还限于亚里士多德的那个旧定义，偏重于家政事宜。然而，迪特马尔有个观点在18世纪将成为一项标准，他讲述了两种形式的经济学，一是以个人为对象的特殊的持家理财；二是以社会为对象的普遍的持家理财，旨在制订有关规则，借以保持并扩大全社会的物质资源。迪特马尔本人对"普遍经济学"着墨不多,但 18 世纪时,这一部分将随该领域每个新作者的撰述而不断丰富,到 19 世纪,终于成为"国民经济"这一德国特色经济学的主体。

官房学家在 18 世纪的首要人物是那个臭名昭著的冒险家约翰·尤斯蒂(1717—1768 年),用安顿·陶彻的话说,这是官房学派的"集成者兼颠覆者"。[128] 尤斯蒂出道时是从事学术的教师,先在维也纳的特雷西亚姆骑士学院教书,之后前往埃尔福特和莱比锡,1755 年在哥廷根获任治安总管。两年后,因从事不法交易而东窗事发,他只得仓皇出逃,到哥本哈根为丹麦大臣伯恩斯道夫工作,后又离职去往柏林,被任命为普鲁士矿业、玻璃、钢铁工场总监。1768 年,因被控贪污政府资金又收押入监,1771 年 4 月获释后回到柏林,次年悄然离世。尤斯蒂的追求目标可从其代表作《国家经济》(1755 年)中窥见一斑。[129] 他的教学和写作始终围绕"福祉"这一概念,在他看来,一个良好的国家必然拥有良好的安排和结构,"人人享有合理的自由,凭借自身劳作获得相应的精神和物质产品,用以满足各自社会位置上可意生活之所需"。[130] 因此,一个良治之国有义务保障安好的秩序,以便于人们实现自身福祉。此外,尤斯蒂的著作仍采用旧法,把这一学科分为治安、财政、经济三部分。

18 世纪另一官房学大家是维也纳大学的治安和官房学教授约瑟夫·宗南费尔斯(1733—1817 年)。显然,尤斯蒂和宗南费尔斯都受到启蒙运动理念的影响,二位均强调,经济"治安科学"(这是尤斯蒂的术语),重在探解何种原理在引导着一国的财富与幸福。[131] 不过,宗南费尔斯和尤斯蒂都无意从启蒙运动理念中得出个人主义性质的结论,相反,他们更强调有必要建立一个父权主义国家,并为此援引了亚当·弗格森等外国权威的观点。[132] 据认为,单靠独立个体之间的自由交往是无法实现福祉的,故而,尤斯蒂和宗南费尔斯成了开明专制论的代言者,考虑到其历史背景,有此看法也不足为奇。

在官房学家中,还必须提及两名意大利人:塞扎尔·贝卡里亚(1735—1794年)、皮特罗·维里(1728—1797年),二人都居于米兰,因而当时同属奥地利公民。日后的学说史解读者认为,他们是晚近现代经济学伟大的创新者和先行者。跟同时代的弗迪南多·加利亚尼一样,他们将自身经济运行分析建立在主观基础上。[133] 熊彼特甚至称颂贝卡里亚为"意大利的亚当·斯密",并在他那里找到了一系列分析上的创见。至于维里,熊彼特奉他为"不变支出需求曲线"的首创者,先于杰文斯使用了"快乐和痛苦的计算"这一短语。[134] 他们从何获得了如此创新的思想呢?已有指出,在其经济思想与中世纪晚期以来的经院传统之间,存在一条比较明确的连线。例如,奥德·兰浩姆就强调,加利亚尼坚持对价值和价格进行主观分析,这明显受惠于锡耶纳的圣博纳蒂诺和佛罗伦萨的圣安东尼等14世纪经院学者。这一思路,经由伯纳多·达万萨蒂的大作《铸币论》(1588年)和赫米尼亚诺·蒙特纳里的著作,[135] 后将启发18世纪的经济讨论,并由此为现代经济学的形成作出贡献。[136]

然而,必须同时强调,以上二位跟德国和奥地利当年在著述和思想中正在形成的那个官房学派,之间还是存有密切联系,贝卡里亚的专业历程非常典型地体现了这一点。由于米兰在18世纪属于奥地利,经济学这一学科在那里基本上也沿着官房学派的方向在发展,故而,当贝卡里亚于1768年受聘教授一职时,教席的名称就叫"官房学"。不过,他在就职讲座中以一种不算太正统的方式描述了这一学科,称该学科包含了"公共经济与商业的原理,这些学科提供了增加国家财富、优化财富使用的手段"。[137]

前已指出,把官房学派视为18世纪前德国独一无二的学派,这并无太大意义。事实上,当罗雪尔在《德国国民经济学史》中称,17世纪初,"经济学作为一门系统性科学在德国崭露头角",他强调当时存在多样的话语和传统。[138] 在17世纪,涉及贸易、货币、财政、税收等经济话题的大量文献,多尚未纳入之后那个官房学派的框架。而且可以说,德意志人在16世纪和17世纪的经济讨论大致类似于同时代英国、意大利、西班牙、法国的相关讨论。例如,被罗雪尔称为德国首位经济话语集大成者的雅各布·博尼茨,在其《富国富民的政治管理》(1625年)中,讨论了货币和铸币的实质以及国家拥有大量贵金属的必要性。他把货币描述为国家"底气之所在",为获取更多金银,缺乏矿藏的国家理当增加出口,借以得到更多的钱币。同时他又强调,但凡做得到,最好永不出口原料,原料应该在国内加工为成品后再行出口。[139] 根据这一观点,罗雪尔自然得出结论,称博尼茨为重商主义者。[140] 确实,可以把博尼茨跟意大利的博特罗、塞拉,跟法国的蒙特克里因,跟英国的史密斯相提并论。T.西蒙最近也强调,不应当夸大法国科尔贝主义、英国重商主义、德国(面向生产的)官房学派三者间的差异。[141] 毫无疑问,不同的地域状况及其他国情会让各国人士产生有别于他国的思想特点,但总体而言,他们终究都是在充满商业竞争和实力角逐的全新国际秩序下作出回应、采取立场的。

罗雪尔判定,德国17世纪的旧"重商主义"趋势到18世纪被"治安和官房学时代"所取代,及至18世纪中期,这一话语变成一门涵盖了治安、经济、商业的比较定型的科学。针对三十年战争结束后那个时期,罗雪尔强调,在德意志邦国形成了三种不同传统:一是有道德哲学内涵的纯学术性经济话语,与塞缪尔·普芬多夫和赫尔曼·康林的名字相关联;二是面向实际事务的进步传统,存在于奥地利;三是面向实际事务的保守传统,存在于德意志中部和南部多数地区。[142] 而德国"重商主义"各流派之所以未能在18世纪及19世纪初效法英国,转型为某种类似于古典政治经济学的东西,罗雪尔认为,原因主要在于德国的落后处境。照此解释,德国未能确立一门贸易科学或者一种强大的政治经济学,盖缘于三十年战争后德国持续分裂的破碎局面以及小国政治的凝聚需要。在这种政治、社会和文化背景下,重点自然放到了狭隘意义上的"经济行政管理"上,于是,经济成了私人与公共的家政长技,治安成了寡民小国的安邦办法,官房学成了保障财政的金融手段。[143] 古老的持家理财文献依然不失其影响力,在这方面可能也发挥了某种作用。不过,恰恰针对这种局面,罗雪尔一针见血地指出,"德国既不可能诞生布阿吉尔贝尔,也无法产生科尔贝"。[144]

尽管如此,以下我们仍要回到17世纪,这是官房学派被纳入德国大学教程之前的时期。我将论述与本章主题相关的几位作者,追溯一下在民族国家兴起的时代,他们是如何作出各种回应的,是如何把政治目标跟经济的手段和目标融为一体的。

路德维希·冯·泽肯多夫(1626—1692年)

按照罗雪尔的眼光,泽肯多夫堪称最典型的德国中部面向实务的保守作者。泽肯多夫在担任恩斯特·冯·高萨公爵的公国容克期间,撰写了极具影响力的著作《德意志公国》(1655年)。而且,他后被提拔为枢密院顾问和财政行政顾问,以后升任总理,再之后,迁往萨亨齐茨,在为莫里茨公爵履职期间,获"总理和枢机会议主席"头衔。[145] 由此可见,泽肯多夫熟谙德意志小邦国的行政事务,所以,斯莫尔称之为"官房学派的亚当·斯密",也不算出格。[146]

不过,如前已示,此言最多说对了一半。

《德意志公国》一书目的明确,如斯莫尔所言,意在"描述一个典型德意志邦国的运行机制"。[147] 该书分为四部分,第一册陈言,一名合格的君主必须调查清楚邦国内的地理条件,以便了解何处可以改进,这中间关键是要备有精良的地图。第二册涉及邦国的宪法,以此规定如何组织国家机器,如何在精神和物质方面照顾好居民的福利,等等。第三也是篇幅最大的一册专论官房学问题,泽肯多夫列出了统治者可获取的岁入,并讨论了如何增加收益的问题。

泽肯多夫的第二册以邦国的行政管理为主题,他在书中强调,统治者不该成为乾纲独断的独裁者。罗雪尔表示,泽肯多夫决非现代专制主义的代表,[148] 不过是老派的家长主义者,认定"所罗门式的治理智慧"为虔敬有德的君主所必不可少。君主依靠上帝的恩典,在统治中除了为臣民提供福利保障外,还应该维护邦国的长治久安。[149]

在《德意志公国》中,泽肯多夫详细论述了有德政府与君主尊严的前提条件,据认为,明君必须真诚待人、表里如一,必须信守自己的法律和义务,也必须尊重天赋条件并接受民众习俗。简言之,泽肯多夫的书,特别是第二册实乃关于如何治理小邦国的一个手册。[150] 他尤其对国家的经济组织及其生产潜能抱有兴趣。例如,他建议,为了国家的繁荣,必须增殖人口、改良农业、兴办工业。不过,罗雪尔称泽肯多夫已孕育"重商体系",大致处于苏利与科尔贝之间,此言也非全无道理。[151]《德意志公国》中的诸多看法无疑契合其时经济与政治的总体思路,只是作者的研究对象仅限于一个诸侯小邦,而不是法国那样的大国。再说,作者完全没有提及比如英国正在开展的有关外贸与财富的重商主义讨论。就如之前的博尼茨一样，泽肯多夫在书中强烈建议，一切原料均应留在国内加工，而不该向外出口。可是，在货币问题上，他没有表现出当时常有的对货币短缺的忧虑，倒是更担心人口的流失而非铸币的流失。他特别顾虑的是，在与外国人的交往中，不应该付出良币却换回劣币或成色不足的铸币。[152] 对于进口过多，他也抱疑虑态度，主要是担心会引入危害国人道德的奢侈品。最后，在关于君主岁入与收益的第三册中，泽肯多夫论述了税收问题，包括为实现收入的最大化应如何组织君主领地。不过，他这方面的讨论显然拘守了持家理财文献的传统以及亚里士多德的家政经济概念，君主领地在书中基本上被当作私人家产在进行讨论。

约翰·约阿希姆·贝歇尔（1635—1682 年）

17 世纪的德国经济文献异彩纷呈，当我们从泽肯多夫转向贝歇尔时，最能够感受到这一点。首先，贝歇尔的主要参照对象是奥地利，在他行游四方的终生忙碌中，如果说还有一个稳定落脚点的话，那肯定就是维也纳。17 世纪中，奥地利是神圣罗马帝国内唯一的大国，住在这种地方跟住在寡民小邦肯定有天壤之别。贝歇尔不同于担任公国高官、事业稳定、生活舒适的泽肯多夫，他在短暂的一生中尝试过多样职业，最终却一无所成。年轻时他缺乏学业背景，所以罗雪尔称其"无师自通"。[153] 他先在自然科学领域碰运气，当上了医学教师和医生，还做过实验以图炼制黄金，在维也纳利奥波德一世的宫廷中，大家都知道他是位炼金术士。贝歇尔似乎也是著名的所谓"燃素说"的首倡者。

1660 年代，贝歇尔在帝国内周游列国，力图游说当政者采纳其别出心裁的计划，他无疑是那种四处寻找机会的人，可惜很少取得像样的成功，理由之一是他往往太过超前于时代。例如，他在拜恩选帝侯的支持下,很早就介入了在南美圭亚那的殖民项目。再有,他为哈瑙伯爵制订过详细计划,准备在奥利诺科河与亚马逊河之间进行殖民,当然后来毫无结果。此外,他起草过兴办工业制造新项目的计划,有一个计划还涉及美因茨宫廷。贝歇尔在1670年代的大部分时间待在维也纳,在那里担任帝国皇帝资助的工场的总监。同时,他规划了连接莱茵河与多瑙河的运河,无奈这个异想天开的设想同样未有进展。1670年代末,他似乎失宠于皇帝,后移居伦敦并于1682年在那里过世。[154]

尽管贝歇尔大量写作,但他唯一的"经济学"作品是1668年发表的《关于市镇、州与共和国兴衰根源之政论》。此书与泽肯多夫的作品大相径庭。首先,贝歇尔远没有泽肯多夫那样表现出旧式的家长主义,相反,他对国家及其起源的探讨反映了当时的道德哲学议论。他甚至指出,人是"社会的动物",社会乃与生俱来的社会交往所带来的"自然"结果。他对国家的定义也颇为现代,视之为"一群人口,一个自我维持的群体"。[155] 至于这一群体,不妨把它描述为由互惠关系构成的体系:

> 群体中的成员组织其社会生活,使得人们相互依存。一个人会从他人那里获得面包,自己也向他人提供帮助,这就构成了正常的社区群体。[156]

当然,贝歇尔并未从中得出自由放任的结论,他强调,这种互惠的秩序不会自行生成,相反必须通过制度构建和刻意规范才能使之服务于全体人的福祉。因此,他强烈反对另一种秩序,即"每个人都随心所欲地放任追求个人生活,无论他自我毁灭并随之毁灭其他上百人的生活,还是他兴旺发达并随之造成公众的得失兴衰,大家概不过问"。[157]

此外，贝歇尔尤其强调，一个社区只有人丁兴旺才能强大，他提出的原理是："一个城市人口越多就越强大。"[158] 同时，在三大类别的人群即农民、工匠、商人之间，必须维持恰当的比例关系，这三大类别对应于三个不同的经济部门：第一部门（食物和原料）；第二部门（制成品）；第三部门（分配及资本）。而且，如果构建好三部门间"切实"的比例关系，谁也不会忍饥挨饿，一切都会秩序井然。从某种意义上说，肯定可以将此视为在倡导计划经济，也因此，它将对下个世纪各国的经济和政治讨论产生巨大影响，首先是在德国，但也波及瑞典和丹麦等邻国。[159]

由上可见，若与泽肯多夫比较，贝歇尔无疑对君主并无太大兴趣，他更感兴趣的是社会及其民众。当然，贝歇尔并未否定强大国家的重要性，但他主要着眼于其他议题，若观察其经济著作的结构，这点便一目了然。其著作的大部分多在论述商贸事务，比如，作品中篇幅很大的第二部分在论述，商业和贸易在德国是如何组织的，如何能对之加以改进。他总体上提出了自由贸易原则："商品应当自由地输入国内和输出国外……这样才能最佳并切实地支持个体的衣食所需。"[160] 当然，这与他那种计划经济观念难以协调，所以他主张要对自由这个原则显著设限，他指出，自由贸易只在不干扰国民衣食富足及社会有序生活的情况下才能实现。[161] 正是在此场合，他提出了那个对"垄断"、"众断"、"买断"的著名区分，所有这些形式都对井井有条的贸易构成巨大威胁。他说："垄断会妨碍庞大人口的出现，众断会威胁企业的生存，买断则破坏社会的良好秩序。"[162] 贝歇尔所谓"众断"是指同一领域竞争者过多，"买断"是指囤积居奇并霸占生活必需品。

在《关于市镇、州与共和国兴衰根源之政论》中，也可以发现有多处论述了商贸对经济增长和现代化的作用等问题，有鉴于此，人们经常称贝歇尔为真正的重商主义者。诚然,他看来非常熟悉英国的文献与讨论,此所以罗雪尔特别强调,写书前的荷兰之行对贝歇尔产生过不小影响。[163] 然而,罗雪尔同时指出,贝歇尔不是那种把货币与财富混为一谈的"重商主义者"。[164] 相反,在贝歇尔看来,财富有赖于生产,为增加消费,就应当激励那个理当有条不紊的生产部门,而消费才是一国福祉的核心和根本。另一方面,他相信,"货币是国家的灵魂和神经",因此,应将货币留在本国。[165] 按照罗雪尔的解释,贝歇尔在这里指的是把货币当作经营资本,依照这一思路,有了大量资本,便可雇佣更多劳工并增殖国家财富。[166]

归根结底,我们无法回避这个问题:贝歇尔是重商主义者还是官房学家,或者兼而有之?某种程度上可言,这个问题颠倒了时代顺序,毕竟官房学派作为一种明确的话语当时尚未真正问世呢。然而,贝歇尔及下文接着介绍的霍尔尼克和施罗德,经常同被称为"奥地利官房学家"。[167] 但贝歇尔至少不是那种系统的"国家干预主义"的直接先驱,后来的奥地利官房学家(如尤斯蒂、宗南费尔斯)的著作则包含了国家干预主义这一关键内容。上文已示,贝歇尔的角度有所不同,故此他明显更像个重商主义者,特别是他深受英国重商主义作者的影响,深受其商贸作用相关讨论的影响。不过,更恰当地说,贝歇尔是一位集成者,他吸纳了英国有关贸易的话语及道德哲学方面的新作等等,以一种颇为原创的方式将之熔于一炉。可惜他这方面的努力以后在德国乏人跟进,最后胜出的反而是官房学派那个传统。

菲利普·威廉·冯·霍尔尼克(1640—1714年)

说德意志诸邦没有产生科尔贝,这当然不错。[168] 但如果可以类比的话,霍尔尼克恐怕最可能成为奥地利的蒙特克里因。霍尔尼克出生在美因河畔的法兰克福,1661年获得英戈施达特大学法学博士学位,此后在维也纳为利奥波德一世效劳多年,在此期间他还成为贝歇尔的内兄。1690年,霍尔尼克开始为帕梭主教即兰贝格伯爵服务,任枢密院秘书,就在帕梭他获得了男爵贵族头衔。[169]

霍尔尼克最有名的著作是《奥地利富强论》(1684年),应当把此书放到该时期德意志遭受战争与民族耻辱这一背景下来考察。法国的路易十四在未遇到像样抵抗的情况下,于1684年抢夺了特里尔和斯特拉斯堡;同年,土耳其人兵临维也纳城下。因此,霍尔尼克的论调充满了好战的民族主义,他说:"法国人的奸诈……毁掉了一切。"[170] 展望未来,他期待应该向法国这一傲慢国家发起正义之战。[171] 不过他也放言,奥地利的虚弱纯属咎由自取,毕竟是自己把本国大部分财富拱手相让。例如,佛兰德商人抢走了奥地利重要的亚麻布生意,从此垄断在手,仅给工人支付无以为生的最低工资。[172]

然而,霍尔尼克声称,奥地利"在自己想要的任何时刻"都能够改变这一局面。为此,他提出了一套国家振兴计划,类似于蒙特克里因给法国提出的计划,主要方案就是落实经济的和行政的措施,借此,奥地利可望实现充分的国家独立和"自家生计"。[173] 为实现这种自给自足,霍尔尼克提出了必须严格遵守的九项原则,他认为任何适用对路的"本土经济学"自应立于这些原则之上。这些原则是:

1. 必须彻底摸清本国的生产潜力,特别是开采金银的可能性;
2. 在本国工场内加工原料;
3. 采取恰当手段,增加能促进原料加工的人手;
4. 尽量保证金银不向外国输出;

5. 本国居民应当主要使用本国产品；

6. 同样必须避免滥用外国产品，万一需要进口，也应该用我国产品而不是用货币去交换；

7. 一般只能出口制成品；

8. 如要出口原料，应该用它来换取金银；

9. 凡国内能够生产的物品绝不应该进口。[174]

罗雪尔觉得这一纲领具有重商主义特征，这一判断无疑顺理成章。[175] 霍尔尼克上述纲领在形式和内容上可能都更接近于蒙特克里因在法国提出的自给自足计划，而不大像17世纪英国商贸经济作者阐述的观点。平心而论，霍尔尼克提出九项"本土经济学原则"，其实是要为奥地利打造他所看到的法国科尔贝主义那种势头。法国人凭借增强独立自主的类似计划，看已大功告成，那套纲领难道不适合奥地利国情吗？为什么这一伟大民族要甘当受外国利益摆布的二流国家呢？我们必须在这样的背景下考察霍尔尼克的著作，此书当年一炮打响，以后世纪中会数次再版。也必须注意到，在霍尔尼克这里，就如在贝歇尔那里一样，我们似乎已远离泽肯多夫那种本土狭隘性，也远离了持家理财的老套文献。相反，霍尔尼克提出的纲领指向了某种特定形式的"政治经济学"和"本土经济学"，它在18世纪融入治安、经济、官房学那门科学，成为其中的一般经济学内容。

威廉·冯·施罗德（1640—1688年）

施罗德也曾在维也纳效力于利奥波德一世，事实上，他在贝歇尔之后被任命为维也纳的工场总监，该制造工场希望成为工业创新中心，如同科尔贝在巴黎设立的哥白林工场。然而，土耳其人1683年烧毁了这一工场，此后再未得到重建。施罗德晚年在匈牙利的奇普斯担任宫廷财政顾问。可见,施罗德的生平并无特异之处,但他终究是一位饱学之士。他先在耶拿大学,后在阿姆斯特丹大学学习法律,1663年在耶拿提交博士论文前,曾前往英国,在那里与霍布斯、配第、博伊尔等头面人物过从甚密,自去访后,他一直是英国皇家学会常任会员。[176]

因此,贝歇尔、霍尔尼克、施罗德这三位奥地利人当中,施罗德从学养角度说肯定"程度最高",他熟谙当时一般的科学、政治、哲学讨论,对同时代英国的经济讨论拥有一手知识。在政治方面,他是绝对君主制的坚定信奉者,言谈中对路德维希十四世充满仰慕之情。[177] 在其名作《君主财政和国库》补遗"专制王权的政治作为"中,他以十分极端的方式勾画了统治者的神圣权利,乃至泽肯多夫称施罗德为文为人均有谄媚之嫌。[178] 不过施罗德同时指出,与神圣权利相伴的是特定义务,故而他强调,君主是民众之主,臣民的丰衣足食和安康幸福乃君主全部忧乐之所倚。[179]

施罗德作为早期官房学家的声誉主要得自所著《君主财政和国库》(1686年),他的观点是"量入为出",这点罗雪尔也论及。[180] 施罗德倡导设立财政局,书中大部分篇幅论述了应以何种原则来管理该财政局。他建议,应将之一分为二,一部分专门征收岁入,另一部分专为君主开辟新财源。尤其在讨论后一机构时,他展现了对同时代相关理论的丰富知识,表明他熟知如何通过贸易让国家致富的道理。例如,一方面,他强调了"旧道理":"一国输入黄金越多就越富……输出黄金越多就越穷"。[181] 为此,一国必须出口,这样才能获得金银和货币。另一方面,与英国诸多讨论者一致,他主要把货币当作某种有益的商业媒介,"增加货币使用量后,可支持更多人员,贸易会成倍增长"。[182] 商业和贸易故而是进一步增长和发展的必要前提,对国内货币供应不足的国家而言,赚钱的商贸就远不止是"必要的恶"。事实上,他认为贸易堪称"一国增益财富的首要手段"。[183]

施罗德从原则上强调,贸易应当是自由的,同时也倡导,有必要为兴办制造业而采取保护主义措施。他其实是工业制造的崇尚者,在这方面注重引述法国的案例,但显然也了解英国的相关讨论。不过,施罗德似未积极提出正式的贸易顺差理论,德国 17 世纪和 18 世纪其他多数作者也持同样的冷漠态度,他们甚少明确提及贸易差额。当然,他们想必也相信,贸易顺差带来货币流入总是一件好事,但很少细论这一理念。[184] 他们似更关注其他东西,诸如自给自足、政府良治、人口增长、国内制造之类。[185]

* * *

由上可知,从 16 世纪晚期开始,在意大利、西班牙、英国、法国、德国等不同国家,都出现过一批文献,把财富与实力视为交织连体的现象。欧洲范围内,不单顾问行政官,更有来自社会各角落的作者都在倡导采取保护措施,扶持工业发展,并在呼吁出台法律,禁止贵金属和原材料出口,同时鼓励制成品出口。在诸如此类举措的基础上,如何赢得国家富强的大批共同理念不断涌现,这是继中世纪晚期萌发以来在 16 世纪的一次理念大爆发。当时所有的相关讨论都基于那个逐鹿天下的大背景,国际间不仅为夺取商贸机会而相互竞争,而且为在本国发展工业和生产制造而彼此角力。可是必须指出,虽然有关经济增长和现代化的诸多"单个理念"在各国普遍出现,但有关话语的国别框架还是各有千秋的。特别是在德意志的诸侯邦国内,相关经济政策并未侧重于通过国际贸易去追求贸易顺差,倒是更强调要扶持本国工业制造、确立"现代"经济制度结构。就其所提出的办法而言,德意志的改良者更显得带有被动防御的色彩,换言之,他们追求经济改革和行政制度改良，为的是追赶领先国家，首先是荷兰和英国。

进而言之，构成当时共同主题的是这种国家富强纲领，而不是某种抽象的货币崇拜，或者错把货币当财富的那种混为一谈，也不是对单纯贸易顺差那种具体理论的偏听偏信。下一章就将论述关于贸易顺差的那套理论。

注释：

1. J. A. Schumpeter, *A History of Economic Analysis*. London: Allen & Unwin, 1972, pp. 143f.
2. See above, p. 19.
3. J. A. Pocock, *The Machiavellian Moment: Florentine Political Thought and the Atlantic Republican Tradition*. Princeton, NJ: Princeton University Press, 1985; Q. Skinner, *Visions of Politics*, vol. II: *Renaissance Virtues*. Cambridge, UK: Cambridge University Press, 2002, chs. 3, 5, 6.
4. 有关意大利的这些进展，see S. A. Reinert, "Introduction". In A. Serra, *A Short Treatise on the Wealth and Poverty of Nations* (1613). London and New York: Anthem Press, 2011.
5. D. Hume, "On the jealousy of trade". In his *Essays: Moral, Political and Literary*. Indianapolis, IN: Liberty Fund, 1987.
6. 有关这一时期相互效法的一般情况，see S. Reinert, *Translating Empire: Emulation and the Origins of Political Economy*. Cambridge, MA: Harvard University Press, 2011. Also I. Hont, *Jealousy of Trade: International Competition and the Nation-State in Historical Perspective*. Cambridge, MA: The Belknap Press of Harvard University Press, 2005.
7. T. Mun, *England's Treasure by Forraign Trade* (1664). New York: Augustus M. Kelly, 1986, p. 74. 下文可见，本书其实写于1620年代，但近40年后，当荷兰与英国即将再次交战时（第二次英荷战争始于1665年），始得出版。
8. W. Petty, *The Political Atonomy of Ireland* (1691). Cited from *The*

Economic Writings of Sir William Petty, vol. 1. Cambridge, UK: Cambridge University Press, 1899, p. 250.

9. H. Robinson, *Briefe Considerations Concerning the Advancement of Trade and Navigation*. London: Matthew Simmons, Aldgate Street, 1649, p. 6. Reprinted in L. Magnusson (ed.), *Mercantilist Theory and Practice: The History of British Mercantilism*, vol. I. London: Pickering & Chatto, 2008, pp. 165f.

10. M. Decker, *An Essay on the Causes of the Decline of the Foreign Trade* (1751, 4th ed.). New York: Augustus M. Kelly, 1973, p. 109.

11. J. Child, *Brief Observations Concerning Trade and Interest of Money*. London: Elizabeth Calwert, 1668, p. 3.

12. N. Barbon, *A Discourse of Trade*. London: Tho. Milbourn, 1690, preface.

13. W. Temple, *Observations Upon the United Provinces of the Netherlands* (1673). Cambridge, UK: Cambridge University Press, 1932, pp. 128f.

14. Temple, p. 131.

15. Unknown author, *Britannia Languens or a Discourse of Trade*. London: Tho. Dring, 1680, pp. 73f.

16. Temple, p. 129.

17. Temple, p. 131.

18. Mun, pp. 73f.

19. J. Child, *A Discourse of the Nature, Use and Advantages of Trade*. London: Edmund Bohun, 1694, pp. 8f.

20. J. Child, *A New Discourse of Trade*. London: Edmund Bohun, 1693, p. 93.

21. C. Davenant, *An Essay Upon the Probable Methods of Making a People Gainers in the Ballance of Trade*. London: James Knapton, 1699, p. 6.

22. C. Davenant, *An Essay on the East India Trade*. London, 1697. Cited from *The Political and Commercial Works of that Celebrated Writer Charles D'Avenant*, vol. I. London: R. Horsfield, 1771, p. 86.

23. L. Roberts, *The Treasure of Traffike or a Discourse of Foraign*

Trade. London, 1641, p. 55.
24. M. Postlethwyat, *Britain's Commercial Interests Explained and Improved*, vol. I. London: D. Browne et al., 1757, pp. ix., 2.
25. Postlethwyat, II, p. 347.
26. C. Davenant, *Discourse on the Public Revenues and on Trade*, Part II (1698). Cited from *The Political and Commercial Works of that Celebrated Writer Charles D'Avenant*, vol. I. London: R. Horsfield, 1773, p. 350.
27. J. Gee, *The Trade and Navigation of Great Britain Considered*. London: A Bettlesworth and C. Hitch, 1929, p. xxxiv.
28. Gee, p. xxxiv.
29. *Britannia Languens*, p. 465. In J. R. McCulloch (ed.), *Classical Writings and Economics*, vol. I. London: William Pickering, 1995.
30. Mun, pp. 9f.
31. H. Robinson, *England's Safety in Trade Encrease*. London: Nicholas Bourse, 1641, p. 49.
32. E. F. Heckscher, *Mercantilism*, vol. II. London: Routledge, 1994, p. 317:"虽然重商主义者对世界总体经济事务和经济体系持有静态的观念,但他们仍以疯狂的热情,要为本国争取在这个体系的活动中占得尽量大的份额,哪怕他们认为总量不变。"
33. J. Child, *A New Discourse of Trade*. London: n. p., 1693, preface.
34. H. Robinson, *Briefe Considerations Concerning the Advancement of Trade and Navigation*. London: Matthew Simmons, Aldgate Street, 1649, p. 1. Reprinted in L. Magnusson (ed.), *Mercantilist Theory and Practice: The History of British Mercantilism*, vol. I. London: Pickering & Chatto, 2008, pp. 165f.
35. Robinson, p. 2.
36. S. Fortrey, *England's Interest and Improvement*. London: Nathanael Brook, 1773, p. 16.
37. On this see Hont, pp. 185f.
38. Postlethwayt, I, p. 2.
39. Postlethwayt, I, p. 3.
40. Hont, pp. 155f.

41. See further below, p. 190.
42. 有关自由贸易帝国主义及其与英国政治经济学的关系, see B. Semmel, *The Rise of Free Trade Imperialism: Classical Political Economy, the Empire of Free Trade and Imperialism, 1750-1850*. Cambridge, UK: Cambridge University Press, 1970.
43. S. Reinert, "Introduction". In A. Serra, *A Short Treatise on the Wealth and Poverty of Nations* (1613). London and New York: Anthem Press, 2011, p. 65.
44. H. Martyn, *Conditerations Upon the East-India Trade*. London: A. and J. Churchill, 1701, p. 67.
45. More on this in Hont, pp. 60f.
46. A. Calabria, *The Cost of Empire: The Finances of the Kingdom of Naples in the Time of Spanish Rule*. Cambridge, UK: Cambridge University Press, 1991.
47. R. Villari, *The Revolt of Naples*. Cambridge, UK: Polity Press, 1993.
48. 有关塞拉生平及其册子历史的介绍, see S. Reinert, "Introduction", pp. 9f. Also see T. Hutchison, *Before Adam Smith: The Emergence of Political Economy, 1662-1776*. Oxford: Blackwells, 1988, pp. 19f.
49. F. List, *National System of Political Economy*. Philadelphia, PA: J. H. Lippincott, 1856, p. 410.
50. For example C. Perrotta, *Produzione e lavoro produttivo. Nel mercantilismo e nell' illuminisimo Galatina*. Lecce, 1988, pp. 110ff. Also L. Magnusson, *The Tradition of Free Trade*. London: Routledge, 2004.
51. Schumpeter, pp. 162f. 更长的单子, see S. Reinert, "Introduction", pp. 33ff.
52. G. Botero, *The Reason of State* (1589). London: Routledge & Kegan Paul, 1956, p. 150.
53. Botero, p. 145.
54. Botero, p. 143.
55. On this see Hutchison, *Before Adam Smith*, pp. 19f.
56. 虽已无法弄清这一讨论在多大程度上影响了英国1620年代初争论中的立场,但至少必须指出,孟非常熟悉意大利的情况,他其实可能在那里住过一段时间。See further Chapter 5.

57. F. Venturi, "Alle origini dell illuminismo napoletano". *Revista storica italiana*, vol. LXXI: 3 (1959).
58. 有关吉诺维西, see for example S. Reinert, *Translating Empire*, 2011. Also I. Hont, *Jealousy of Trade*, 2005.
59. S. Reinert, *Translating Empire*.
60. T. W. Hutchison, pp. 254ff. See also F. Ceserano, "Monetary theory in Ferdinando Galiani's Della Moneta". *History of Political Economy*, vol. VIII: 3 (1976).
61. 有关这一讨论, see S. L. Kaplan, *Bread, Politics and Political Economy in the Reign of Louis XV* (2nd ed.). London: Anthem Press, 2012, ch. 4.
62. 有关反重农主义, see S. Reinert, *Translating Empire*, pp. 177f.
63. See C. Perrotta, "Early Spanish mercantilism: the first analysis of underdevelopment". In L. Magnusson (ed.), *Mercantilist Economics*. Boston, MA: Kluwer, 1993.
64. A. E. Monroe, *Monetary Theory before Adam Smith*. Cambridge, MA: Harvard University Press, 1923, p. 53; Also Perrotta, p. 8.
65. 有关价格革命及其对西班牙经济的影响, see D. Fisher, "The price revolution: a monetary interpretation". *The Journal of Economic History*, vol. IL: 4 (1989), pp. 883-902. 作者提供了有关讨论的简短概述, 讨论源自有创见的一部著作, see E. J. Hamilton, *American Treasure and the Price Revolution in Spain, 1501-1650*. Harvard Economic Studies, 43. Cambridge, MA: Harvard University Press, 1934.
66. E. Philips, *An Appeal to Common Sense: Or Some Considerations Offer'd to Restore Publick Credit*. London: T. Warner, 1720, p. 2.
67. On Oeriz, see Perrotta, p. 23.
68. Perrotta, p. 23.
69. *Memorial del Contador Louis de Ortiz a Felipe II* (1558). Ed. Manuel Fernandez Alvarez. *Anales de Economia*, vol. VII (1957). See also Perrotta, p. 23; Schumpeter, p. 165.
70. Perrotta. 有关马塔, see M. G. Moreno, "Francisco Martinez de Mata (Siglo XVII): Agitador social y economist de la decadencia". *eXtoikos*,

no. 5，2012.
71. On Uztáriz, see R. F. Durán, *Gerónomi de Uztáriz (1670-1732). Una Poitica Econonómica para Felipe V*. Madrid: Minerca Eiciones, 1999.
72. Durán, pp. 21f.
73. E. F. Heckscher, *Mercantilism*, vol. II. London: George Allen & Unwin, 1955, pp. 84, 104ff.
74. 有关总体描述，see Hauser, *Les Débuts du Capitalisme*. Paris: Libraire Félix Alcan, 1931; P. Deyon, *Le Mercantilisme*. Paris, France: Flammarion, 1969; C. W. Cole, *French Mercantilist Doctrines before Colbert*, vols. I-II. New York: Richard R. Smith, 1931 and 1939.
75. 有关描述，see C. W. Cole, vol. I, ch. 1.
76. A. de Montchrétien, *Traicté de l'oeconomie politique* [1615] (Ed. Funck-Bretatano, 1889). Geneva: Slatkine Reprints, 1970, p. 23.
77. 有关这种联系，see H. Hauser's introduction to *La Response de Jean Bodin à M. de Malestroict*. Paris: Armand Colin, 1932. 有关博丹的总体介绍，see N. O. Keohane, *Philosophy and the State in France*. Princeton, NJ: Princeton University Press, 1980, chs. 4-6.
78. See above p. 67.
79. J. Bodin, *Discours de Jean Bodin sur le rehaussement et diminution des monnoyes tant d'or que d'argent et le moyen d'y remedier, et reponse aux paradoxes de M. de Malestroict*. Paris, France, 1568.
80. H. Hauser, *La response de Jean Bodin à M. de Malestroict* [1568]. Paris, France: Armand Collin, 1932, p. 32.
81. *Response de Jean Bodin*, p. 34.
82. *Response de Jean Bodin*, p. 36.
83. J. Bodin, *Les Six Livres de la Republique* [1589]. Paris, France, 1986, p. 875ff. Also *La response de Jean Bodin a M. de Malestroict*, pp. 36ff.
84. 有关拉菲马斯，see C. W. Cole, *French Mercantilist Doctrines before Colbert*, vol. I, ch. 2; Hauser, *Les Débuts du Capitalisme*, ch. 5.
85. Cole, I, p. 93.
86. 有关该委员会工作的充分介绍，see Cole, I, pp. 92ff.
87. J.-A. Blanqui, *History of Political Economy in Europe*. London: G.

Bell & Sons, 1880, p. 269.
88. 拉菲马斯 1600 年起有关商业问题的六篇策论发表时，同时问世的还有其 *L'incredulité ou l'ignorance de ceux qui ne veulant cognoistre le bien & repos de l'estat & veoir renaistre la vie heureuse des Francais*. Paris, France, 1600.
89. B. de Laffemas, *Les trésors et richesses pour mettre l'estat en splendeur et monstrer au vray la ruine des françois par le trafic et négoce des estrangers...* Paris, France: Estienne Preousteau, 1598, p. 6ff.
90. Cole, I, p. 68.
91. 有关蒙特克里因生平与著作的介绍, see the foreword by T. Funck Brentano to the 1889 edition of *Traicté de l'oeconomie politique*. Geneva, Switzerland: Slatkine Reprints, 1970.
92. See W. J. Ashley, "Montchrétien" in his *Surveys, Historic and Economic*. London: Longmans, 1900, pp. 263f. Also Hutchison, pp. 263f.
93. See J.-C. Perrot, *Une histoire intellectuelle de l'économie politique*. Paris, France: EHESS, 1992, pp. 64ff.; Keohane, pp. 163ff.
94. De Montchrétien, *Traicté de l'oeconomie politique*, p. 161.
95. De Montchrétien, p. 165.
96. De Montchrétien, p. 241.
97. Cole, I, p. 115.
98. De Montchrétien, p. 23.
99. See Cole, I, p. 146 n. 6. 科尔指出，他此处用了与博丹几乎相同的词语。
100. De Montchrétien, p. 240.
101. De Montchrétien, p. 240.
102. De Montchrétien, p. 65. See Perrot, pp. 64ff. 帕尼奇主要对蒙特克里因的诗作感兴趣, see N. Panichi, *Antoine de Montchrétien. Il Circola dello stato*. Milan, Italy: Guerine, 1989. See also Keohane, *Philosophy and the State in France*, pp. 163ff.
103. Hutchison, p. 88.
104. M. Isenmann, "War Colbert ein merkantilist?" In M. Isenmann (hg.), *Merkantilismus. Wiederaufnahme einer Debatte*. Stuttgart, Germany:

Franz Steiner Verlag, 2014.

105. 有关黎塞留, see H. Hauser, *La Pensée et l'action économiques du Cardinal Richelieu*. Paris, France: Presses Universitaires de France, 1944. See also Cole, I, ch. 1, etc.
106. More of this in S. Reinert, *Translating Empire*, ch. 3.
107. *Economistes Financiers du dix-huitième siècle*. Geneva, Switzerland: Slatkine Reprints, 1971, pp. 781ff.; J. Bouzinac, "Les Doctrines Economiques au XVIIIme siècle. Jean-François Melon". Diss., Université de Toulouse, 1906, pp. 27ff.
108. M. Dutot, *Reflexions Politiques sur Les Finances et Le commerce* [1738]. Reprinted in *Economistes financiers du dix-huitième siècle*. Geneva, Switzerland: Slatkine Reprints, 1971, p. 902.
109. J.-F. Melon, *Essai politique sur le commerce* [1734]. Reprinted in *Economistes financiers du dix-huitième siècle*, p. 669.
110. Melon, p. 703.
111. Melon, p. 707.
112. 熊彼特不接受这一点, see Schumpeter, *A History of Economic Analysis*, p. 293.
113. Hutchison, p. 100ff.; G. Faccarello, *Aux origines de l'économie politique libérale: Pierre de Boisguilbert*. Paris, France: éditions anthropos, 1986, e. g., pp. 35ff., 113ff. See also T. Horne, *The Social Thought of Bernard Mandeville: Virtue and Commerce in Early Eighteenth-century England*. London: Macmillan, 1978.
114. K. Marx, *A Contribution to the Critique of Political Economy* (1959). Chicago, IL: Charles H. Kerr & Company, 1913, pp. 54f.
115. *Palgrave's Dictionary of Political Economy*: Cameralism. Also See Lars Magnusson, "Is mercantilism a useful concept still?" In Moritz Isenmann (hg.), *Merkantilismus. Wiederaufnahme einer Debatte*. Stuttgart: Franz Steiner Verlag, 2014.
116. W. Roscher, *Geschichte der National-Oekonomik in Deutschland*. Munich, Germany: R. Oldenbourg, 1874, pp. 219f.
117. Schmoller, p. 76.
118. 有关"官房学派"的总体论述, see A. Small, *The Cameralists.*

Chicago, IL: University of Chicago Press, 1909; E. Dittrich, *Die deutschen und österreichischen Kameralisten*. Darmstadt, Germany: Wissenschaftliche Buchgesellschaft, 1974; K. Zielenziger, *Die alten deutschen Kameralisten*. Jena, Germany, 1914; G. Marchet, *Studien über die Entwicklung der Verwaltungslehre in Deutschland*. Munich, Germany, 1885; W. Roscher, *Geschichte der National-Oekonomik in Deutschland*. Munich, Germany: R. Oldenbourg, 1874; K. Tribe, *Governing Economy*. Cambridge, UK: Cambridge University Press, 1988.

119. Small, *The Cameralists*, p. 1f.
120. Small, pp. viii, xiii, 3, 4.
121. Tribe, p. 11.
122. Wakefield, pp. 20f. , 25.
123. 另可参见其他学者,如尼尔森,他坚持要梳理一条从亚里士多德直接延伸至18世纪官房学派的传统,see A. Nielsen, *Die Entstehung der deutschen Kameralwissenschaft im 17 Jahrhunderts* [1911]. Frankfurt am Main, Germany: Verlag Sauer & Auberman, 1966, pp. 63f.
124. Roscher, p. 237f.
125. See J. Bruckner, *Staatswissenschaften, Kameralismus und Naturrecht*. Munich, Germany: Verlag C. H. Beck, 1977, p. 29: "国家的内政安全是对国内王权的保障。"
126. 有关治安概念的讨论, see Bruckner; P. Preu, *Polizeibegriff und Staatszwecklebre*. Göttingen, Germany: Verlag Otto Schwartz & Co., 1983; K. Wolzendorff, *Der Poliziegedanke der modernen Staats* [1918]. Aalen, Germany: Scientia Verlag, 1964.
127. Wolzendorff, p. 14.
128. A. Tautscher, *Geschichte der deutschen Finanzwissenschaft bis zum Ausgang des 18. Jh*. In *Handbuch des Finanzwissenschaft* (hrsg von W. Gerloff u F. Neumark). Tübingen, Germany, 1952, p. 411.
129. 完整题目是: *Johann Heinrich Gottlobs von Justi Staatswirtschaft, oder systematische Abhandung aller Oekonomischen und Cameral-Wissenschaften, die zur Regierung eines Landes erfordert werden*. Leipzig, Germany, 1755. See E. Nokkala, *The Political Thought of*

J. H. G. von Justi. Leiden, The Netherlands: Brill forthcoming.

130. Cited from Small, *The Cameralists*, p. 330.
131. See Dittrich, *Die Deutschen und Österriechischen Kameralisten*, p. 105.
132. J. von Sonnenfels, *Grundsätze der Policey-, Handlung- und Finanz* [1765], 5th ed., 1787, vol. I, preface.
133. On Galiani, see above, p. 66.
134. Schumpeter, pp. 178ff.; Hutchison, pp. 298f.
135. 有关此二位的作品, see Hutchison, pp. 17f, 254ff. 达万萨蒂在1588年货币策论中强调"经济的本质特点扎根于相互关联"(p. 17),以及价格和价值的主观根源。蒙特纳里(1633—1687年)大致追随了这一传统,在他看来,"货币等于是欲望的标尺……。物以稀为贵,货因多而贱……这种变化不是绝对的,而是相对于人类的需要、欲望、价值判断。"(pp. 254f)
136. O. Langholm, *Price and Value in the Aristotelian Tradition*. Bergen, Norway: Universitetsforlaget, 1979, p. 144.
137. Cited from Hutchison, p. 299.
138. Roscher, *Geschichte der National-Oekonomik in Deutschland*, pp. 183ff.
139. See Roscher, pp. 187ff.
140. Roscher, pp. 190ff.
141. T. Simon, "Merkantilismus und Kameralismus. Zur Tragfähigkeit der Merkantilismus Begriffs und serner Abgrenzung zum seutschen Kamerlismus". In M. Isenmann, *Merkantilismus*, pp. 69, 77f. 西蒙区分了英国"面向贸易的重商主义"与德国"面向生产的重商主义",这里肯定也应包括塞拉、蒙特克里因以及西班牙人。
142. Roscher, pp. 219ff., 236f.
143. Roscher, pp. 219ff.
144. Roscher, p. 289.
145. 有关泽肯多夫, see Roscher, pp. 238ff.; Small, pp. 60ff.
146. Small, p. 69.
147. Small, p. 69.
148. Roscher, p. 241.
149. 泽肯多夫明确论及"民众福利",见于其第二册:*Der Christen Staat* [1685]。有关这一论述, see Roscher, p. 242. 不过,泽肯多夫在《德意志公国》第二册第八章中也讨论了福利问题。

150. 有关这一著作的较长描述，see Small, pp. 63ff.
151. Roscher, p. 247.
152. Roscher, p. 248.
153. Roscher, pp. 270f.
154. 有关贝歇尔，see especially L. Sommer, "Die Österreichischen Kameralisten, II" (Diss.). Vienna, Austria, 1925, pp. 1-78; H. Hassinger, "J. J. Becher, 1635-82. Ein Beitrag zur Geschichte der Merkantilismus" (Diss.). Vienna, Austria, 1951; Roscher, pp. 270ff.; Small. pp. 107ff.; Dittrich, pp. 58ff.
155. J. J. Becher, *Politische Discurs von den eigentlichen Ursachen des Auf-und Abnehmens des Städe, Länder und Republicken...* Frankfurt, 1668, p. 50.
156. J. J. Becher, p. 44. 我在这里使用了斯莫尔的译文，Small, p. 113.
157. Becher, p. 77. 译文来自斯莫尔，Small, p. 114.
158. Becher, p. 2："Je volckreicher ein Stadt ist, je mächtiger ist sie auch".
159. 有关瑞典，see L. Magnusson, "Mercantilism and reform mercantilism: the rise of economic discourse in Sweden during the eighteenth century". *History of Political Economy*, vol. XIX: 3 (1987). 有关丹麦，see for example K. G.-E. Oxenboell, *Studier i dansk merkantilisme*. Copenhagen, Dennmark: Akademisk Forlag, 1983.
160. Cited from Becher's *Psychosophia oder Seelenweisheit* (1707) by Roscher, p. 278.
161. Roscher, p. 278.
162. Becher, *Politische Discurs*, p. 25.
163. Roscher, pp. 277f.
164. Roscher, pp. 275f.
165. Becher, *Politische Discurs*, p. 2.
166. Roscher, p. 276.
167. See for example Dittrich, p. 58.
168. Roscher, p. 289.
169. 有关霍尔尼克，see Sommer, II, pp. 124ff.; Roscher, pp. 287ff.; K. Zielenziger, "P. W. von Hörnigk". In *Encyclopedia of the Social*

Sciences. New York: Macmillan, 1951; Dittrich, pp. 66ff. and most recent E. Reinert, *How Rich Countries Got Rich...and Why Poor Countries Stay Poor*. London & Constable, 2007, pp. 95f., 313f.
170. P. W. von Hörnigk, *Oesterreich über alles wann es nur will* [1684]. Leipzig, Germany, 1707.
171. von Hörnigk, p. 25.
172. von Hörnigk, p. 32.
173. von Hörnigk, pp. 70, 222.
174. von Hörnigk, pp. 33ff.
175. Roscher, p. 292.
176. 有关施罗德, see Sommer, II, pp. 79ff.; Small, pp. 135ff.; Marchet; Zielenziger, pp. 33ff.; Dittrich, pp. 62ff.; Roscher, pp. 294ff.
177. Roscher, p. 294.
178. Roscher, p. 294.
179. W. F. von Schröder, *Furstliche Schatz- und Rent-Cammer...*, 1686, ch. 1.
180. Roscher, p. 295.
181. von Schröder, ch. xxix, p. 3.
182. von Schröder, ch. xvii, p. 11.
183. von Schröder, ch. xlii.
184. 因此,迪特里希的总结性陈词看来与原有记录差距很大(E. Dittrich, p. 124)。
185. 有关人口问题, see C. E. Stangeland, *Pre-Malthusian Doctrines of Population* [1904]. New York: Augustus M. Kelley, 1966, pp. 187ff.

第四章　对外贸易顺差

自亚当·斯密以来,人们惯于强调,对外贸易顺差概念在重商主义特定话语的形成中起了关键作用。按斯密的看法,贸易顺差论不管作为思想体系还是实践体系,都构成了重商主义的理论核心。这样的立场是站不住脚的,原因有四。其一,下文中可见,所谓贸易顺差论在诸多作者那里可谓言人人殊。其二,在欧洲不同地区,这套学说的具体形式和应用场景各有千秋,大家的解读不可能一致。其三,这套学说的重点和语言也因时而变,至少在英国是这样,17世纪末,它已演变为"劳动顺差论"或"外国付酬论",跟原有说法已然有别。其四,据称这套学说相信,货币或金银盈余才是国家富强之关键,仔细阅读却知,当年相关文献难以坐实这个说法。

本书一直在强调,重商主义其实就是近代欧洲的一系列话语,其核心在于强调,商贸活动对争取财富与实力至关重要。若以此而论,则必须承认,贸易顺差论确为重商主义的重中之重。那么,贸易顺差能否成为一个恰当的象征,用于描述其时以商为重的经济运行呢?布鲁诺·苏维冉塔早就提出,顺差观念是"有助于思考"的东西,毕竟它聚焦于对外商贸活动给国家经济发展带来的促进作用。[1] 本书的观点是,贸易顺差的意义尚不止于此。17世纪和18世纪的经济作者们通过重点关注贸易顺差,也在力图求解:经济是如何运行的?一国如何才能实现富裕?就此而言,这一术语固然跟实际的历史进程紧密相连,但它同时也跟经济学的话语成长过程密切相关,以下章节中可见,这套经济学话语超越了贸易顺差论本身。

促进财富的创造

1930 年,瓦伊纳发表了那篇影响甚广的论作,涉及斯密之前的贸易理论,他在论文中支持斯密的基本命题,也认为重商主义者的主要谬误在于把货币或金银与财富混为一谈。为用事实佐证该论点,瓦伊纳列举了一批重商主义作者,如马利内、米塞尔登、孟、科克、福尔特雷、雷内尔、波勒克斯芬等,他认为这些作者都曾掉到了那个迷恋金银的陷阱中。[2] 瓦伊纳承认,主要是那些"极端的"重商主义者犯下了错把金银当财富的谬误,但他仍然表示,重商主义学说本质上"膜拜贵金属,视之为国家财富的唯一内容"。[3]

然而,不少人对瓦伊纳的解读提出挑战。[4] 比如,苏维冉塔在瓦伊纳之前就明确指出:"没有理由可让我们假定,无比偏激的重商主义者陷入了那种幻觉……须知,点金术那个寓言本身就足以预防这种荒谬。"[5] 在这个问题上,赫克歇尔采取的是中间立场,一方面,他说重商主义者没有"荒谬"到提出"货币之外不存在经济价值";但另一方面,他又自相矛盾地宣称,重商主义者相信,"货币与财富是同一回事或非常类似"。[6]

为扫除这一问题周围的迷雾,我们首先必须承认,大多数经济作者特别是 1620—1690 年间的作者确曾相信,货币或金银的净流入具有**独到**的好处,可以增加一国的财富。但正如熊彼特所言,完全没有任何迹象可表明,那些人"把货币跟货币能买到的东西混为一谈"。[7] 就此而言,瓦伊纳给出的引证根本不是确凿证据,大多数无非是断章取义,原本含义往往跟瓦伊纳所言大相径庭。[8]

熊彼特曾强调,这一时期大多数作者"对财富的定义……跟我们所下的定义差不太多"。[9] 完全可以断言,那些人大多同意达维南特的格言:

> 金银确为贸易的标尺,但在所有国家,源泉和基础都是国内自然与人造的产出,也即大地之所生或者勤劳之所得。[10]

进言之,他们应该也会同意达维南特这一说法:"改善土壤和物质状态的劳动与技艺更是国民的真正财富,甚于对金银矿产的占有。"[11]

我们不乏更多例证,如坦普尔就相信,财富的基础"总体上在于民众的节俭和勤劳"。[12] 福尔特雷认为,"英国的利益与进步主要依靠物资和贸易的增长"。[13] 巴贡指出,国富在于民富,而国民致富之道无非是"勤劳、技艺、贸易"。他还说:

> 借助勤劳和技艺,矿藏可从地下开采并变成有用之物,土地也可变得更加肥沃多产……如此物质增长中的利润可偿付民众的时间、技艺、勤劳,从而让国民致富。[14]

此外,在18世纪初,《关于东印度贸易的思考》那位著名作者(马丁?[15])直言:"金银是次要的、从属的,布匹衣着及其他制品才是真正主要的财富。"[16] 在这方面,伍德也补充道:

> 任何人都容易在自然状态下或发生事故时陷于困境,但他通过勤奋劳动,可获得日用必需之外**更多**的东西。一个人能在多大程度上靠扎实勤劳而**超越**糊口必需的水平,他就能在多大程度上发家致富。[17]

然而,假如以为,这种"反重金主义"的观点仅见于较晚时期,则大谬不然。孟在1621年第一篇策论中即表达过类似意思,他指出:"每个王国或国民社会的财富,体现于拥有体面生活所需的那些东西。"[18] 在《英国得自对外贸易的财富》中,孟又说:

> 试问有哪个强国还能享有更大的荣耀和利益,像我们这样绰绰有余并得天独厚地拥有一切,可供应粮食、衣着等战争与和平时期之所需,不但充分满足本国需求,还可以供应别国使用,从而每年获得大量现金,使幸福达到无以复加的程度?[19]

当年还有个名叫彼得·张伯伦的医生,今人皆知,他曾抨击伦敦助产士据称的无知。这位医生在1649年《为穷人呼吁》的册子中阐述了个人的意见:"所有国家的富强均有赖于穷人,因为他们做着一切伟大而必要的工作,构成了军队的主体和力量。"这种看法毫无疑问也为当时多数人所认同。[20]

我们由此可放心地下结论,把货币与财富混为一谈的"谬误"看来完全没有出现在重商主义的主流文献中,甚至未见于前文提及的《虚弱的英国》(1680年)。说来连熊彼特都误判了《虚弱的英国》,他虽然知道重商主义并未混淆货币与财富,但仍以为这本书是例外,他给出的解释是,该书作者"素质不高",况且任何"思想派别"都可能偶尔产生"怪念头"。[21] 可是,《虚弱的英国》之作者(佩蒂特?)本已有言在先,他只探讨"由外贸"带来的"国家盈利",显然,他闭口不谈其他形式的国家收益,不等于他没有意识到财富也可体现为货币和金银以外的其他东西。[22] 虽然他坚信"贫穷就是缺乏钱财",但他其实同时强调,只有"人民的勤劳"才能增加钱财。他说过:"人民乃最主要、最根本、最宝贵之物,林林总总的制成品、航运、征服、领地无不从中而来。"[23]

其时的经济作者一般谈论两种形式的国家"财富":"自然"财富和"人造"财富。例如,孟以典型的方式说道:自然财富"从土地上产出",人造财富则"依靠民众的勤劳"。[24] 罗伯茨称:"一地或一国的财富"包括了"自然"的和"人造"的产品,以及"借由商贸交往而对两类产品进行有利的使用与分配"。在"自然产品"项下,他指的是"自然天赋的原生物品或地里劳作之产出",至于一国的"人造产品",他特指"万物加工后的制成品"。[25]

对财富概念的上述区分,其他很多作者在涉及类似话题时基本上也同样遵循。[26] 这一区分除了表明他们**并未**将货币视为财富的唯一形式外,还有另一层重要意义。尽管重商主义作者把贸易和工业放在首位,但他们没有全然忽略"自然"财富的重要性,相反,有几位提到,管理得当的农业对财富与贸易的增长至为关键。从这个角度看,一般把重商主义描绘为完全轻视农业、并因此与后来重农学派的"重农体系"截然对立,实际上传达了错误的信息。例如,罗伯茨在其《商贸的财富》(1641年)中连续好几页,专门论述如何才能提升王国的自然财富,其中就包括农业。在罗伯茨看来,虽然"大地的财富"实乃"世界一切财富与富裕之源头活水",可人们往往漠然处之,为此,地主和农民必须

> 花大力气,通过勤劳耕作和精心改良,增加现有农地田园的收成,或者通过开荒施肥、排干沼泽等手段,去实现农业进步并发家致富……[27]

通常被视为典型重商主义者的波斯特韦特,50年后在此问题上写得更加明白:

> 大地产出了商业交往中的每样必需品,它们对人类的生存和便利不可或缺。有鉴于此,越是能够改良我们的大片土

地,就越能更好地大量种植作物,民众从土地中的收成也越是丰沛。[28]

可见,对大多数作者而言,"财富"还是包含了能满足我们"外在幸福"的物质用品,[29] 这些物品要靠勤劳和技艺来创造并增益。在此之外,货币被视为储存价值的一种财富形式,如配第所谓"本王国的一般财富,也即其货币"。[30]

事实上,经济作者们经常把货币或金银指称为"钱财",[31] 有时他们也会谈论"货币积蓄"[32] 或"国家钱财积累"。[33] 在刊物《英国商人》中可还发现一个罕见例子,那里用了"金银资本积存"这一概念。[34] 另外,在说到货币或金银时,人们也会用"钱财"概念,有时则就用"财富"概念,例如,在孟、卡里、波勒克斯芬、戴克那里,显然就是这样。[35]

不过,他们谅必也会把创造"外在幸福"的其他东西称为"财富",某些人在这方面说得十分清楚。例如,蔡尔德、达维南特、坦普尔、伍德、巴贡,当然还有诺思和休谟,都让"财富"或"钱财"包含了比货币或金银更多的东西。[36] 此外,巴贡干脆警告,不要误"以为……金银是唯一的财富"。[37] 蔡尔德也意识到,货币本身不是财富,只是"金银被认为可用来计量财富"。[38]

因此,"财富"和"钱财"概念可互换使用,用来指称货币及其他东西。有时,某一作者会在同一文本中同时使用几个概念,如孟在《贸易论》(1621 年)中称"财富"为"现钱",隔一会儿又会说:"每个王国或国民社会的钱财或财富,体现于拥有体面生活所需的那些东西。"[39] 最后,"积存"这个词有时也会用到,用以指称"货币积存"这个意思,不过,多数作者在使用"积存"一词时,会指称某种更加具体的东西。由于这个用法对于充分理解贸易差额论颇为关键,下文会再予讨论。

诸如此类的定义,在寻求重商主义学说连贯一致性的解读者那里,造成了不小的混乱。首先,当试图把17世纪的用语翻译成我们当下的语汇时,必须关注所出现的"语言"问题。萨利姆·拉希德指出,"财富"和"钱财"之类概念曾经的含义与今日稍有出入。实际上,"财富"与"实力"之类概念也常一起使用,同样不免造成混乱。波斯特韦特甚至说,货币是"商业和战争的力量源泉"。[40] 还有,诺思那个激进的"托利党自由贸易分子",既会把"财富"定义为"富足",还会把它定义为"茂盛"和"丰美"。[41] 于此不难看出,日后在经济学理论框架中获得特定含义的术语,在19世纪前依然包含了许多"非经济学"内涵。显然,独立经济学科这样的系统框架其时尚未出现,所以,该时期的经济作者往往使用一些含义高度模糊的词语和概念,如此一来,岂能以其昏昏使人昭昭?

其次,这种模糊性或也酿成了熊彼特强调的那种分析上的问题,这些问题始终缠绕着18世纪前的经济问题讨论。[42] 瓦伊纳讲得对,分析性"错误"在任何时代都是思想史的一部分,肯定不能只用某个经济环境,或者某个阶段的特定逻辑或所谓"思想风尚"去解释了之。[43] 这样的"错误"也必须跟特定的理论框架和思想框架联系起来考察。以下可见,17世纪初英国开始的讨论开启了一个进程,新的概念和分析工具随之成长起来,人们利用那些新的概念和分析工具去理解财富的创造、生产与需求的关系、交换与贸易差额的关系。作为此类思想进程的最终结果,"积存"、"财富"等概念会日益获得其在某一理论框架中的确切内涵。但在定型之前,作者们笔下的概念难免模糊含混,原因主要是还缺乏特定的理论坐标。

因此,要确定这一时期有关作者笔下的"积存"概念究竟指什么,就如同正确解读"钱财"或"财富"概念一样并非易事。"积存"

一词在不同作者那里显然含义各异,某些人将"积存"定义为某种货币形式的资本,其他人的定义则比较宽泛,类似于今人指称的"国民产出"或"国内生产总值"。让情况更混乱的是,比如达维南特曾说过,"财富积存"意指"年收入超过花费"时"产生的结余",即国民产出的增长。[44] 显然,达维南特及其他许多作者尚难以清晰区分存量概念与流量概念,之所以围绕如何理解"财富"和"钱财"发生混乱,一个重要原因无疑就在这里。有时候,这些概念被用来指称货币或国民收入的增长(此乃流量),而其他时候,它们又被用来指称货币或国民收入的"积存"(此乃存量)。

另外,如同"积存"一样,"国家收益"这一概念有时指的是由贸易顺差带来的货币流入,有时则指因制成品的增值出口而获得的国民收入增益。例如,乔舒亚·吉18世纪初的论述真切地表明,诸多重商主义作者难以把握国民收支这一现象,也难以作出恰当的理论分析。吉在书中提出了多项主张,阐述如何让国家盈利以"每年数十万英镑"的幅度增长。首先,他相信,国家通过进口替代可增收40万英镑。例如,英国人不应该穿戴法国的毛纺织品"及其他法国制品",而应当鼓励生产并使用本国加工的"精细网织品、天鹅绒,以及金银制品"。其次,他解释说,改用从印度进口的"平纹细布及其他精细制品",不再从法国进口同类产品,如此可节省20万英镑。再次,吉相信,从种植园即英国北美殖民地那里进口大麻和亚麻纤维,也可节省30万英镑。[45]

吉至此所称的收益都与金银的节省有关,从标准的贸易顺差角度看,这些节省乃天经地义,他有关促进金银流入的上述建议在书中占了不少篇幅。然而,在其计算中,他也提到了自认为应当争取、对国家有益的另一种利润。他建议,英国应当"管控与殖民地的贸易……强制驶往葡萄牙等地的一切船只必须到港英国,从而把货币留在英国",据此可增收 40 万英镑。他似乎认为,凭借这一管控指令,母国的收入和**需求**可得到同等幅度的提高。最后,他计算,"通过向英格兰北部、苏格兰和爱尔兰提供来自我们殖民地的大量大麻和亚麻,能让目前形同失业的 100 万人得到就业,可使每人每天赚得一便士,按一年 300 个工作日计算",如此可为英国增收 125 万英镑。[46]

吉这一例子充分反映了 18 世纪初的作者在讨论国民收入和财富时,尚无法摆脱某些分析性和理论性困境。例如,吉所谓就业和需求方面的"收益",应该如何与所谓进口替代产生的金银节省或收益整合起来,从而构成国家的年度盈利,等等,其中细节并不容易索解。[47]

* * *

下一章中可见,在英国 1620 年后围绕贸易危机展开的讨论中,贸易顺差的概念是如何开始得到使用的。根据苏维冉塔的说法,让这一概念"呼之欲出"的首位作者是伦敦造币厂的官员理查德·艾尔斯伯里,时在 1381 年。但他仅从反面警告了贸易逆差问题,称"必须确定,进入本国的外国商品的价值,不应该大于离开本国的国产商品的价值"。[48] 将近 200 年后,名作《论英格兰王国的福利》(1581 年)的匿名作者(可能是史密斯,参见下一章),提出了一模一样的建议:"我们向外国人所购买不应多于我们向其所销售。"[49] 最早印在纸上的"贸易顺差"一词出现于马利内、米塞尔登、孟争论时的小册子。之前,在莱昂内尔·克兰菲尔德领导的小组中,很可能讨论时已用到该词语。[50] 此外,他 1615 年 5 月 21 日提交的一份报告,即以"贸易顺差"为题目。[51] 另外,弗朗西斯·培根次年在《敬告乔治·维里埃斯爵士(白金汉公爵)》那份报告中也用过这一概念,首次铅印成字则是在他第三版《论说文集》(1625 年)

中。⁵² 到那时,该术语经由小册子争论双方各自的定义,已成为一个大家热议的概念(参见下一章)。

贸易顺差概念以后经久而不衰,在整个 17 世纪余下岁月,直到 18 世纪中叶,英国涉及贸易、商业、富强等问题的经济文献仍长期聚焦于这一概念,人们用它表达对贸易逆差的恐惧,并列数贸易"出超"的好处(当时文献中"出超"一词比"顺差"用得更多)。例如,1641 年有本小册子就表达了当时的正统观点:

> 本王国土地的买卖价格或升或降,纯由我们外贸出超或入超后的盈亏决定,不由其他款项决定。换言之,当我们每年进口并消费的外国货值小于我们出口的国产货值时,二者的差额便肯定会流入,从而让我们拥有大量的钱财。⁵³

100 多年后,波斯特韦特仍用最简明的形式解释了这个词语:"某一时间段内出口与进口相抵之差额,被称为贸易差额,超出即为顺差。"⁵⁴ 人们不免要问,为何这一术语如此经久不衰,仅仅因为它"有助于思考"吗?以此为背景,我拟论述世人为解读"贸易顺差"概念所作的相应尝试,从中可见,这些尝试的意义大小不一,但莫不关联本书主题。

国王库存的货币

可以明确断言,只有很少一部分英国作者毫不掩饰地主张,有必要聚敛贵金属,以使国王或官家拥有流动金融储备。瓦伊纳就说,当时的文献几乎完全没有谈及国王的钱财问题,可见,人们极少把促进国王发家致富当作奉行贸易顺差论的理由。⁵⁵ 不过,孟似乎是个显著例外,至少在《英国得自对外贸易的财富》中,他认为贸易顺差将"使国王能从岁入中积蓄更多钱财"。[56] 可是,他接着又说:"顺差带来的主要好处,还是'王国积存'的增长。"孟并且提出,国王不该向臣民过度征税,至少不能超过贸易顺差允许的程度,国王"必须以外贸收益作为财富积累的准绳"。[57] 孟的意思明白无误,统治者对自己的钱财必须持节俭态度,假如超过国家收益幅度而征税,"他就不单在剪羊毛,更是在羊身上吸血"。[58] 这种观点,即税收增长应限定在国民收入的实际增幅内,无论如何都不能用来证明,孟追求贸易顺差是为了增加国王的钱财。如果一国的积累经由贸易顺差而得以扩大,国王固然也有利可图,但他不是主要赢家。

贸易顺差应当用来增加国王钱财这一观点,除见于瓦伊纳提到的一小部分作者外,[59] 也见于《虚弱的英国》(1680年)。该书作者陈言,财富的增加有助于国王"积累强大的物资储备",建起"一支强大的舰队"。他充满羡慕地看到,法国君主因为这一切而能经受"一场与近20个大小邦国交手的战争"。[60] 这里的观点一清二楚,为了战争目的,尤其需要积累巨额财富,"国家财富如能大大增加,那就能更持久地支撑战争开支"。[61]

该时期欧洲其他诸多作者基本上都认同这一观点,众所周知,在为权力与影响而激烈竞争的这一时期,富裕与实力密切相连。例如,那个流传甚广的说法,即货币或贸易乃"战争的力量源泉",[62] 肯定表达了这一倾向。及至1757年,波斯特韦特表达的意思仍然是,货币乃"商业**和**战争的力量源泉"。[63] 不过,增加国王钱财,仅仅是贸易有助于支撑国家实力与战争的一个方面而已,此外,庞大的贸易也有助于扩大国家的海军力量,并能增加必需品的输入。据《虚弱的英国》作者的看法,贸易与钱财的增加也会提供"运载工具",从而"把敢闯敢拼、身强体壮、精明能干的国民投送到对外征战中"。⁶⁴ 借助贸易顺差,一国可以繁荣,人口能够增长;经由对外商业,收入可望提高,就业得以扩大。但甚少有人赤裸裸地说,国王钱财的增加才是贸易顺差的主要目标。事实上,威廉·波特 1650 年明确主张,应当让货币用起来,令其"循环",而不是当作敛财手段库存起来。波特说过:"在任何国家,货币的增殖在于通过自身循环,给国民带来各种商品。……国民对其他物品的占有,很快会超过货币积存的幅度。"波特反对统治者为了打仗或其他目的而囤积货币,仅供自己使用。⁶⁵

通货膨胀的好处

另有观点认为,重商主义作者支持贸易顺差论,是因为他们认为价格高企能构成某种优势。⁶⁶ 这种观点的理论基础应该是休谟等人 18 世纪中叶才提出的所谓"铸币流动机制",因为该理论预言,贸易盈余会导致盈余方国内价格上涨。⁶⁷ 但瓦伊纳注意到:"英国重商主义者中,很少有赞成高价的通胀主义者。"⁶⁸ 事实上,大多数重商主义者明确反对物价上涨,理由是,高物价将导致海外需求的下降及出口份额的缩小。可见,大多数重商主义作者对价格弹性规律是有认识的。例如,1623 年,米塞尔登在批驳马利内时,就放弃了自己原先的通胀主义立场,转而正告,英国呢绒的价格不能定得太高(参见第六章)。他明言,所谓"荷兰人离开英国呢绒就活不下去"的论点,"纯属无稽之谈"。⁶⁹ 同样的提醒在重商主义文献中屡见不鲜。例如,孟就认为,"我们必须尽量薄利多销",定价过高会"减少销量"。⁷⁰ 达维南特建议,英国的毛纺织品应当"实现低价生产",这样才能"让我们掌控海外市场"。⁷¹ 范德林特、戴克、洛克等其他作者也强调,物价低廉对英国有利。⁷² 洛克还专从理论上探讨了不同商品具有的不同弹性：

> 物品的价值，无论是必需品还是奢侈品，都随着供应量的或增或减而表现为货价相应幅度的或降或升。唯一区别是，生活中的绝对**必需品**不管价格怎样，人们总归要购买，至于**奢侈品**，人们则要视其相对于其他奢侈品的偏好程度而出价购买。[73]

确实难以找出在原则上不同意这一观点的作者。当然，马利内及其追随者有心倡导贸易条件的改善，所以一定程度上可被视为通胀主义者。按照他们的观点，一国内部更多的货币将导致更高的出口价格、更好的贸易条件、更有利的兑换率。[74] 同样，米塞尔登在其第一本册子中（那里仍可清楚看到马利内等货币主义者的影响），强调说："宁愿王国内因货币充裕而价格高昂，也不要因货币紧缺而价格低迷，终究钱多好办事。"[75] 不过，在米塞尔登这里，他赞成高物价时，并没有直接讨论高物价对海外需求的影响，故而并不清楚，他是否思考过价格水平与外国需求之间的关系，也许他只是因故忘了把这两个变量联系起来。不论何故，其他作者也忽视了二者间的关联性。例如，福尔特雷仅满足于说："致富的唯一方法，就是要有大量的商品可销售，并使其总值在海外最大化。"在这一段中，他似乎没有考虑到，只有当海外需求不存在弹性时，才能一味采用"贵卖贱买"的手法。[76]

恐怕不少人已注意到，许多作者坚持某种形式的贸易顺差论，同时却倡导低价格，这不免自相矛盾。何况，多数重商主义者了解价格与货币量的关系，直接引述过博丹的论点，也认识到货币供应量放大会引发国内价格的上扬。[77] 西班牙从殖民地输入大量贵金属，由此造成价格上涨，这在 16 世纪的作者那里已有阐述。前文提及的《论英格兰王国的福利》(1581年)便论及货币:"正是流入贵金属的多寡决定着价格的高低。"[78] 此外,孟1620年代写道:"人皆认同,王国内货币的充裕会让本国商品价格昂贵。"[79] 半个世纪后,《虚弱的英国》之作者也说:"国内商品价格……与国内钱财量自成比例,会随钱财的增减而升降。"[80] 最后,在货币数量理论的坚定支持者洛克看来,货币与贸易之间存在某种"比例关系",他提出如果抽走一半的货币存量,定会引发"本国商品售价减半"。[81]

由此清楚可见,17世纪英国经济策论的许多作者承认,货币量与国内价格水平之间存在相关性,同时他们又支持低价格。问题却随之而来,既然如此,他们怎么还能强调有必要向国内输入更多金银呢?

货币作为流动资产

麦克斯·比尔在《早期英国经济学》一书中特别强调,贸易顺差论背后的合理考虑,就是所谓对更多流通货币的需求。他说:"对贸易顺差的争夺就是对流动资产的争夺。"[82] 因此,贸易顺差论本质上反映了当时经济的一个要害问题,即英国由于没有自己的金银矿藏,只能依靠外贸净盈余去获取金银。按照这一思路,假如进出口商品价值完全持平,那就无法得到金银;反之,为了取得贵金属,那就必须保证出口量要大于进口量。[83]

这方面常见的另一观点是,经济中货币流通量的增长**本身**会刺激贸易和工业活动。宽松的流通量对贸易的必要性如同血液之于生命体,这种比方在那时的文献中比比皆是,下文再予论述。[84] 据称,只有当国内货币充裕时,才可能实现贸易繁荣。这种推断至少在培根《论说文集》那里得到了呼应,培根在该书《论叛乱与骚动》篇中写道:"货币如同粪土,播撒到地里才有意义。"[85] 近150年后,波斯特韦特虽然没有讲得那么形象,但也表达过同样的意思,他说:"毫无疑问,国内货币流通起来才能让一国更多人得到舒适生活之所需。"[86]

有鉴于此,争取更多金银成了一个高度可取的目标,这种观点的典型阐述者就是小册子《英国与东印度制成品的不对称》之作者,此人写道:

> 有人指出,金银是唯一的或至少是最有用、最值得被称作国家钱财的东西,对商贸活动的开展至为必要,什么时候金银供应中断,什么时候大部分贸易估计也会中断。可以肯定,以货易货无法满足需求,因为它不可能取得快速的发展;同样,靠赊账也无法保障供应,因为赊账归根到底也还要靠货币去还账或担保。[87]

这个时期的许多人肯定同意戴克的格言:"但凡货币紧缺,贸易必然萎缩";[88] 也定会同意洛克的观点:"货币与贸易有必要构成某种比例关系。"[89] 然而在现实中,尚难以找到具体依据来证明,更多的货币**本身**会让贸易加速。以此观之,比尔认为贸易顺差论背后有着追求流动性的冲动,这一观点似乎得不到实证支持。事实上,假如认为对流动资产的需求举足轻重,舍此简直无法有力地维护贸易顺差论,那么,有关作者理应沿着这个思路去作更确切的阐述,可实际上他们却没有这样做。以洛克为例,他就十分关注更快的货币**流通**速度,大大超过了对扩大货币流通量的关注。他曾明言,只要流通加速,一国凭借较少的货币存量也可维持。[90] 更有甚者,针对贸易必然需要较多流动货币这一说法,孟更早以前似乎即持怀疑态度。他在《英国得自对外贸易的财富》中指出:

有种说法也不对,别以为货币就是贸易的生命,好像缺了货币贸易便无法生存。我们知道,当世界上仅有少量货币流通的时候,即已存在以货易货的大规模贸易。[91]

再比如,配第说得很明白,一国可能出现货币太多或太少的情况,打个身体的比方,"货币不过是政治机体的脂肪,脂肪太多往往会影响机体的灵巧,而脂肪太少又容易让机体生病"。[92] 配第接着论道:"维持或减少货币量不像许多人以为的那么重要。"所以,让一国的现金货币翻倍,并不会让财富跟着翻倍,换言之,财富依然如故,哪怕其货币表现已经翻倍。[93]

然而,按当时的看法,获得更多流动货币除了有助于放大货币流通量外,也还有其他若干理由。17世纪有人表示,货币净流入意味着购买力的提升。例如,《虚弱的英国》认为,钱财的增加会让民众口袋里有更多的钱,这使得"卖家"能向"商贩"放出更多货物,而这些商贩依仗"大量货币",也能"为任何适销对路的商品创造更大更快的市场"。[94] 尽管《虚弱的英国》作者不无首创性,但他的论述并非总是清晰和准确,比如,他并未设定,在何种条件下更多的货币会带来更大的需求。不过,现代理论已充分表明,通货膨胀如果不是太猛烈的话,还是能比较有利地提振总需求的。如果上述作者指的就是这个意思,那他的观点也不算离谱。

可是,人们在为贸易顺差论辩护时,更经常使用另一套推论,这另外的理论系由孟提出,古尔德尤其描述了孟提出此论的过程。[95] 孟在《英国得自对外贸易的财富》及1620年代初贸易危机时期撰写的备忘录中,显示出他意识到价格与出口量之间的密切关系,而且,他也认识到金银的涌入会引发物价飞涨。在此背景下,他如何还能为贸易顺差论辩护呢?孟本人则似乎提供了一个充分的答案:

> 大家都承认,货币的充裕会让本国商品更加昂贵……而高价商品会减少自身的使用和消费……。虽然这对于某些大地主是难以忍受的教训,但我相信,这是一个全社会都应重视的切实教训,否则,当我们通过贸易赚到大笔货币后,我们会因为不拿这些货币去搞贸易而再失去它。[96]

诚然,这一段话可以按不同方式加以解读。古尔德认为,孟这句"不拿这些货币去搞贸易……"想要说的是,金银的流入即使造成国内价格水平的上升,也不一定就会造成出口的减少。但在孟看来,要做到这一点,首先要求"应把增加的金银积累用作流动资本,去为数量更大的贸易提供融资支持"。[97] 显然,孟在这里似乎把货币理解为流通资本,这一点下文再说。

然而,也可以换个方式来解读孟的话,新解读方式可能更符合同时期其他人发表的看法。尽管孟可能已经接受了铸币流动机制论的要点,但他似乎**没有**把它当作一个重磅理由来反对贸易顺差论。相反,他似乎相信,若无贸易顺差带来的金银流入,贸易就会停滞,土地价格就会下降,等等,主要原因是,贸易和工业的扩张速度快于货币的增速(此即货币数量理论等式中的 v)。基于这一事实,为保持一定量的贸易,持续稳定的货币增加是必要的,以此而论,货币的增加不会引起价格的上涨。相反,假如货币没有因贸易顺差而增加,价格就会下跌。可以肯定,孟似乎暗示了这种可能性。当然,这一解释框架是否反映了当时普遍的经济状况,那是另一个全然不同的问题。

但值得注意的是,同样的基本观点也出现在 17 世纪其他文献中。例如,在马利内提出了"银行家的花招"之后,赖斯·沃恩的论著首次详细论述了货币现象,他指出,任何时候只要货币量并未随价格上涨而相应增大,便需要注入更多的金银。[98] 像在英国,就曾出现过"货币荒",因为"以货币计价的商品在数量上增长得很快,超过了货币量的增速",这会随之"引发铸币的稀缺"。[99] 这一观点在 18 世纪初也得到范德林特的认同。1729 年,范德林特就英国的现状指出:"国内现金总体上至少有了相当幅度的减少,它们未能随商品数量及其价格的增长而相应增加。"[100] 毫无疑问,正是由于存在这种情况,所以范德林特会倡导贸易顺差论,而同时又认同后人所知的铸币流动机制。[101]

这个道理还以另一种方式得到了表达,当时已提出,假如没有足够的金银铸币来满足货物买卖扩张的需要,汇票也可起到同样的作用。当威尔逊坚持强调贵金属发挥的独特作用时,赫克歇尔提出了批评意见,他指出了汇票的作用,特别提到汇票对波罗的海东岸的贸易发挥过显著作用。[102] 波特在 1650 年的小册子中呼吁增加汇票的使用,这一点也能为汇票曾经的作用提供佐证。波特那本小册子的题目已把意思表达得一清二楚:《贸易商人的法宝:一种安全、简便、快速、有效的手段,可令人难以置信地促进贸易的进步和钱财的倍增,又不必让货币或任何积存脱离自己的掌控;把汇票变成现付手段以取代货币,可不断地在商人手上流转,其货币量等同于票面标示的数量》。[103]

王国积存的增加

赫克歇尔另外一个意见是,当时许多经济作者(他称其为"精明的重商主义者"),把货币当作一个与土地之类相提并论的生产要素。他进而说,这种"混淆"不难理解,因为在市场经济中,资本和信贷总是用货币形式来表现的,此外,还存在特定历史因素问题。赫克歇尔认为,该时期的资本多以流动资本形式而投入,并不是以实际物资存量为形式,因此,多数重商主义者所称的"人造财富"即"积存",如果不是化身为积存的实物,便以货币或信贷的形式而存在。[104]

然而,前已提及,重商主义作者混用货币与实物概念,笼统地使用"积存"、"国家积存"或"王国积存"之类概念。根据大多数作者的意思,只有当生产在实物或价值上超过了消费,实物意义上的"积存"才能得到增加。此外,只有当贸易顺差产生了外汇净流入后,货币意义上的"积存"也才能增长;反之如波斯特韦特所言:"当贸易差额不利于一国时,逆差额便是对资本积存的减损。"[105] 最后,他们把上述两类"盈余"一起视为积累,用以进一步增加一国的"自然"和"人造"财富。[106] 增加财富的前提是,不把金银熔铸成餐盘等用品,那种让金银退出货币流通的行为通常会遭到重商主义作者的谴责。[107]

这里的思路是,货币净流入等于是某种可以积累起来的东西,在成为"流动资本"后可投资于贸易扩张。[108] 这种理念在当时可谓屡见不鲜,而且在此背景下,人们认为应当限制国内对可出口货物的消费。这种想法完全不足为奇,故此,用不着去查找什么特别的心理或心态,称其养成了赫克歇尔所谓"货物恐惧"症。毫无疑问,一国必须节俭然后才能出口,这种原则在重商主义文献中可谓俯拾皆是。早些时候,孟在《英国得自对外贸易的财富》中已定下基调,他强调我们必须尽量输出"我国节省下来或适销海外的一切"。[109]

不过,让我们回到那个被指称的观点,即可以把货币净盈余视为资本。这一观点无疑可见于孟的作品,但在其他地方也有某种提示。孟在 1621 年的小册子中已经强调,东印度货物的再出口带来金银的净流入,会增加"王国的总积存"。他说,金银流入"有助于增加上述积存,并为王国的臣民提供就业"。[110] 另外,他在《英国得自对外贸易的财富》中指出:"只有外贸顺差带给王国的钱财才会留在我们之间,我们也才会因此而致富。"[111] 孟在这里表达的意思是,贸易顺差将为国民提供更多的资本,从而会增加王国的积存。[112] 若跳出这一层意思,就无法理解他著名的反向推论,即假如一国的进口大于出口将会发生什么:

> 就此而论,王国积存所发生的情况如同私人财产所发生的情况。假如某私人每年有1 000英镑的进款,且他的钱柜里有2 000英镑的现金。如果此人由于生活无度**每年花费**1 500英镑,那么他的全部现金将在四年中消耗殆尽。而如果在同一时期他生活节俭,**每年**仅花费500英镑,那么他上述那笔现金将会倍增。[113]

类似的一个反面例子70年后见于洛克的作品。在下面一段话中,显然,只有当我们承认洛克所说的货币指的是某种形式的资本时,其中的论断才说得通。洛克说:"如果像这样的贸易在我们中间被管制并且延续十年,则显而易见,我们数以百万计的货币等到十年结束时,都必然离我们而去并流往他处。"[114]

在此背景下,许多作者自然倾向于相信,更多的以贵金属为形式的货币能够增加王国的积存,能够对富裕的提升起到关键作用。但如前已见,当他们谈及货币源源流入的有益影响时,上述好处还只是一个方面。他们也许更频繁地还提到另一个方面,即更多的货币恰恰是贸易和交易扩张之所需资本。当然,在英国小册子争论1623年爆发前,那不勒斯人塞拉原已提出这方面的理论,他说过,一个缺乏矿藏的国家必须始终保证货物的出超,**而不是货币的**

出超,毕竟国家需要金银的流入。[115] 塞拉在《简论国家获得大量金银的方法》中论述威尼斯为何非常富裕,乃至与那不勒斯形成鲜明对照,称"难点在于争取货币的流入,使之不但足以补充还能显著超过流出量,从而形成货币的充裕,如威尼斯实际存在的那样"。[116] 在英国17世纪的争论中,这个观点并未得到强调。可是,人们不时提到英国缺乏自有矿藏这个事实,另外当然也提到,英国唯有依靠贸易顺差才能得到足够的流动货币,也才能让国内利率维持在较低水平。至于这也可能让货币在通胀中减损其价值,这种担忧确有部分人作过表述,但料想他们没有觉得这种后果的严重性要超过贸易逆差的后果。

由外国支付报酬

无论如何,孟、米塞尔登17世纪初表达的观点,即把贸易顺差定义为贸易出超并带来金银流入,在接下来英国的经济辩论中却日益失去市场。诚然,波斯特韦特这样的人1757年时还在使用这种思路,但与此同时,另一个观点已在逐渐进入世人视野,这就是约翰逊所谓"劳动顺差论"或"外国付酬论"。[117] 据此,所谓外贸"顺差",要害其实就在于制成品跟原料或半成品之间的劳动"顺差"。[118] 制成品增加了就业,让商人、工场主、工人得到了加工收入,为此,应当安排好外贸,确保外国进口我制成品,从而向我方"支付"加工制造环节的工资及利润。此前已见,这本身决不是一个新想法,意大利博特罗等新马基雅维利主义者,还有西班牙和法国的有关人士,在16世纪本已普遍表达过这种看法。然而,在英国,这样的看法明显要到17世纪末才深入人心。例如,伍德1718年才说,"顺差"来自"我们卖出的制成品多于买入的制成品",从中产生对我方的付酬。[118]《英国商人》大致同时在按同样论调改造"旧的"顺差论,也论及"因我们卖出制成品多于买入制成品而向我方支付超出的部分"。据称,"任何一个国家,凡带走我国的制成品并回以要在我国加工的原料,都对我国民众的就业和生活作出了贡献,其贡献额等于我国加工那些原料时发生的成本"。[119]

由此可见,出口包含附加值的产品意味着,外国向出口国支付工资和利润,对英国而言,这样的制成品出口得越多,就能从葡萄牙、西班牙等国获得越多的收入。英国若成为世界工厂,就能雇佣成千上万的工人,其庞大的积存便可借"外国付酬"而得到报偿。因此,只要一国出口的工作量大于进口的工作量,它就能从外贸中获利。[120]

为何人们对这套劳动顺差说感兴趣?这肯定要到特定的政治背景中去找答案。前文已示,英国在17世纪对荷兰,后则愈发对法国,怀有普遍的"贸易猜忌"心理。此外,蔡尔德、达维南特等经济作者在17世纪末力图找到某种竞争战略,借以增强英国打击对手的能力。而且,在1690年代,东印度公司再次惹人注目,特别是有两名策论作者正在对公司提出批评,他们是卡里和波勒克斯芬。这两人是羊毛加工商的利益代表,照其说法,东印度公司向英国输入廉价的印度软棉布,这造成了英国呢绒业的没落。不过,两人的批评立场彼此有所不同。波勒克斯芬似乎满足于重复那套旧的说辞,称东印度公司触发了"危险的"金银净输出。[121] 卡里则用其他的道理来说明其论点,首先,他如许多人一样,表示难以真正核算清楚贸易差额,特别是因为大量贸易是通过汇票而交易的。[122] 可是他进而提出了一个总体原理:

> 我们贸易的基础是我国的产品,还有我们国民的劳动所完成的加工制造。当向海外出口销售时,它们带来了回报,不

仅体现于能让我们生活更舒适更精彩的东西,而且体现于大量的金银及其他钱财,而我们付出的不过就是劳动。[123]

在另一场合,卡里讲到了制成品出口带来的好处,他这样说:

> 我们出口产品,收取其价钱,其中不单包含材料和劳动的实际价值,还包含一种增值,它基于买家的需要和心情,而这就产生了利润,并增加了王国的财富。[124]

最后再引一句话就更充分了,卡里说过:"大地的产出,经加工制造,即通过人们的劳动而增值。"[125]

然而,1713年英国与法国签订《乌德勒支和约》及贸易协议后,相关议论随之再起,在有关讨论中,外国付酬论得到了进一步阐述。集合在《英国商人》周围的那些作者们,利用这个理念去跟丹尼尔·笛福主编的《墨卡托》论战。人所共知,笛福受雇于托利党政府,受命利用一周三期的那份报刊,为和约及贸易协议辩护。但是,辉格党的一批支持者在《英国商人》上严词抨击这个"御用写手"及其一心捍卫的和约。[126] 刊出的文章由大批作者撰写,包括查尔斯·金、乔舒亚·吉、西奥多·詹森、亨利·马丁。不过,尤其是在詹森写的那篇《贸易的一般公理》中,这个新"学说"得到了充分阐明。[127]

在詹森看来,以下几项贸易对国家不利:一、"仅仅进口奢侈和享乐用品"的贸易;二、妨碍"消费我国自产货品"的贸易;三、提供"跟我国制造业相同产品"的贸易;四、"以优惠条件引进原已引进过的制造业"。[128] 不难预料,詹森等人在《英国商人》放言,跟法国的贸易协议将带来所有这些浪费性结果,乃至更甚。在此基础上,詹森的《贸易的一般公理》更提出如下原理:

> 任何一个国家,凡带走我国的制成品并回以要在我国加

工的原料,都对我国民众的就业和生活作出了贡献,其贡献额等于我国加工那些原料时发生的成本。[129]

后来倒是出现了一个具体应用上述原理的机会,这一机会涉及葡萄牙。当时需要讨论,葡萄牙到底在多大程度上为"英国的繁荣和幸福"作出了贡献。于是,上述原理的基本内容又得到进一步阐述:

> 先来谈谈我国对葡萄牙的贸易。尽人皆知,我们向那个国家输出产品,换回的是酒、油及其他一些东西,可供我们使用和消费。但无可争辩的是,对我们价值最大的回报是金银。因此,葡萄牙人支付了我国人民的工作和生活,支付了我国土地的出产,支付的数目体现于以金银为形式的差额,如此他们为英国的繁荣和幸福作出了贡献。[130]

詹森在他那本册子的后面部分还把这个原理应用到租金和利润上,[131] 他总结道:

> 就我而言,我不知道用来估算两国贸易盈亏还有其他什么方法。一国人民的劳动、土地的产出、商人的获利,其加总价值超出对方加总价值的部分,就是前者的盈利,也是后者的亏损。[132]

凭借这一理念,就可以把贸易顺差概念保留下来,同时又实际上给它注入新的内容,以后数十年里,相当一批作者都觉得这个办法颇为有用。事实上,从《英国商人》起,人们普遍意识到,一国应该销售更多的制成品,要多于买入的制成品。波斯特韦特 1757 年称此为商业的"普遍公理",并就此把"好"贸易跟"坏"贸易区分开来,他说,争取有利的良好商贸活动,便"是**政治性商贸**管理中的技艺和科学所在"。[133] 此外,这个"差额"所付给的,就是我国工人、工场主、土地利益方的收入。再如,伍德在1718年指出:"一国向我国**销售**的制成品若少于其从我国**购买**的制成品,那等于在把全部**差额**贡献给**我国**人民的工作和生活,贡献给**我国**土地的产出。"[134] 另一个例子是吉,在他读者甚广的《英国的贸易和航运》(1729年)中,他通过对"总差额"的计算,特别强调英国必须成为工业制造国,专门加工从日益扩大的殖民帝国获得的原料。他说,只有用加工制成品去跟外国开展贸易,才能获得丰厚利润。他的结论是,那样英国就能"雇佣本国的穷人",而不是雇佣外国的穷人。[135]

在回顾经济学著作的历史时,人们往往把詹姆斯·斯图尔特视为最后的重商主义者。[136] 此人在《政治经济学原理研究》中表达了当时标准的说法:"阻止劳动的进口,鼓励劳动的出口,此乃普遍公理。"[137] 他相信,彼此贸易的国家处于激烈的产业竞争中,当政者的任务就是要严肃应对这一竞争。事实上他甚至说:"惟有指导并展开国际竞争的高超手法,方显政治家的英雄本色。"[138] 劳动顺差的丧失从长远看,定将招致经济衰落和社会衰败,正是在此意义上,才能证明"一国致富他国必受穷"这条旧公理的正确性。[139] 为保护一国免遭不利竞争之害,斯图尔特提出了一个观点,类似于一百年后穆勒的幼稚产业保护论,他着重指出,一国必须随时保护自身避免有害竞争,假如在确立本国工业过程中原本就处于落伍状态,则更应注意防范。[140] 一般而言,斯图尔特赞成经济自由,反对垄断专营,但他强调的要点是,"听任贸易完全开放不会产生预想的乐观效果,反而会摧毁某些国家的产业"。[141] 其实,他不相信贸易本身就能创造财富,倒是特别告诫,国际贸易必须对等互惠。在斯图尔特看来,钱币的流入并非一国外贸获利的真正标志,"判断贸易顺差是一回事,判断一国的财富是另一回事"。[142] 他总体上赞成经济自由,反对垄断,并坚信,经济政策的目的在于提供就业,而不是单纯的贸易顺差。他最关注的是:"为防止贸易国走向衰落,最应当注意,在可雇佣劳动力供应与实际劳动力需求之间应求得完美平衡。"[143]

最后再举一个例子应已足够。1744年,戴克发表了一部颇受追捧的著作,到1756年便出到了第七版。经济学说史家大多重视他的"自由贸易"倾向,例如,《帕格雷夫政治经济学词典》称赞他为"亚当·斯密最重要的先驱之一"。[144] 尽管如此,戴克照样提出了一个相当直白的贸易顺差论,因为他指出:"假如英国的出口超过其进口,外国人就必须用钱财来支付差额,我国就能更加富有。"[145] 他甚至这样论述金银:"一国拥有这些贵金属的或多或少,决定着该国的或富或穷。"[146] 不过,在这个问题上,戴克的观点似乎前后不一。在书中后来部分,他又会指出,进口的原料"经人手加工至少两遍"后,将"相应倍增一国的财富"。[147]

虽然戴克看来态度骑墙,但他的《论文》肯定是一部非常重要的著作,堪称18世纪继续从贸易顺差角度展开分析的最后努力之一。戴克力图就贸易问题提出若干普遍性原理,重在探讨已可感到的英国外贸衰落的根源问题。他从通常的贸易顺差论出发,强调外贸的最终目标是输入贵金属,这也见于他繁复的文献征引。戴克援引的作者包括了吉、蔡尔德、洛克、科克等人,显然他把自己放到了注重探讨贸易顺差那个悠久传统中。

但戴克并未止步于此,他终究也同意前辈的见解,相信一国若要繁荣,就需要有更多的制成品和更多的贸易。只是究竟靠什么手段去发展工业和贸易,在此问题上他明显不赞成比如蔡尔德所主张的管控方法。戴克相信自由贸易更是一项普遍原则,并相信为了让经济更有竞争力,理当放弃关税和管制。戴克不仅说,只要"对贸易的实质有所了解",就一定会得出结论:"东西越便宜,就出口得越多,只有出口才能让一国致富。"[148] 他且极而言之:"每件国产品只有在自由贸易中才能发现其天然价值。"[149] 此外,戴克崇尚低工资,当然低工资的目的仅仅是为了压低生产成本并压低价格。他还崇尚人口众多,只是同时强调,"人口之众多应当以就业对人口的需求为限。"[150]

综上所述,戴克的著作之所以值得关注,是基于两个各异但相关的理由。其一,其著作显示,18世纪初,无论是坚持还是敷衍那个相当正统的贸易顺差论,都照样可在原则上称颂自由贸易。其二,这一例子表明,18世纪中,在认识到出口对经济增长与发展的作用后,也照样可以得出促进自由贸易、反对贸易管制的结论。诚然,19世纪"重商体系"的制定者会发现难以协调上述自相矛盾的主张,生活在18世纪的人们却不会为此而大惊小怪。

顺差概念的衰落

随着自由贸易思想的兴起,贸易顺差论日渐解体,这一点本不难理解。可是,如前已述,戴克是一个很好的例证,说明有可能既坚持旧的那套学说或至少其中某些部分,同时又兼容自由贸易立场。足可反映该特点的另一人是范德林特,这位荷兰商人于1734年发表了小册子《货币万能》。好几位学者注意到,范德林特的策论融合了"正统重商主义观点"和自由贸易原理。[151] 范德林特指出,当时面临的问题主要是,贸易逆差造成了所谓货币紧缺,而贸易逆差源于"必需品"价格的高企,高物价则缘于相对于众多人口,农业收成产量太低。[152] 有鉴于此,范德林特如同该时期许多人一样,强调了降低生产成本、开展成本竞争的重要性。即使在更早时候,此类自由贸易倾向也时有耳闻,其实还往往与重商主义言辞缠绕在一起。由此或可断言,大多数重商主义者至少从 17 世纪末开始,更可被称为自由贸易论者而非保护主义者。[153]

然而,其他作者在倡导利用外贸手段增加"就业"时,完全没有使用顺差或差额那套说辞,他们的重点相反放在外贸能带来的普遍益处上。如上已见,蔡尔德彻底无视贸易顺差论,干脆直接强调应当管控并组织好贸易活动,即"凡是输出我国制成品最多的贸易,凡是输入原料在英国加工制造的贸易,都应当给予最大的鼓励。"[154]

其实,蔡尔德、达维南特、巴贡、诺思等作者也会从技术性和原理性角度去批评贸易顺差论。他们越来越多地断言,即使存在这种贸易差额,也极其难以核算清楚。与之相比,他们相信,外贸提供的就业更是一个能反映贸易顺差的较好指标。有时,他们又强调,与外国货币的兑换率可以充当"贸易的晴雨表",用来显示外贸是否于我有利。[155] 此外,针对外国付酬顺差论,还可日益见到一种更重要的批评。巴贡就直截了当地说,这一"流行观念"是个"错误",作为这方面最早的批评者之一,他率先强调:"说外国在用货币补偿其他国家的账户,其实不存在这种做法。"[156]

既然贸易顺差论在 18 世纪逐渐解体,我们还必须考察背后的其他一些推动力,而不仅仅关注日益显著的自由贸易倾向所带来的影响。针对外国付酬顺差论,当时已在出现一种更为激进的态度。除巴贡提出过批评外,[157] 另一位重要作者是达德利·诺思(1641—1691 年),他是英国土耳其公司的富商,并且像蔡尔德、巴贡、达维南特一样是托利党人。不过,诺思写下的小册子《贸易论》(1691 年)当时不大可能拥有很多读者,因为受政治影响,该书遭到查禁，大部分书册还被销毁。[158] 大而言之，诺思的《贸易论》旨在参与当时有关货币改革和利率管制的讨论（利率其时已高不可攀），但书中若干篇幅抨击了陈陈相因的诸多经济理念。就方法论而言，诺思强调有必要在实证调查的基础上确立真相，在他看来，大多数旧有学说往往沉醉于抽象概念和孤立原理。此外，他认为贸易与经济现象实由某些简单原理所主宰，他明确称之为自然规律。因此，对于所谓利率可由法律加以管控的想法，他依照本人理念给予了有力回击，毕竟他相信，利率实乃占用货币的"自然"成本。从这一角度出发，他也挑战了贸易顺差论，认为货币仅仅是数量或多或少的一种媒介而已，称"货币的潮起潮落纯由供应量决定并自行调节，不受政治人物的左右"。[159] 他对商业的立场更加激进，相信商业乃自然体系的一部分，该体系不仅包括一国，而且囊括整个世界，他说："从贸易角度看，全世界如同一个国家或一个民族，世界各国犹如国内的个体。"[160]

因此，对诺思以及巴贲而言，既然货币不过是一种媒介，甚至只是一种普通商品，那么，想要通过外贸寻求稳定且长期的贵金属盈余简直就是本末倒置。大约50年后，到约瑟夫·哈里斯那里，这一论点已成老生常谈。当哈里斯说："货币根据其总体流通量寻得其自身价值"，当时谁也不会再严肃反对这一观点。[161]

针对顺差论，另还有一种日益难以忽略的反对意见，这就是以后被称为"铸币流动机制"的原理。这一分析工具是如何逐渐形成的，此处不拟细述，仅提及一点，即当休谟从1752年起在其名作《论贸易差额》中采用这一机制时，相关理念实已存在相当一段时间。[162] 该理念认为，货币净流出将降低国内价格，由此会激励出口，待一段时间后，"此前损失的货币就将回流"。[163] 这一理念更早见于巴贲[164]、范德林特[165]，以及艾萨克·杰维斯（1680—1739年）

的著作。杰维斯是法国胡格诺派移民之子，1720年发表过一篇相当出色的论著，他在书册中把经济描述为一种自我调节的体系，如果任其自然，它自会找到最佳的手段，能促进贸易和工业的全体参与者发家致富。就铸币流动机制，他如此阐述：

> 当一国吸引的货币超过了其在世界上的应有份额后，一旦原来吸引货币的原因不再起作用，该国便无法维持其对货币的超额占有。原因是，当货币超量时，该国内部穷人与富人的正常比例遭到破坏，富人相对于穷人会数量太大，这样便无法向世界提供与其所占有货币份额相对应的劳动量。在此情况下，穷人的全部劳动将无法跟上富人的消费，而随着国内穷人的紧缺，进入该国的劳动量会多于流出该国的劳动量。由于贸易以吸引金银为归宿，劳动的差额便需要用金银去抵付，直到该国货币量相对于其他国家减少下来为止……[166]

无论这种创新性分析以当今眼光看有多么了不起，都必须强调，杰维斯这位作者在当时却默默无闻，其论著也乏人问津。故此，一直要到休谟发表相关论作后，铸币流动机制才为广大读者所熟知。再说，由外贸产生净货币盈余的贸易顺差论本来就消失得比较缓慢，由贸易产生净劳动盈余的劳动顺差论（或让外国付酬论）更是延续了很长时间，故而大家继续相信，出口高附加值的制成品更加有利可图，也就更有必要通过贸易保护去发展工业。于此可见，在1840年代及1850年代初以前的英国，很难说自由贸易作为学说和政策已经占据上风。[167] 更何况劳动顺差论后来改头换面后又重出江湖，此时名曰"幼稚产业保护论"。尤为突出的是，李斯特批判先进国通过贸易保护、进口替代乃至自由贸易帝国主义等手段，在自己实现了工业发展后，反过来却要剥夺他人的工业化机会,有鉴于此,李斯特用幼稚产业保护论予以回击。

回视贸易顺差论

本章除其他问题外,特别讨论了 17 世纪及 18 世纪初贸易顺差概念的不同使用情况,它再次确认了前述结论,即对于贸易顺差论的解读,当时并不存在真正的共识。故此,虽然这一概念"有助于思考",但它的确在不同作者那里有着不同的含义。假如研读实际文本,当可看清这一点,可惜,重商主义文献的解读者多数回避了这个问题。我们只能推测为何会发生这种情况。显然,对斯密而言,强调贸易顺差论把货币与财富混为一谈,这对他本人的理论构建及现实批判大有用处。同样,对 19 世纪的自由贸易论者而言,让人以为"重商学派"漏洞百出,这可促使世人更加信奉其自由主义经济"体系"。然而,为何这种片面解释时至今日仍大有市场?这着实令人费解,料想是人们总喜欢就某一现象寻找某种简单化的有力解释吧。不幸的是,面对重商主义作者执意使用贸易顺差概念这一事实,世人总以为可以找到某个**单一**解释,实际上却无法得到真凭实据的支撑。在这段公案中,如果说存在什么"障眼物"的话,"障眼物"恐怕就在片面解读者自己身上。

此外应当指出,当年那些作者对贸易顺差论的阐述不仅含义各异,而且其中若干解释显然彼此排斥。外国付酬这一解释的提出,明摆着是为了反对原先的定义,原先的定义特别强调了金银净盈余的重要性。蔡尔德、巴贡、诺思、斯图尔特、达维南特等作者偏向于外国付酬论,都明显带有反对旧说的动机。如已所见,假如认为这种反对声音的出现纯粹是因为放任自流理念正在开始碾压保护主义倾向,那完全是一种误解,下一章中可见,贸易顺差论的种种说法在出现过程中,跟"自由贸易与保护主义之争"基本上不搭界。在贸易顺差论背后,还存在一种理念,即总以为货币流入能形成流动资本,而**使用**这一资本将可增加国家积累。这种理念之所以提出来,多半是为反对另一种理念,即单纯认为流通货币多多益善的理念。而这两种理念的出现,本身又是为了驳斥其他一些看法,那些看法强调,不法货币交易商的挑动,以及增加国王钱财的冲动,都是贸易顺差论实施背后的主要动力。

如此各异的观点更因术语的差别而错综复杂,而术语差别之所以产生,是因为经济学在当时尚无公认的语汇,经济学还不是一个整齐划一的学科,其研究领域也还没有从比如说政治话语那里分离出来。因此,这就造成那些作者们会以五花八门的方式来使用概念和词语。然而,变化一直在悄然发生,随后两章中,我们就要回顾曾经发生过的某些重要变化,它们尤其涉及 17 世纪在英国方兴日盛的那个商业经济。

注释:

1. B. Suviranta, *The Theory of the Balance of Trade in England. A Study in Mercantilism*. Helsingfors: Suomal. Kirjall Kirjap. O. y., 1923, pp. 135, 165, etc.
2. J. Viner, "English theories of foreign trade before Adam Smith". *Journal of Political Economy*, vol. XXXVIII: 3, 4 (1930), pp. 264ff.
3. Viner, p. 264.
4. 有关不同观点, see for example A. Oncken, *Geschichte der Nationalökonomie*, vol. I. Leipzig: Verlag von C. L. Hirschfeldt, pp. 154f.; P. J. Thomas, *Mercantilism and the East India Trade*. London: Frank Cass, 1963, p. 3; J. Schumpeter, *A History of Economic Analysis*. London: George Allen & Unwin, 1972, p. 361; M. Bowley, *Studies in the History of Economic Thought*. London: Macmillan, 1973, p. 24; M. Beer, *Early British Economics*. London: George Allen

& Unwin, 1938, pp. 190f.; W. H. Price, "The origin of the phrase balance of trade". *Quarterly Journal of Economics*, vol. XX (1905); F. Fetter, "The term favourable balance of trade". *Quarterly Journal of Economics*, vol. XLIX (1935); S. Rashid, "The interpretation of the 'balance of trade': a wordy debate". *BEBR Faculty Working Papers*, no. 89-1538 (1989).

5. Suviranta, p. 116.
6. E. F. Heckscher, *Mercantilism*, vol. II. London: George Allen & Unwin, 1955, p. 186.
7. Schumpeter, p. 361.
8. See Viner, "English theories of foreign trade before Adam Smith".
9. Schumpeter, p. 361.
10. C. Davenant, *An Essay Upon the Probable Methods of Making a People Gainers in the Ballance of Trade*. London: R. Horsfield, 1699, p. 12.
11. C. Davenant, *Discourse on the Public Revenues and on Trade*, part 2. London: R. Horsfield, 1699. Cited from *The Political and Commercial Works of that Celebrated Writer Charles D'Avenant*, vol. I. London: R. Horsfield, 1771, p. 354.
12. W. Temple, *Observations Upon the United Provinces of the Netherlands* [1673]. Cambridge, UK: Cambridge University Press, 1932, p. 141.
13. S. Fortrey, *England's Interest and Improvement*. London: Nathanael Brook, 1673, p. 7.
14. N. Barbon, *A Discourse Concerning Coining the New Money Lighter*. London: Robert Chiswell, 1696, pp. 48f.
15. See C. MacLeod, "Henry Martin and the authorship of *Considerations upon the East India Trade*". *Historical Research*, vol. 134 (November, 1983).
16. Unknown author, *Considerations upon the East India Trade*. London, 1701, p. 11.
17. W. Wood, *A Survey of Trade*. London: W. Hinchliffe, 1718, pp. 1f. See also T. Papillon cited by A. Schumpeter, pp. 361f.
18. T. Mun, *A Discourse of Trade*. London: Nicholas Okes for John

Pyper, 1621, p. 49.
19. T. Mun, *England's Treasure by Forraign Trade* [1664]. New York: Augustus M. Kelley, 1986, pp. 71f.
20. P. Chamberlen, *The Poore Man's Advocate*. London: Giles Calvert, 1964, p. 1. Poore 一词这里指劳工，而非穷人。
21. Schumpeter, p. 362.
22. 类似观点，see Rashid, "The interpretation of the 'balance of trade'", p. 6.
23. *Britannia Languens*, pp. 446, 458.
24. *A Discourse of Trade*, pp. 49f.
25. L. Roberts, *The Treasure of Traffike*, p. 7.
26. See for example S. Fortrey, p. 7; C. Davenant, *An Essay Upon Ways and Means*. London: Jacob Tonson, 1695. Cited from *Works*, vol. I, pp. 1ff.; C. Davenant, *An Essay Upon the Probable Methods of Making a People Gainers in the Ballance of Trade*, pp. 12f; Mun, *England's Treasure by Forraign Trade*, p. 7.
27. Roberts, p. 6.
28. M. Postlethwayt, *Britain's Commercial Interest Explained and Improved*, vol. I. London: A Millar et al., 1757, p. 1.
29. S. Johnson, *A Dictionary of the English Language*, vols I-II. London: Longman, 1827.
30. W. Petty, "A report from the Council of Trade". In C. H. Hull (ed.), *The Economic Writings of Sir William Petty*, vol. I [1899]. Fairfield, NJ: Augustus M. Kelley, 1986, p. 213.
31. E. Misselden, *The Circle of Commerce*, London: John Dawson for Nicholas Bourne, 1623, p. 117; J. Child, *A New Discourse of Trade*. London: John Everingham, 1693, pp. 135f; Mun, *England's Treasure by Forraign Trade*, p. 14; Barbon, *A Discourse Concerning Coining the New Money Lighter*, p. 46; Mun, *A Discourse of Trade*, pp. 2, 17, 22, etc.; *Britannia Languens*, pp. 390, 416, etc.; J. Cary, *An Essay Towards Regulating the Trade and Employing the Poor of this Kingdom*. London: Susanna Collins, 1717, introduction.
32. As with Mun, *A Discourse of Trade*, pp. 21, 56.
33. *Britannia Languens*, p. 416.

34. *The British Merchant*, London, 1721, pp. 21, 28.
35. Mun, *A Discourse of Trade*, pp. 39f.; J. Pollexfen, *A Discourse of Trade and Coyn*. London: Brabazon Aylmer, 1697, p. 60; J. Cary, *An Essay Towards Regulating the Trade and Employing the Poor of this Kingdom*, p. 2; M. Decker, *An Essay on the Causes of the Decline of the Foreign Trade* (4th ed.). London, 1751, pp. 7f.; *Britannia Languens*, pp. 301f.
36. Davenant, *An Essay Upon the Probable Methods of Making a People Gainers in the Ballance of Trade*, pp. 140f.; Temple, *Observations Upon the United Provinces of the Netherlands*, p. 141; W. Wood, *A Survey of Trade*; Barbon, *A Discourse Concerning Coining the New Money Lighter*, p. 35; D. Hume, *Political Discourses*. Edinburgh: R. Fleming, 1752, pp. 15ff.
37. Barbon, *A Discourse Concerning Coining the New Money Lighter*, p. 35.
38. Child, *A New Discourse of Trade*, p. 135.
39. Mun, *A Discourse of Trade*, pp. 22, 40.
40. Postlethwayt, pp. 3f.
41. D. North, *Discourses Upon Trade*. London: Thos Basset, 1691, p. 15. On this see also Rashid, "The interpretation of the 'balance of trade'".
42. Schumpeter, pp. 340ff., 352ff.
43. Viner, "English theories of foreign trade before Adam Smith", pp. 448f.
44. Davenant, *An Essay Upon the Probable Methods of Making a People Gainers in the Ballance of Trade*, pp. 140f.
45. J. Gee, *The Trade and Navigation of Great Britain Considered* (1729), Cited from the 4th ed., 1738, pp. 182f.
46. J. Gee, pp. 182f.
47. J. Gee, pp. 182ff.
48. Cited from Suviranta, p. 21.
49. W. S. [Sir Thomas Smith], *A Discourse of the Common Weal of England* [1581]. Cambridge, UK: Cambridge University Press, 1893.
50. C. E. Suprinyak, "Trade, money and the grievances of the Commonwealth:

the economic debates in the English public sphere during the commercial crisis in the early 1690s". Econpapers, repec. org.
51. Beer, *Early British Economics*, p. 138.
52. Price op. cit. Also see A. Finkelstein, *Harmony and the Balance. An Intellectual History of the Seventeenth-Century British Economic Thought*. Ann Arbor: The University of Michigan Press, 2000, pp. 89f.
53. *Decay of Trade: A Treatise Against the Abating of Interest*. London: John Sweeting, 1641, pp. 1f.
54. Postlethwayt, II, p. 382.
55. Viner, p. 271.
56. Mun, *England's Treasure by Forraign Trade*, p. 12.
57. Mun, p. 69.
58. Mun, p. 68.
59. Viner, p. 272.
60. *Britannia Languens*, pp. 187f.
61. *Britannia Languens*, p. 101.
62. 托马斯·史密斯爵士已用过这一表述,see W. S. [Sir Thomas Smith], *A Discourse of the Common Weal of England* [1581,但很可能写于1549年] (ed. E. Lamond). Cambridge, UK: Cambridge University Press, 1893, pp. 86f. 有关此小册子作者身份的讨论,参见该书1969年版(M. Dewar, 1969)。
63. See p. 105.
64. *Britannia Languens*, p. 187.
65. W. Potter, *The Trades-Man's Jewel*. London: Edward Husband and John Field, 1650, p. 1.
66. 有关这一观点的阐述,see M. Dobb, *Studies in the Development of Capitalism*. London: Routledge & Kegan Paul, 1967.
67. See p. 105.
68. Viner, p. 283.
69. Misselden, *The Circle of Commerce*, p. 51. See also pp. 114f.
70. Mun, *England's Treasure by Forraign Trade*, p. 8.
71. Davenant, "An essay upon the East India trade", *Works*, p. 99.

72. See for example J. Vanderlint, *Money Answers All Things*. London：To Cox, 1734, p. 16; Author unknown, *A Discourse Consisting of Motives for the Enlargement of Trade*. London：Richard Rowtell, 1645, p. 25; Decker, pp. 31, 40, 48, etc. 可在瓦伊纳的书中参见更多例子，see Viner, p. 282.

73. Locke, *Some Considerations of the Consequences of the Lowering Interest and Raising the Value of Money*, p. 47.

74. See Bowley, *Studies in the History of Economic Thought before 1870*, p. 24. 从中可了解洛克是否较晚地阐述过这一观点，即金银流入将导致贸易条件的改善，并因此有益于国家。看起来情况明显如此，see for example Locke, *Some Considerations of the Consequences of the Lowering Interest and Raising the Value of Money*, p. 79. 洛克在此讨论了货币存量减少造成的后果，他提及的一个后果是，"在用国产商品去交换外国商品时，我们将比货币充裕的国家加倍付出价值"。

75. Misselden, *Free Trade or the Meanes to Make Trade Flourish*. London：I Legatt for Waterson, 1622, p. 107.

76. Fortery, p. 27.

77. See also A. E. Monroe, *Monetary Theory before Adam Smith*. Cambridge MA：Harvard University Press, 1923. 此书作者否认洛克之前的"英国作者"曾采纳过货币数量理论，瓦伊纳坚持认为，这一观点肯定不正确，毕竟持论者过于严格地定义了货币数量理论。See Viner, p. 288.

78. W. S., *A Discourse of the Common Weal of England*, p. 71.

79. Mun, *England's Treasure by Forraign Trade*, p. 17.

80. *Britannia Languens*, p. 8.

81. Locke, pp. 77f.

82. Beer, *Early British Economics*, p. 189.

83. 除比尔外，瓦伊纳等人也提出过这种解释，see Viner, p. 284, and Heckscher, II, pp. 209ff.

84. See for example Devanant, *An Essay Upon the Probable Methods*, p. 8; and J. Cary, *An Essay on the Coyn and Credit of England as they Stand with Respect to its Trade*. Bristol, 1696, p. 1.

85. F. Bacon, *Essays, Moral, Economical and Political*. Warwick, UK：R. Spemmel, 1882.

86. Postlethwayt, II, p. 384.
87. J. Pollexfen, *England and East India Inconsistent in their Manufacture*. London, 1692, pp. 47f.
88. Decker, p. 173.
89. Locke, p. 30.
90. Locke, p. 40.
91. Mun, *England's Treasure by Forraign Trade*, pp. 16f.
92. W. Petty, *Verbum Sapienti* (1691). Cited from *The Economic Writings of Sir William Petty*, part 1, p. 113. See also W. Petty, *A Treatise of Taxes & Contributions* (1662). Cited from *The Economic Writings of Sir William Petty*, part 1, p. 35.
93. W. Petty, *The Political Anatomy of Ireland* (1691). Cited from *The Economic Writings of Sir William Petty*, part 1, pp. 192ff.
94. *Britannia Languens*, p. 8.
95. J. D. Gould, "The trade crisis of the early 1620's and English economic thought". *The Journal of Economic History*, vol. XV (1955).
96. Mun, *England's Treasure by Forraign Trade*, pp. 17f.
97. Gould, p. 131.
98. 据麦卡洛克研究,这一策论的撰写时间"很可能在 1630—1635 年间"。See J. R. McCulloch (ed.), *A Select Collection of Scarce and Valuable Tracts on Money*. London, Political Economy Club, 1861, p. vi.
99. R. Vaughan, *A Discourse of Coin and Coinage*. London: Th. Dawks for Th. Basset, 1675. Reprinted in *A Select Collection of Scarce and Valuable Tracts on Money*, pp. 37ff. See also pp. 68ff.
100. Vanderlint, p. 150. See also pp. 155, 160ff.
101. 以前有关范德林特的文献似未得出这一结论,例如,哈奇森把他当作部分重商主义者、部分自由贸易论者、部分重农主义者(!),从而完全模糊了其面目。See T. Hutchison, *Before Adam Smith. The Emergence of Political Economy, 1662-1776*. Oxford: Basil Blackwell, 1988, p. 129.
102. See above, p. 35.
103. Potter, *The Trades-Man's Jewel*. Ann Arbor, MI: Edward Husband and John Field, 1650, Title page.

104. Heckscher, II, p. 200.
105. Postlethwayt, II, p. 382.
106. See above, p. 35. See also L. Herlitz, "The concept of mercantilism". *Scandinavian Economic History Review*, vol. XII (1964), p. 116.
107. 有关记录, see Viner, pp. 293ff.
108. See also E. A. Johnson, *Predecessors of Adam Smith*. New York: Prentice-Hall, 1937, p. 78. 约翰逊在这一场合讲到了"金融资本", 不过, 该时期外发加工生产制度下盛行的信贷安排可能是更准确的一个类比。
109. Mun, *England's Treasure by Forraign Trade*, p. 15.
110. Mun, *A Discourse of Trade*, p. 25.
111. Mun, *England's Treasure by Forraign Trade*, p. 21.
112. 有关类似观点, see Johnson, *Predecessors of Adam Smith*, p. 79.
113. Mun, *England's Treasure by Forraign Trade*, p. 5.
114. Locke, *Some Considerations of the Consequences of the Lowering Interest and Raising the Value of Money*, p. 25.
115. 波斯特韦特仍在 1757 年提及这一点, see Potlethwayt, I, p. 22.
116. A. Serra, *A Short Treatise on the Wealth and Power of Nations* (1613) (ed. and trans. S. Reinert). London: Anthem Books, 2011, p. 139.
117. Johnson, *Predecessors of Adam Smith*, ch. XV.
118. Wood, pp. 84f.
119. *The British Merchant*, pp. 22f.
120. 很可能这一"理论"最成熟的版本见于斯图尔特的著作, see J. Steuart, *An Inquiry into the Principles of Political OEconomy*, book II, chapter X. Cited from *The Works Political, Metaphysical and Chronological of the Late Sir James Steuart*, vol. I. London: T. Cadell and W. Daves, 1805, pp. 289ff. See also E. A. Johnson, pp. 308ff.
121. See J. Pollexfen, *A Discourse of Trade and Coyn*. London, 1697, pp. 3, 5ff. 与此同时, 他会这样说:"由我国民众的劳动所加工的产品, 构成了国家的岁人"(preface, p. 3)。该作者既能坚持这一"现代"**原理**, 同时又捍卫贸易顺差论, 这一事实说明整个问题相当复杂, 也说明有关教条的流行无法用某个简单化的公式去"解释"。

122. J. Cary, *An Essay Towards Regulating the Trade and Employing the Poor of This Kingdom*. London: S. Collins for Sam Mabbat, 1717, p. 84f. 1717 年的这一版本与其 1695 年发表的著作几乎相同，see Cary, *An Essay on the State of England in Relation to Its Trade, its Poor, and its Taxes for Carrying on the Present War against France*. Bristol, 1695.

123. Cary, *An Essay Towards Regulating the Trade*, dedication.

124. Cary, p. 11.

125. Cary, p. 2.

126. *The British Merchant*, vol. I [1721], p. vii.

127. 有关《英国商人》的讨论，see E. A. Johnson, *Predecessors of Adam Smith*, pp. 142ff.

128. *The British Merchant*, I, pp. 4f.

129. *The British Merchant*, I, p. 23.

130. Op. cit., p. 24.

131. Op. cit., pp. 35f.

132. *The British Merchant*, I, p. 37.

133. Postlethwayt, p. 368.

134. Wood, *A Survey of Trade*. London, 1718, p. 84.

135. Gee, *The Trade and Navigation of Great Britain Considered*, p. 193.

136. 斯金纳等人挑战了这一观点，指出斯图尔特尤其是他有关经济发展的理念与苏格兰启蒙学派有相似之处，see A. Skinner, "James Steuart". *The Economic History Review*, 2nd ser., vol. XV (1962-3), p. 439. See also S. R. Sen, *The Economics of Sir James Steuart*. London: G. Bell & Sons, 1957. 有关斯图尔特的不同解读，see also R. Tortajada (ed.), *The Economics of James Steuart*. London: Routledge, 1999.

137. J. Steuart, *An Inquiry into the Principles of Political Economy*, 1767. Cited from J. Steuart, *Works*, vol. II. London, 1805, p. 2.

138. Steuart, I, p. 310.

139. Steuart, I, p. 115.

140. 有关约翰·斯图尔特·穆勒及其幼稚产业保护论，see D. A. Irwin, *Against the Tide: An Intellectual History of Free Trade*. Princeton,

NJ: Princeton University Press, 1996, particularly, pp. 128f.
141. Steuart, II, p. 117.
142. Steuart, II, p. 128.
143. Steuart, I, p. 229.
144. *Palgrave's Dictionary of Political Economy*, I.
145. Decker, *An Essay on the Causes of the Decline of the Foreign Trade*, p. 7.
146. Decker, *An Essay on the Causes of the Decline of the Foreign Trade*, p. 7.
147. Decker, p. 8.
148. Decker, p. 48.
149. Op. cit., p. 49.
150. Op. cit., p. 105.
151. See D. Vikers, *Studies in the Theory of Money, 1690-1776*. Philadelphia & New York: Chilton Company, 1959.
152. 范德林特对人口过多持有的负面态度在当时非同寻常,故值得注意, see Vanderlint, *Money Answers All Things*, p. 17. See also C. E. Stangeland, *Pre-Malthusian Doctrines of Population* [1904]. New York: Augustus M. Kelly, 1966, chs. 7-8. 有关最近的概述, see T. McCormick, "Population: modes of seventeenth-century demographic thought". In P. Stern & C. Wennerlind (eds.), *Mercantilism Reimagined: Political Economy in Early Modern Britain and its Empire*. Oxford: Oxford University Press, 2013.
153. See for example Grampp's position above, p. 41.
154. Child, *A New Discourse of Trade*, pp. 156f.
155. Especially Decker, pp. 8f.
156. Barbon, *A Discourse Concerning Coining the New Money Lighter*, p. 35.
157. See further, p. 196.
158. 参见两部词典中有关诺思的词条, see *Dictionary of National Biographies* and *Palgrave's Dictionary on Political Economy*.
159. D. North, *Discourses of Trade*. London, 1691, p. 25.
160. North, preface.

161. J. Harris, "An essay upon money and coins, I". In J. R. McCulloch (ed.), *Old and Scarce Tracts of Money*, p. 390.
162. D. Hume, "On the balance of trade" (1752). In his *Essays. Moral, Political and Literary*. Indianapolis, IN: Liberty Fund, 1985, part 2, ch. 5.
163. Hume, p. 311.
164. See above, p. 196.
165. Vanderlint, *Money Answers All Things*, p. 51.
166. I. Gervaise, *The System or Theory of the Trade of the World* [1720]. Reprint Baltimore: Johns Hopkins Press, 1954, p. 7. 瓦伊纳教授在所撰前言中表示,应当把"富人"理解为消费者,把"穷人"理解为生产者。
167. 有关讨论,See L. Magnusson, *A Tradition of Free Trade*. London: Routledge, 2004, ch. 2.

第五章　1620年代的论争

经济史学家古尔德就重商主义思想的兴起作了开拓性研究,他探讨的问题是:假如孟的《英国得自对外贸易的财富》在1620年代一完稿就出版,而不是到三四十年后的1664年才出版,那会发生什么呢?[1] 如前已述,斯密曾欣然提及孟发表了典型的"重商主义宣言",斯密从此深刻影响了世人对重商主义思想的理解。然而,因为孟的文稿出版于1660年代而非1620年代,所以,这肯定造成斯密对孟的解读发生了偏差。在斯密及其他评论者看来,孟的著作立场偏颇,无非是在呼吁要针对荷兰人采取强硬好战的经济政策。可是,这种看法既真亦假。不错,孟的语调**是**强硬好战的,但不能以此来概括他的理论推断,也不能以此描述他实际对应的历史背景。

有几点值得注意。首先,孟的所谓"重商主义宣言"是本人离世后由儿子安排出版的,此书之所以在1664年出版,最主要的原因无疑是书中尖锐的反荷兰调门正中时代下怀。英国实行《航海法》后,英荷两国相互指责,外交照会火气十足,终于在1652年公然爆发战争,直至1674年前,英荷几乎处于连年交战状态。因此,对英国读者而言,孟书涉及"尼德兰人"的内容确有很强的现实针对性,书里这样指称:"基督教世界中,在国内外日复一日地破坏、危害、打压我国海运和贸易的民族,莫此为甚"。[2]

其次,必须把孟这一重要著作的出版看作一个回应,即是在回击人们对东印度公司的高调指责。进入17世纪后,英国出现了异口同声的批评,矛头直指东印度公司输出贵金属。[3] 到发生严重贸易危机的1620年代,批评声浪更是集中爆发,这一幕在1660年代再度上演。这两次义愤填膺的背后,首要原因看来都是英国毛纺织业界普遍的不满情绪。如在1660年代,不满情绪化为汹涌而来的小册子,它们众口一词,要求保护英国产业免遭廉价印度软棉布的冲击,惟有如此才能切实摆脱失业和萧条。[4]

最后,在当时这一王政复辟时期,贵金属限出问题已成国策讨论的焦点,而孟的著作有助于人们争取突破此项限制政策。及至1663年,希望货币自由输出的一方已赢得最终胜利。[5] 贸易委员会提议,允许贵金属自由输出,理由是:"尽管存在数项法律,但铸币和金银向来在违法流动;不宜强行压制世上的贸易,贸易逐利而行乃天经地义。"[6] 贸易委员会尤其明言,某些贸易必然需要向外输出货币,特别是输往东印度。在此形势下,《英国得自对外贸易的财富》及孟的首部作品《贸易论》(1621年)自然成为扛鼎之作,他在书中区分了"总体"贸易差额与"局部"贸易差额,从而为某些情况下的货币输出作了有力辩护。

孟的重商主义宣言被1660年代的政治辩论所利用,这无疑产生了深远的影响。如古尔德所揭示,由于被时政利用,人们多将孟的书册当作政治宣传品,却忽略了其中的分析性学理内容,而且,只有在1660年代的激荡政治中,书中的主要论点才被单纯解读为总体差额与局部差额之别、赞成还是反对贵金属输出之争,等等。而放到1620年代背景中的话,宣言书的中心思想会让人感觉迥异,那时的焦点是正在发生的萧条和贸易危机,作者的初衷是要驳斥马利内等人针对危局提出的货币主义解释。[7] 孟在《贸易论》中为东印度公司作了透彻的辩护,而在《英国得自对外贸易的财富》

中,他的重点已然有别,显然想要给1620年代严重的贸易危机找到某种**普遍性**解释。更有意义的是,在探寻工商危机根源的过程中,孟与米塞尔登一起提出了关于经济运行的新观念和新设想,他相信这些新东西能更准确地解释眼前的曲折艰难。

孟的名作足可表明,同样的文本在不同语境中会获得不同的含义,所以本书第一章就指出,若要理解文本,必须回到当时使用该文本的历史背景中。本章将展示,1620年代对眼前危机的讨论如何造就了我们惯称为"重商主义"的那类经济文献。此类文献诞生于当时那个特定经济背景,着重关注贸易顺差等经济问题,但是,这并未因此而减损其分析价值。应当反过来看,为了给眼前危机求得更好的解释与解决方案,孟等人不得不深刻反思经济运行规律,正如萨普尖锐指出,"在经济紊乱与经济思想的成长之间"肯定存在"宏观的关联性"。[8] 我的看法是,这一反思过程促成了有别于原有教条的一种新分析,一定程度上基于这场争论,新的经济学语言和"经济观"才脱颖而出。

1620年代的讨论

利普森在所著《英国经济史》中,将1620年代描述为贸易和工业危机四伏的岁月,据称,"英国纺织工业史上最难忘的萧条之一始于1620年,并延续了四五年"。[9] 呢绒特别是宽呢绒的出口大幅下跌,许多布商濒临破产,失业一发不可收拾,整个英国都乌云密布,面对社会骚动及遍地的乞讨和偷窃,官方忧心忡忡。利普森写道:"失业者成群结队前往富人住地要饭讨钱,还会在市场上哄抢生活用品。"[10] 1620年5月,枢密院报告:"最近注意到……众多纺织工和漂染工纷纷抱怨呢绒行业江河日下,大家对接踵而至的失

业苦难怨声载道。"[11] 两年后,枢密院还在哀叹工商界的请愿活动:

> 萨福克和埃塞克斯郡的毛纺厂商诉称,这一行当已无法运转下去,因为手上积压了太多滞销呢绒。[12]

危机不期而至,官方不得不组成议会调查委员会和皇家专门委员会。[13] 有关危机起因的讨论可谓大张旗鼓,据孟记载,大家普遍相信,"需要大力革除的元凶"突出表现为这几个:一、"外国在交往中营私舞弊"(专指降低铸币成色);二、"滥用我国与他国的货币兑换";三、将硬币熔化铸成杯盘用品;四、"我方在对外商业中利益受损"。[14] 1621年推出的一份备忘录认为,危机本质上是一场货币危机,根源在于"货币紧缺",具体罗列了如下"成因":

1. 造币厂收费高昂,妨碍了贵金属铸造成币;
2. 现金使用法令未得到应有落实,未能防止金银输出;
3. 从西班牙进口了大量烟草;
4. 外国人进入英国受到限制;
5. 货币输往了爱尔兰、苏格兰、东印度;
6. 对贸易设置了诸多"约束";
7. 我国的金银比值存在失衡;
8. 海关税率定得太高(?);
9. "西班牙自身也缺少金银输入";
10. "英国在消费金银",如将硬币熔铸成杯盘。[15]

于此可见,所认定的危机起因众多,一长串的罗列定然让人茫然不知所措,更有甚者,这里并未总结,诸多因素如何共同作用酿成了所谓"货币紧缺"。不过,在决策圈外,就危机成因也在展开一场激烈争论。萨普在概述这场公开争论时,除广为承认的货币紧缺外,特别论及其他四种解释:不良厂商生产了低质制品;欧洲大陆出现了竞争性产业;爆发了那场三十年战争;还据称贸易公司利用其垄断地位压低呢绒价格,把呢绒厂商及工人逼入绝境。[16]

为理解这场惊人工商危机的来龙去脉,人们还提出过几种说法。早期的研究通常认为,那个人称"科凯因计划"的失败是一大原因,不过,最近的学术文献中,这一失利计划的重要性已有所降低。[17] "科凯因计划"意在争取向荷兰人仅仅出口加工染色后的成品呢绒,无奈计划半途而废,这一失败固然可能加剧了危机,但在1620年代初的崩盘背后,更还存在结构性因素及短期因素。辛顿、古尔德、萨普等经济史学家指出,长期结构性变迁与突发性灾害实际上叠加发生在这十年。就结构性变迁而言,英国16世纪末以后正逐渐失去在旧式宽呢(即"旧织物")生产领域一度几近垄断的地位,所以到1620年代,许多观察家一定注意到了国际竞争的加剧及随之而来的市场不景气。事实上,该时期许多作者包括米塞尔登在内,都告诫人们不要误以为,"荷兰人离开英国呢绒就活不下去"。[18] 相反,16世纪末,不单低地国家,整个欧洲大陆都经历了毛纺织业的快速发展。如此结构性危机带来的一个长期后果,就是倒逼英国开发了更轻薄、更多彩、更便宜的"新织物",它们瞄准的是西班牙和地中海市场。然而,这一转型过程不但要求工艺和技能必须更新换代,而且意味着产业地点会发生大举转移,很多传统呢绒产地的困苦和失业当时就是这样生成的。[19]

但某些突发事件看来更令结构性危机雪上加霜,毕竟这些事件打乱了国际经济的正常运行。古尔德和萨普已强调,三十年战争爆发后,货币混乱接踵而至,严重恶化了英国出口贸易与工业生产的环境。为给战争提供经费,波兰和神圣罗马帝国的王侯将相大肆操弄货币,或降低铸币成色或削锉铸币边缘,在德语学术论著中,这段时期其实就被称作"削锉者时代"。欧陆国家大肆降低铸币成色,造成贸易条件不利于英国,使得英国的出口货愈显昂贵,同时来自外国那些地区的进口货却愈发便宜。进口货便宜,主要缘于大陆货币贬值之外,也因为英国货币相应的重新估值没有及时跟上。总体而言,此时理当大幅调整英国币值。萨普表示,通胀性价格上涨一般会滞后于"货币操纵,原因在于价格的惯性、制度的惰性,以及无知和混乱"。[20] 由此可见,货币操纵和贬值作为一个重大短期因素,让1620年代初的萧条祸不单行。古尔德指出,这一解释无疑"非常在理,具有内在的理论说服力"。[21] 长远看,上述因素让英国的旧式宽呢由于价格问题而被淘汰出局,从而加快了从旧织物向新织物的过渡步伐。

前已提到,继贸易萧条发生后,官方成立了几个委员会。1622年4月,国王的枢密院任命了一个以商人为主的委员会(爱德华·苏普林亚克指出,这是较小的委员会),[22] 成员来自各大贸易公司,如东地公司、东印度公司、俄国公司、冒险商人公司,另外的成员当然也包括呢绒生产区及外港等地的代表。组建委员会的目的是要在严峻形势面前,开展深入调研并拿出对策建议。孟作为其中头面人物尤领风骚,至少他执笔撰写了后来几个月该小组的数份备忘录。[23] 大约同时,另有一个专门委员会宣告成立,立志要"查清真正的起因和动机,再商议出最恰当、最对路的办法,希望从此能避免如此重大的损失与困难"。[24] 这个最重要的机构中,首要成员包括马利内,以及拉尔夫·麦迪逊、罗伯特·科顿、威廉·桑德森。[25] 两个委员会在解读贸易危机的原因时,很快就将发生重大分歧。

马利内那个专门委员会于1622年5月拿出报告,遵照国王的严格指令,报告交由商人团体进行讨论。可以肯定,报告的分析包含了严厉的批评意见。而到1622年10月,一个更大且转为常设的委员会开始研究这个难题,也希望找到化解迫切危机的有效方案。至少从枢密院的指令看,这个委员会非常活跃,其中的名人是商人米塞尔登。此人属于冒险商人公司,1621年时似乎会同其他商人在跟西班牙做贸易生意。[26] 这个常设委员会中,马利内因故开缺,但麦迪逊仍在其中,据认为他跟马利内观点接近。[27]

就在这一派紧张忙碌中,爆发了马利内、米塞尔登、孟之间有关外汇及贸易差额的那场著名争论,在各委员会任职的其他人也参与其中。清楚的是,大家就危机背后的原因以及克服危机的对策呈现了两种迥异的思路,有关分歧在马利内、米塞尔登、孟广为人知的已刊论著中一一载明,在孟和米塞尔登作为不同委员会执笔人撰写的未刊报告中也有案可稽。[28]

争论的一方可称为"货币主义者",包括科顿、麦迪逊、桑德森、马利内,看来他们都赞同马利内的观点。麦迪逊的立场尤其鲜明,以后30年里他一再重申,问题的要害在于"兑换商""总体上消耗了我国货币"。[29] 下文会更细地讨论马利内及其团队的看法,这里只需强调,对马利内而言,1620年代初的形势似乎证明了此前20年他一直在申论的观点。面对各委员会,他提到了自己早先的著作,包括《论英国公共福利之积弊》(1601年),以及妙笔生花的《圣乔治对英国的讽喻式描述》(1601年)。1622年5月,他仍在阐述这一观点:"正是不平等的兑换一手造成了王国的损失和货币的流失。"[30] 照其观点,外国的钱商和银行联手坑害英国货币,令英国的币值得不到应有体现,远低于下文即将论及的"等值比价"。这最终引发铸币和金银流向海外,由此也解释了英国的"货币紧缺"现象。钱商他们的此等阴谋诡计会酿成灾难性后果,因为货币的紧缺造成国内价格低迷,迫使英国商人为获取利润,动用更多商品却只能换回更少,马利内和麦迪逊称此为恶化贸易收支的"不平等兑换"。在此情况下,为弥补持续不利的汇率,英国商人必须进一步在海外低价倾销,如马利内1622年所写,商人"为支付其汇票不得不在海外甩卖商品,引发其他商人竞相压价,从而卖得更加便宜",另一方面,"货币流向海外……导致外国商品卖价上升"。[31]

在马利内及其团队看来,唯一的化解之道就是提高汇率,回到1586年的旧"等值水平"。只有采取强有力的管控措施,抬高"等值比价",货币才能流回英国,贸易条件才能得到改善。所以,唯一的出路在于保证,"从此往后,兑换的进行必须符合我国货币真实的内在价值"。[32] 如此说来,马利内无疑是个货币主义者,他判定,这一阶段英国货币的成色相对更高,因而流向海外,这一观点得到了以后多数学者的接受。例如,W. A. 肖在论述英国货币史的著作中,还有萨普等现代学者在各自论著中,都重申过这一观点。[33] 当然,马利内相信输出货币的银行和钱商一手造成了"英国之积弊",这并未立刻让他成为重金主义者,可是,琼斯等人的文献却一再咬定这一点。[34] 其实,更应该把马利内及麦迪逊当作一个思想传统的代表,该传统一直可追溯至中世纪的经院学派。如此看来,马利内眼中的外国钱商形同中世纪人们眼中的放高利贷者,他从内心深处相信,基本上是钱商和银行的险恶花招酿成了危机。如米塞尔登所言,这种解释到1620年代已妇孺皆知;马利内说,"为完善这个解释花了20年时间"。[35] 从麦迪逊和桑德森的作品中可知,参与争论的许多人,也许大多数人,都支持这一解释。

然而,那场争论中出现的另一派观点却挑战了上述货币主义解释。1623年,据马利内报告,包括孟在内的那个商人委员会提出了某种对立观点:"有些人认为,我方产品在外国的销量跟不上我方进口的产品量。"[36] 1622年4月,他已注意到:"冒险商人似有不同想法,这些人断言,兑换率应根据销售所得货币量的多寡而相应升降。"马利内不相信仅仅是贸易的"失衡就造成了货币输出",他也不相信"增加对外商品出口并抵消进口势头就能纠正这个问题"。[37]孟作为商人委员会领袖,却在论著中据理力争,他首先明言:"并不是英镑成色相对更高或兑换率被海外压低,才造成我国被低估的货币流向境外,同样,外国货币流入我国也并未因此受到影响。"孟的想法很简单,正是贸易失衡即"入超"导致了汇率的下跌及货币的流出,用他自己的话说:"商品如此大量涌入……必须用真金白银去支付。"他强调从原则上说,汇率水平不能解释为纯由投机在确定,"不是简单的外方赚钱就造成我国货币流出,道理一清二楚,只要我国出口发生逆差,货币就必然流出"。[38]

孟这里所述内容以后在《英国得自对外贸易的财富》中会有更全面的重申,其要旨是,如果一国进口大于出口,贸易出现逆差,汇率就必须调低,毕竟存在对外国货币或汇票的更大需求;货币和汇票也是商品,管理其价格的方式跟管理其他商品一样,也需要遵循供求机制。例如,汇票的价值是由"货币的多寡"加以调节的。据此而论,试图把汇率固定于某一水平,当然会徒劳无益,所以若把英国货币的汇率强行调升到1586年的水平(如马利内及其团队所倡导),只会带来一个结果,即"在德国和低地国家,只要英国商人无法依照汇率提升而相应提高呢绒售价,英国就将在那些地方损失15%左右,这种损失将变成外国人之所得"。正如孟、罗伯特·贝尔、乔治·肯德里克、亨利·伍德、托马斯·詹宁斯、约翰·斯金纳1622年5月在报告中所言,假如依照提升的汇率而让售价走高,"不是毫无可能就是难上加难"。[39]

至此已很清楚,孟针对经济形势提出了一套新的不同解释,挑战了之前的若干解释。孟的主要创新点在于,他把经济理解为一个遵循供求铁律的体系,在他看来,市场上的主要行为者,无论是银行还是商人,都受制于这一体系。如果发生了一场经济危机,这不是谁在一手作恶,而是因为复杂的经济机体在某个地方出了问题。在当时这个特定案例中,关键是贸易差额已变得不利于英国。

诚然,从长远看,认为经济乃内在关联的市场体系这一观念终将胜出,但必须指出,孟强调从贸易收支角度考虑问题,这是在与马利内及其团队的激烈辩论中提出来的,这个经济新观念包含的普遍意义当时并未得到很好领会。[40] 再说,单就解释1620年代危机而言,孟的说法是否就比马利内的说法要高明,尚另当别论。前文曾提过,近期的学者在研究那场危机时,倾向于选择马利内那个也许更切中现象的货币主义解释,而不是孟这个抽象的笼统解释。然而,作为理解现实经济问题的一个手段,把贸易"逆差"与"顺差"当作关键因素,这一观点后来日益得到世人的认同。在科顿身上首先能看到这一苗头,此人曾经是马利内那个委员会的成员,当时恐怕也同意马利内的观点,可是到1626年,他已愿意承认:

> 能管用的不是提高币值,而是应当平衡贸易,因为假如我们进口多于出口,哪怕币值定得再高不过,我们也必然要输出货币,才能弥补进出口差额;假如我们的出口多于进口,则会出现相反情况。[41]

市场运行机制

由上可见,在这场讨论中,出现了一个新颖视角,形成了注重贸易顺差与收支的所谓重商主义经济思想。但在这场争论中也可看到,诞生了关于经济领域的新观念,以后一代的重商主义者和古典政治经济学家对此将作进一步阐述。显然,我们如今觉得与孟和米塞尔登的分析更有共鸣感,远高于对马利内、麦迪逊及托马斯·米勒斯等人。原因不在于孟和米塞尔登着重分析了市场上的客观经济力量,没有去分析降低铸币成色、削锉铸币边缘、"伦巴第"家族银行坑害英国货币之类问题,尽管这些问题在 16 世纪及 17 世纪初的经济文献中时有提及,肯定都属当年的流行做法。原因更在于孟和米塞尔登对经济运行的观念比较别致,他们比较程式化地把经济描述为一个体系,而这跟 300 年后我们的经济观相当接近。

不巧的是,我们不太了解爱德华·米塞尔登(1608—1654年),[42] 只知道一点,他曾是冒险商人公司中举足轻重的一员,也既然如此,他很可能深深卷入了这些年由"科凯因计划"引发的纷纷争议。在 17 世纪最初十年,冒险商人公司遭到严辞攻击,人们指责他们把未经深加工也未加染色的呢绒卖到低地国家,任由这些国家加工增值从而养肥了外国的厂商和工人。至少 16 世纪以来的通行观点是,假如英国自己完成呢绒的后道染整,对外只出口这样的制成品,英国的情况就会大大改善。[43] 1602 年,约翰·惠勒正是拿着这些理由来为冒险商人公司辩护,他指出,经由本公司努力,

> 每年至少输出……六万匹白呢,此外还有各种花色呢、或长或短的粗呢、横条纹呢等等。……除这些毛纺衣料外,英国输往低地国家的还有羊毛、毛毡、铅、锡、藏红、皮革、油脂……。通过经营所有这些商品,除商人盈利外,大批劳动者获得就业并赚了许多钱,此事也非同小可。[44]

惠勒需要顾及当时标准的政策理念,甚至觉得有必要再补上一句:

本人听到可信的报告,称英国以外所有其他国家输出的全部商品,都不会像英国商品那样,听任在低地国家让那么多人去再加工,只有英国输出的商品才这样。[45]

无论如何,也无论对错,反正到17世纪初,人们就在利用这套说辞力图废除冒险商人公司的特权。1615年推出了一个"科凯因计划",将垄断特权授予一家新的呢绒出口公司——"皇记冒险商人公司",目的看来是要推翻原先的冒险商人公司。旧公司的许多员工本不愿加入新公司,但也不得不妥协。米塞尔登是"科凯因计划"最强烈的反对者之一,这一点似无疑义。而马利内在1613年做过威廉·科凯因一个较早项目的合伙人,一度想要一起私铸铜币,不过那个项目未能做成。后来的皇记冒险商人公司项目却也跟着失败,1617年公司解散,旧的冒险商人公司的特权遂得以恢复。[46]

据阿斯奇德·弗里斯的研究,"科凯因计划"1616年启动时,米塞尔登是冒险商人的代言人,此后若干年,他加入了那个应对贸易危机的常设委员会,其间发表了两份策论,时间在1622年和1623年。以下会看到,这两份策论的内容和政治意向简直南辕北辙。在他仍然担任冒险商人公司副总裁时,他于1623年加入了东印度公司,此人人缘似乎欠佳,一批冒险商人在1649年斥之为"生活和言谈中的无耻小人"。[47]

前已可见,有关当年危机的标准解释,是把货币与贸易合到一起来看问题。如果说米塞尔登的理念后来有别于这种标准解释,那也没有体现在《自由贸易或贸易繁荣的方法》(1622年)这本书中,此书第一章题为"英国货币紧缺的原因",足以反映他原先的看法。当在书中解释"紧缺"的原因时,米塞尔登区分了"直接"原因与"间接"原因。他认为,主要的"直接"原因是"君主的铸币相对于邻国被低估了价值"。[48] 与马利内如出一辙的是,他相信价值被低估使得货币"流出本王国"。[49] 跟当时多数人一样,他提出的主要对策是,"增大国王货币的面值"。[50] 当然他也知道,这样的贬值必然会招致价格上扬,但他说:"王国内价格昂贵而货币充裕……比起价格低廉而货币紧缺要好得多,眼下市面上货币紧缺已致怨声载道。"[51]

但在研判银币流出英国背后的原因时,米塞尔登开始与马利内发生意见分歧。实际上正是他对马利内"等值"说的批评,激发马利内写了一本回应的策论,由此触发了那场著名的争辩。米塞尔登是这样说的:并不是"汇率,而是货币在这里定值低、在其他地方定值高,才造成了货币的流出;决定货币价值的也不是汇率,而是货币的充裕与稀缺状况"。[52] 为此,针对货币输出这个主要问题,米塞尔登觉得解决方案不在于其他,而在于更严厉地落实现金使用制度。该制度自15世纪和16世纪以来一直存在,它要求外国商人在与英国贸易中,必须用自己的货币来购买英国货,而不能把货币带回去。

此外,在讨论危机的"间接"原因或称远因时,米塞尔登发现了银币外流的一个动因,他这里特指"本王国超量消费了外国商品"。[53] 他说,一国凡持续推行这种政策迟早会"受穷",他就此特别强调,由东印度公司经营的"基督教世界外的贸易"导致货币"一去不复返"。[54] 另一个"间接"原因是,"基督教世界内的战争"引发德意志人降低了货币成色。[55] 总之,货币的外流在解释贸易衰落时被赋予了独特的地位。米塞尔登固然也会随大流地说,意大利的钱商从事假冒活动,为了"一己私利"蓄意压低英国货币等等。[56] 但这些"直接"与"间接"的原因是如何结合到一起的,他没有加以说明。

不过,米塞尔登发表的第二部著作论述了这个问题,这本书是

《商圈与贸易差额》(1623 年)。这一书册最出名的地方,恐怕就是那番剑指马利内的尖刻辩辞,作者不惜进行人身侮辱,厉声质问:"这个人疯了吧?"他把马利内描写为一个居心不良的荷兰人,"笔法粗俗不堪,行文了无风度"。在他笔下,马利内成了"毫无才气的庸人",大部分"玩意儿"剽窃自米勒斯和格雷欣等人作品。[57] 然而,不能就此认为米塞尔登的书册荒腔走板。[58] 以印刷版而论,此书提出的危机解释首次十分接近孟及商人委员会得出的结论。例如,这里不再见到针对东印度公司或外国钱商的那些批评老调,总体而言,作者把自己原先的分析彻底颠倒了过来。[59] 米塞尔登开门见山地说:

> 我不同意马利内的推断,并不是或高或低的汇率才让商品或昂贵或低廉,实际上是商品的充裕或稀缺以及商品的有用或无用,才造成价格的上升或下降。[60]

他仍像以前一样指出,"永远是货币的多寡决定着汇率的高低",[61] 但货币的这种涨落本身是与进出口市场上商品的供求相关联的:

> 如果本国商品的出口在价值上超过了对外国商品的进口,那么,本王国就会致富,地产和股票市场就会繁荣,这是一条屡试不爽的规律,因为贸易盈余必然带来财富的流入。

假如发生相反情况,"贸易逆差必然造成钱财的流出"。[62] 在英文出版物中,这里的确是首次提出了著名的贸易差额学说(亦即贸易顺差论)。[63] 米塞尔登美其名曰"杰出的政治发明,可展现一国与另一国贸易交往的收支差额"。[64] 借助这一发明,他重新表述了自己对 1620 年代经济危机主因的看法:"我国已陷入与其他国家贸易的巨大逆差中。"[65] 如此直截了当,就不再为货币兑换"谜团"留下任何藏身的空间。

1622年至1623年间到底发生了什么，居然让米塞尔登如此改弦更张、今是昨非，对此我们只能作点猜测。前有提及，他此时肯定已介入东印度公司的业务，这可能促使他减少了对金银输出的批评，并在观点上向孟及其团队靠拢。不过清楚的一点是，此时他已接触到孟在商人委员会中的工作，1623年，他充满赞许地谈及孟："他对各种贸易的见解，他在国内的敬业，他在国外的历练，让他获得了如此出色的素质，人人希望拥有这些素质，当今时代许多商人身上倒往往具备这样的素质。"[66] 很可能他接触了孟就危机写下的材料，且接受那套说辞并正好随手拿来攻击马利内。当然，这并没有让米塞尔登成为一个"现代"意义上的自由贸易论者。人所共知，那个年代"自由贸易"的含义跟自由贸易的现代含义判然不同，当时赞成"自由贸易"意味着反对传统特许公司的垄断、反对专营特权，但依然可以赞成商贸活动须规范有序并服务于某个公共目的。[67]

显而易见，在针对危机而构建有别于货币主义的替代性解释中，托马斯·孟(1571—1641年)是个中心人物，可惜我们对孟所知甚少，正如我们对米塞尔登了解有限。据其儿子所述，孟"生前在商人中名望甚高，商界多数人熟知他在多项事业尤其是贸易中经验丰富"。[68] 此外，从孟本人的文字中我们知道，他在意大利做过生意，得到了磨练，客居意大利期间，还在托斯卡纳的斐迪南公爵手下任事，并在里窝那逗留过一段时间。[69] 后在1615年，他成为东印度公司的一名官员，这之后我们才发现他被指定进入那几个委员会。[70] 正是在此岗位上，他写出了一批报告和备忘录。

然而，孟在世时，统共只发表过署上自己名字的一篇简短策论，此即有关东印度贸易的短论《论英国东印度贸易》(1621年)。

这一册子没有提及当时的危机,所以完全有可能写于之前若干年,我们理当把它看成替东印度公司作的偏袒性辩护,旨在回击"通常加给该公司的各种苛责"。[71] 就此而论,此书与1601年惠勒出面为冒险商人公司辩护没有太大差别。[72] 孟在小册子开篇就承认了外贸的作用:"商品贸易不但是国家间非常值得从事的一种光荣活动,还是……检验一国繁荣与否的试金石。"[73] 接着,他实际上勾画了一种较早形式的贸易顺差论:

> 有些王国会全力出口本国产品,使之超出外国产品的进口及使用,这些国家因此会富裕起来,因为毫无疑问,超额出口的部分必然会以钱财形式返流回来。然而,哪里如果反其道而行之,进口超过出口,且由于挥霍无度而浪费了外国和本国的货物,则哪里的货币必然向外流出。[74]

众人皆知,孟为东印度公司作辩护,回击了所谓公司向基督教世界以外输出"金银和铸币"这一指控。他通过出示进出口数据,力图让读者相信,东印度公司相反"给王国带来了更多钱财,多于王国其他贸易所得之总和"。[75] 况且,公司带回物品的价值大大高于输出的金银,再说,他指出,这些物品以后还会再出口给其他国家,而既然再出口,它们就可为英国带来"额外的顺差,从而增加本王国的钱财"。[76]

孟似乎颇感满足,该小册子"完成了本人为东印度公司辩诬的任务",[77] 可是,身后出版的《英国得自对外贸易的财富》(1664年)却采用了截然不同的调子。尤应指出,有人称这一很可能写于1620年代后期的"重商主义宣言"纯粹折射了现实需要,还称作者缺乏学理阐述的能力,此言差矣。恰恰相反,无论是论辩观点与表述风格的条理清晰,还是作者学理阐述的能力,此书均不同凡响。

同样，此书也不是又一份立场偏袒的公文，并非只知为某公司利益说项。诚然，孟是商圈中人，但在为商人集团辩白时他指出，带来更多的贸易和产品符合整个王国的利益，所以他并非仅为某个特定利益集团代言。而且，他试图对那些令国家强盛的因素提出一项普遍性分析。A. 芬克斯坦评论道，在努力为公共利益服务的过程中，他充满了"道德说教"。[78] 然而，这跟他有关贸易顺差的新观点并不抵触，甚至跟他关于供求平衡主导经济秩序的新观点也不矛盾，他相信，这样的"自然"秩序天生就是富有道义精神的。他的这个看法也是18世纪苏格兰启蒙学派的看法，以后的政治经济学家也持这一看法。[79]

因此，孟在这本书中的志向，是要提出"王国借以致富的通用手段"，[80] 而实现致富目标的法则也很简单，即"每年向外国人销售的产品，在价值上应该大于我们消费他们的产品"。[81] 对一个没有自己矿藏的国家而言，获得钱财的唯一途径就是对外贸易；尽管货币并非"贸易所必需"（以物易物便是一种替代办法），但孟认为，钱财的净流入无疑会产生有利的效果。[82] 货币的流入会让贸易便利化并且让土地升值，也会为君主的"国库"提供更多财富。孟意识到，货币"过多"也会造成价格上涨，反过来也会导致出口下跌、"消费减少"，但他强调，只有当我们囤积货币、不"拿这些货币去搞贸易"时才会出现这种后果。[83] 其他人将如何理解这一核心段落，下文还会讨论。

然而，除提出这一新原理外，此书的另一重要目标是反驳马利内对1620年代危机作出的解释。孟像米塞尔登一样指出，汇率是由货币和汇票的流入与流出调控的，这样的流入与流出本身又由"实际的"贸易差额所决定。孟断言："在汇兑中币值之所以被压低或抬高，是因为汇兑时货币供应或充裕或稀缺。"他举了一个例子：

> 当这里有很多货币要交到阿姆斯特丹去时,我们的币值就会在汇兑上被压低,因为收我们货币的人,既然看到有大量货币汹涌而入,一定会压价收进,从而自谋私利。[84]

由此更进一步,在一个几乎逐字重复本人 1622 年和 1623 年文稿的段落中,孟说道:"我们钱财的流失,不是由于兑换中我方币值被压低,而是由于我方贸易出现了逆差。"[85]

当然,众多人士陈言,应当把孟的"贸易差额"解读为"收支差额"。显然,在他那个著名的差额中,孟(还有米塞尔登)也包括进了租金、收费等"隐性"收入。[86] 因此,这里涉及的相关理念实际上已超越了现代外汇关系理论的雏形阶段。例如,乔治·高申指出,归根结底,"这里的兑换涉及债权与债务之间的关系"。[87] 如前已见,这本质上也是孟和米塞尔登表达的意思。不过,我们这里的工作不是要从现代理论的角度去讨论孟对兑换关系的阐述有何利弊得失,更重要的是应注意,孟基本上用了后世的"古典"理论去反驳马利内及其追随者:

> 可见,并不是**兑换的力量**让钱财依照富有君主的意志,迫使它去往任何要它去的地方。其实是,对外贸易中商品销售所得的货币在决定着兑换,而且兑换价格的高低也是依照上述货币的多寡来决定的。[88]

就在《英国得自对外贸易的财富》中,孟提出了后来被称为"重商体系"的东西。他主张,一国为了繁荣,必须让出口大于进口,这样才会带来货币的流入,再以此货币进行贸易的话,就能增加全体国民的物质财富。而且,一国必须引导本国的贸易,争取出口制成品并进口原料进行加工。事实上,他说过:"只要我们把**人工技艺**与**大自然**结合起来,把**劳动**投入到**自然资源**中,我们的财富就会举世罕见,令整个基督教世界无比敬畏。"[89] 这层意思显然面向英国公众而说,其中所包含的强硬口气尤其针对荷兰方面。他预计,围绕鲱鱼和鳕鱼捕捞等重点行业的控制权,"很快将用刀剑而不是口舌来一决雌雄"。[90]

这层意思,即一国为了繁荣必须让出口大于进口并且应当尽量出口制成品,完全符合当时的正统观点,前已看到,早在 16 世纪,人们便认为这样的政策最为明智。例如,米塞尔登就曾确告:"注重王国贸易的差额问题并非别出心裁的全新想法,早先时候便有这般智慧和政策。"[91] 按照这一观点,只能进口仅对国家具有战略意义的原料(如制造战舰所需的原木),或者能由国内产业进行加工的原料,同时,原料的出口则应予阻止。然而,尽管这一政策久已有之,但只有在孟和米塞尔登之后,它才日益得到贸易顺差论的有力维护,贸易差额也才成为一根标尺,用以衡量一国外贸的成败。如孟所强调,它成了"我们货币兑换的真正指针",其成效可在国家"积存"之增长中得到印证。

如何解读贸易差额论或贸易顺差论,孟及其他重商主义者如何理解"财富"、"积存"之类概念,前已有过论述。不过,如果认为孟和米塞尔登仅仅是普及了差额或顺差论,那是不正确的。前文曾提及,1660 年代的热议中,大家基本上忽视了一点,即孟等人的初衷在于用更具普遍性的方法去解释 1620 年代的危机。即使着眼于解决迫切问题,他们也还是提出了某些新颖的东西。

在萨普看来,孟属于"竞争年代的经济学家"。[92] 因此,他和米塞尔登很清楚市场机制的无比重要性。照米塞尔登的说法,"有经验的商人都知道,通常情况下一种商品滞销时,另一种商品会畅销,它们的行情涨跌缘于对其需求和使用量的或大或小"。[93] 一望而知,市场是个"人人为己"的地方。[94] 不过,孟和米塞尔登马上指出,市场力量会调教人的自我中心和自私自利,所以,银行或钱商终究无法为所欲为一味害人。市场上固然充满了不确定性,但市场还是一个有序的地方。市场上的客观力量构成了不同主体的行为规范,为了正常运作,大家必须把这个秩序视作某种"自然的东西","自有其内在的运行轨迹"。[95]

孟和米塞尔登把这一市场机制应用到一般的价格形成中。他们相信,供求力量决定着物价的高低,要想调节"粮食和鱼类"的实际价格,需要同时相应调整穷人的工资。[96] 如前已见,孟和米塞尔登也相信,供求同样决定着与其他国家的汇票和货币关系。例如,在 1622 年 5 月孟撰写的"粗浅报告"中,已经出现了这一理念:"商人汇票的兑换"系由"货币的多寡"所决定。[97] 此外,他们认为,供求状况决定了何时输出货币比放出汇票更划算,也即决定着所谓"输出点"的实际水平。米塞尔登对此写道:

> 如果此刻输出货币会让外国人有 10% 或 15% 的获利,那就应该按同样幅度调整汇率,以回应上述获利可能并防止货币输出。[98]

有些人以为,买卖人、垄断者、银行家,还有国君可以把市场规律玩于股掌之上,孟对此特别嗤之以鼻。他在《英国得自对外贸易的财富》中的最后结论读来掷地有声:

> 但是让汇率提高也罢,降低也罢,适得其平也罢,甚至取缔也罢;让外国君主放大其银币面值也罢,降低其货币成色也罢,或者让我国君主照样去做也罢,干脆对货币一切照旧也罢;让外来货币按照高于铸币厂实值的兑换率在这里流通也罢,让针对外国人的现金使用法令无法贯彻落实也罢;让君主们蛮横压榨、律师们敲诈勒索、放高利贷者敲骨吸髓、挥霍无

度者肆意浪费也罢,最后让商人们尽情带上全部货币以备贸易中一切可能之需也罢。所有这些做法在贸易过程中所能产生的效果,不外乎本策论中已描述的情况。因为向国内输入或向国外输出的钱财是多是少,终究取决于对外贸易在价值上的顺差或逆差。[99]

尚应承认,他们强调市场运行机制的作用时,还产生了一个重要结果。两位作者都认识到,价格走高意味着需求走低,而且,他们知道这一规律也适用于对外贸易。因此,对外贸商品的需求总体讲是有弹性的。例如,孟主张,一国应当设法让自己的产品卖得尽可能昂贵,"只要高价格不至于造成销量减少"。[100]

既然如此,人们经常争论,为什么孟和米塞尔登没有得出那个看来势所必然的结论,此即巴贲、杰维斯、休谟后来那个"铸币流动机制"论？须知,正如瓦伊纳所指出,孟等人已经意识到外国的需求是有弹性的,也意识到了货币数量理论的相关原理,可为什么没有再走出第三步,从而发现,上述情况必然意味着货币的流入将导致价格的上涨及出口的减少？根据瓦伊纳的说法,孟和米塞尔登无法把前两个论点结合起来,"形成一个浑然一体的理论,由此揭示铸币国际流通中的自我调节机制"。瓦伊纳相信,如果做不到这一点,那就必定会摧毁孟等人贸易顺差论的基础。[101] 然而,正如古尔德所指出,也很难说孟就没有意识到这种机制,说不定他出于某种理由而有意忽略这一机制。[102] 例如,孟说过：

> 大家都承认,在一个王国内,货币的充裕会让本国商品更加昂贵。货币充裕对某些个人的收入是有利的,但就贸易数量而言,这直接有害于公众利益,因为货币充裕会让物价走高,而高价商品会减少自身的使用和消费……。虽然这对于

某些大地主是难以忍受的教训,但我相信,这是一个全社会都应重视的**切实教训**,否则,当我们通过贸易赚到大笔货币后,我们会因为不拿这些货币去搞贸易而再失去它。[103]

孟和米塞尔登在把供求机制应用于**一般的**价格形成时,他们无疑提出了一个具有恒久影响力的新原理。有必要声明,这种见解的获得,应该源自他们作为从业商人在市场上参与的日常讨价还价。[104] 毫无疑问,他们明确提到了经验观察对经济探究的作用。因此,他们的"方法"看起来类似于那种实证的经验主义方法,这种方法就在这些年得到发展,是跟弗朗西斯·培根的名字连在一起的。[105] 到1620年代,培根早已在其著名的《论说文集》较早版本中向广大读者介绍了自己的基本观念。

当然,要查究培根对孟和米塞尔登的直接影响决非易事。[106] 当米塞尔登引用并提及哲学著作时,多数情况下他涉及亚里士多德及其他经典思想家。他援引亚里士多德是为了强调,贸易乃一种自然现象,并因此而为"创世神"所乐见。而且,他在《商圈与贸易差额》(1623年)中对内容、形式、本质的讨论,明摆着遵循亚里士多德的套路。[107] 然而,援引亚里士多德在当时属于惯例,并不能告诉我们作者的真正立场是什么。[108] 与此同时,米塞尔登特别提到了备受争议的法国著名逻辑学家彼得吕斯·拉米斯,这表明他非常熟悉亚里士多德主义的激进对立面。说起来,培根早期受到过拉米斯的影响,并认为自己的著作跟这位先驱大师一脉相承。[109] 更值得注意的是米塞尔登借拉米斯所言说道:"我们的探究不应该如此钻牛角尖,乃至在追求**方法**时,反倒失去了**内容**……。"[110] 这句话引自米塞尔登的一段自辩文字,当时在回击马利内的诽谤时,他为自己采用**二分法**作了辩护。显然,这句话可以解读为在批判亚里士多德学派的形式主义和空洞定义,也因此符合培根的精神。

培根在《新工具论》中指出,亚里士多德"给大千世界施加了无数武断的是非界限,时时处处醉心于有关定义的讲授以及所提命题的措词准确性,反而忽略了事物的永恒真理"。[111]

谅必有鉴于此,孟和米塞尔登主张应采用更多的归纳方法,而不是演绎方法,他们希望将自己对经济运行机制的整套看法建立在可靠的实证基础之上。故此,他们声称自己既非饱学之士也非思想大家,孟在某一处说过,"对我来说这有点高不可攀……"。[112]此外,米塞尔登在向皇家上司呈送本人1622年策论时,将自己所涉议题描述成一个非常低档的领域,谦称该领域也许太过低俗,不值得国王亲自过问。[113]孟在为东印度公司辩护的首份策论中,请求大家能宽恕自己斗胆建言,"毕竟本人才粗学浅……、词穷辩拙,当然,在每个细节上无不义理凿凿,本人也随时可以提供相关证据"。[114]

上述例子并非只是态度谦恭,更应当明确视之为某种倡导实证方法的陈词。同时,我们也不应该就事论事,要是认为其经济世界观完全以离散的经验事实为基础,那也太过简单化了。尤其不能用这种方式去解读孟的《英国得自对外贸易的财富》,那样会误入歧途。孟的这一著作展现了一个非常抽象的经济世界,其中的各种平衡力量均受制于市场关系。例如,有关货币波动的那些短期因素如何可能干扰自我调节的供求关系,他对此并不在意,那也许不是现代经济学所要关注的东西。当然,孟关于经济运行的观念中也包含了道义性内容,故此他的理念也算不上横空出世,但现代经济学又何尝不是如此?

尽管如此,在孟、米塞尔登与培根主义者之间,还是存在另外一些确切的联系。[115]首先,特别是在孟这里,清晰可见那种肇始于培根的所谓"一切以眼见为实"的精神,它意味着一切都应该用数字来衡量。故而,孟在那本书中展示了大量数据,为的是说明东印度贸易的有利效果。另外,这种研究经济与社会的新态度总体上跟"平衡"(即"差额")一词的日益使用也是相关的。该词最早出现于马利内1601年的经济文稿,当时用在"逆向平衡"这一词组中。[116] 而据比尔所示,"贸易平衡(或差额)"概念最早见于一份1615年的未刊报告中,作者是莱昂内尔·克兰菲尔德爵士、约翰·沃斯腾豪姆。[117] 次年,培根在论文《敬告乔治·维里埃斯爵士》中也使用过这个术语。[118] 前已提及,该术语首次印成铅字是1623年在米塞尔登的册子中,[119] 最后在1625年,它又出现于培根《论说文集》第三版的一篇论文《论叛乱与骚动》中。

广而言之,"平衡"概念日益频繁的使用也与当时的趋势有关,人们越来越多地从自然世界中借用某些意象,用来描画社会运行过程。[120] 这些词语的借用在17世纪中叶几已泛滥成灾,盖因关于宇宙科学的培根式实证研究纲领取得了突破。对培根而言,科学进步的康庄大道在于把自然、人类、社会同时囊括到一个巨大的研究项目中。

物理学家首先构想了这一意义上的"平衡",用来描述自然世界中的均衡状态。[121] 据此,自然世界和社会世界都被认为是由彼此作用的"客观力量"所组成。[122] 人们认为,本质上也可采用自然世界的研究方法去研究经济世界,这种观念毫无疑问产生了深远影响。[123] 最具深远意义的是,它确立了一种观念,即社会与经济也由客观法则和普遍原理所支撑,而人类是可以认识它们的。以此为基础,接着便可生成一个更进一步的理念,即,如果不去干预这些"自然的"客观力量,它们会运行得更好。

孟和米塞尔登之所以把经济理解为一种由"现实"经济力量构成的客观体系,不可能仅仅受到了实际贸易经验的启发,最简单的反驳理由是，生活在同时代的其他观察家基于同样的实际经验，却得出了截然不同的结论。正如德洛夫所言，格雷欣、马利内、鲁宾逊、麦迪逊这些"货币主义者"所生活的世界跟孟和米塞尔登的世界一样充满竞争，难道不是吗？[124] 要不然如何才能理解米勒斯那些怪异的看法？甚至可以说，那些"货币主义"观察家对该时期经济形势所作的描画要比孟和米塞尔登更加贴近实际，这点前已述及。例如，当马利内指出，在1620年代英国对外商业关系江河日下的背后，很大一部分原因在于货币灾害和外币贬值，他可能讲得更符合实情。可是，孟和米塞尔登所描绘的抽象画面从长远看恐怕更加准确。

假如以为孟特别在《英国得自对外贸易的财富》中，仅仅是要精确地分析眼前**实际**发生的事情，那会完全不得要领。实际上，孟以及米塞尔登都着眼于提供一个立足于若干普遍原理的理论框架，其中最重要的东西是各种市场力量的交互作用。所以，他们着力描述的是这些力量的一般运行状况，而不是当下实际的历史现象。[125]

米塞尔登在《商圈与贸易差额》中把经济描绘成一种"自然"体系，一种拥有自我法则的独立事物。在讨论汇票的收付时，他就这一体系的微观基础作了以下勾画：

> 汇票的接受和付出是一种自愿合约，因双方相互同意而进行，所以，如同在其他一切买卖合同和讨价还价中一样，双方都可以自由地接受和付出。这中间的交易行为及汇票的使用享有天然的自由，不能容忍任何人去强加于人。绝对可以肯定，当采用这套收付系统时，情况不会比原先的要差。

米塞尔登在同一段落中明确区分了"天然自由、不加干预"与

"政府作为"。最后,他充满赞许地引用了一句谚语:"天之所予,人莫夺之。"[126] 在孟那里,可以看到更多此类内容,他相信市场经济由客观力量所管控,这一信念在其文本的众多段落中均一目了然。例如,他强调,"任何东西若以一种方式强制介入,必然会以另一种方式相应退出",[127] 他相信,人类不可能干涉这些力量。孟指出:"虽然富有的国王权倾一时,但他们并非总能为所欲为地控制货币的流向。"[128]

凡此种种,在当时无疑都属激进的观点,须知,其时正是王权专制主义在欧洲各地阔步前进的时期。既然如此,我们难道不需要反思斯密关于"重商体系"的公式化描绘吗?显然,有一些很好的理由需要我们作出这样的反思。需强调的要点是,与流行观点正好相反,孟和米塞尔登相信,在政治和国家之外,存在着一个独立的经济领域。而且,他们信奉的道德哲学意味着他们相信,人自私自利并充满私人之恶。他们从物质的角度看待人,事实上,正是在他们手里,人变成了一个公式化的、至今挥之难去的"经济人"。孟告诉我们,不应该抱怨高利贷这种东西,"一人之所需正是他人之机遇",此乃理所当然。[129] 高利率总是出现在需要货币的地方,这是一个规律,所以,高利贷无非反映了自然的东西,即市场中需要力量的平衡。此外,前已提及,米塞尔登对于"人人为自己,知己莫如己"之类也洞若观火。[130]

然而,这种自我放任不会妨碍到作为经济活动最终目标的公共利益。虽然我们无法期望人人成为信从职守、道德高尚的基督徒,但我们至少可以实现良好的秩序。例如,在孟看来,"国家中的关爱与奉献不在于知道他人应履行的职责,而在于娴熟地履行本人的应尽职责",据此他接着说,"私人利益终究可以与公共利益相伴而行"。[131] 孟这里采用"可以……相伴"的字样肯定是经过斟酌的。尽管孟强调了经济自由的正面作用以及市场力量的彼此影响,但因为"私人之恶"与"公共之利"相伴而行,所以孟相信国家应当有意识地坚守自然秩序中的法则,当然,他认为贸易顺差即是其中的一个法则。我们知道,18世纪的作者还会得出其他一些结论,可是,孟和米塞尔登已为一个更加激进的学说奠定基础,这一点可谓有目共睹。[132]

损人的高利贷

在1620年代初的小册子论战中,米塞尔登的对手热拉尔·马利内(1583—1641年)非常可能是荷兰人的后裔。此人生于安特卫普,早期著作上都署名"德·马利内",但后来去掉了前面那个字,恐怕是为了看起来更像英国人。[133] 以此博取他人好感想必事关紧要,因为马利内比起同时期其他经济作者,更符合"寻租者"的形象。马利内曾经跟科凯因一起争取发行铜币的垄断权,他也参与过银和铅的开采,还介入到一系列需要皇家支持的经济计划中。他很早即被推举到不同的国家委员会,枢密院曾就贸易问题听取其意见,早在1600年,枢密院便委托他确定"一个切实的等值比价"。[134] 以后,他也担任过造币厂的检验师,当然,他首先是一名商人。基于上述经历,他"并不享有无可挑剔的声誉,毕竟涉足了某些形迹可疑的生意和大肆投机性项目",[135] 而这许多经商活动也非样样成功。更有甚者,他在1598年因一笔债务而被关进弗利特监狱,1619年又因在铜币项目中的角色重回牢房。但所有这一切必定让他对货币、金融和贸易问题有了大彻大悟,所以在1620年代初的贸易危机讨论中,他就比较有发言权。

正如米塞尔登介绍,至1620年代初,"等值比价"概念在马利内那里已成陈词滥调,他的《论英国公共福利之积弊》(1601年)概述了其基本观点。马利内指出,英国的主要问题,所谓"我们国度政治机体中的未知疾患",就在于"失衡",况且,

> 失衡完全体现于商品的价格而非数量或质量,既然要为这个问题买单,我们的钱财必然被耗费,最终使得国家严重地贫困化,使得我国货币进一步外流。[136]

至于为何"外国商品价格高于国产商品价格",他特别提到了本国货币流出的问题。[137] 据马利内观察,贸易条件之所以不利于英国,背后一个重要原因是,"从西印度群岛流入基督教世界"的银子给英国带来的好处要小于给欧洲其他国家的好处。[138] 这一观点后来在其册子《英国对揭露两个悖论的看法》(1603年)及后续著作中都有重复,那本小册子讨论了博丹和货币数量理论。[139] 然而,如其一向所强调,马利内在这里的主要解释是,这种货币外流原因在于英国货币汇率偏低,从而让货币的输出变得有利可图。1601年时,他已特别强调,低汇率主要源于占垄断地位的外国银行和钱商在进行操纵。他得出结论,归根到底,"货币兑换中的舞弊是该疾患非常切实的原因"。[140] 他提出的对策我们已耳熟能详,即应当防范货币外流,应当把货币提升至其"真实价值"水平。

虽然马利内在后续著作中进一步阐述了这些观点,但它们基本上大同小异。在其百科全书式《习惯法与商业法》(1622年)中,他把对外货币兑换另类地描述为"灵魂"(以恰当比例指导并控制商品与货币的价格和价值)或者描述为"船舵"。[141] 依照这一观点,"与外币的兑换问题"是英国"商品贸易失衡"的主因。英国币值被压低使得英国商人不得不提供越来越多的物品,才能换回原先的进口**价值**。如前已见,英国商人为支付汇票,必须"甩卖"、"贱卖",

因为贸易条件在日趋恶化。[142] 如此则产生一个重要后果（马利内在批驳米塞尔登时以此为论点），即，定价日益低廉的出口使得"不平等交换"愈发严重。他说，单纯增加"我们的制成品……不可能缓解失衡问题"，理由是，"一切有判断力的人都承认，我方制成品的获利或报酬仅限于换回外国商品，因为不可能带回外国的货币与贵金属，毕竟按目前状况，带回钱币就会发生亏损"。[143]

马利内特别在《习惯法与商业法》中嘲讽了银行和钱商的卑劣行为，他罗列了一长串银行家的邪恶"花招"，其实这一罗列借鉴了格雷欣可能写于 1560 年前后的一份备忘录。[144] 且不论这一点，在他所指控的银行和钱商的伎俩中，就包括未经许可而输出货币、"未曾海上涉险或远行而致富，尤其是操纵汇兑环节"。[145] 最后，在其全部后续著作中，"等值比价"似乎是解决币值偏低和贸易逆差问题的唯一有效对策。在《商业圈的中心》，他对"等值"作了定义：

> 这个规则……颠扑不破：当兑换率依照我们货币的内在成色、重量及外在面值，反映其真实价值时，货币就不可能外流，因为利润已经体现在兑换率上，只有兑换率出问题才会成为货币输出的动因。[146]

前已有论，马利内试图找到 1620 年代初严重危机背后的真正原因，他把原因定位在同期货币乱象之上，这一点本身不该受到米塞尔登的冷嘲热讽，特别是，马利内指控经营兑换的银行家垄断市场、一手遮天，这"并非纯属无稽之谈"。[147] 雷蒙德·德洛夫、理查德·埃伦伯格、R. H. 托尼对 16 世纪末商业惯例和外汇问题的研究确已证明马利内诸多观察与立论的恰当性。[148] 与此同时，马利内始终强调投机和垄断是关键成因，从描述长远经济运行的角度看，这似乎缺乏较强的说服力。尤其是他认为，是英国出口价太低

(而不是太高)造成了问题,这好像与现实情况更加脱节。与孟和米塞尔登不同,马利内似乎没有认识到需求弹性的作用,相反,他主要担心英国呢绒出口时卖价太低。他指出:"呢绒以前的价格比现在贵了一半,也从未有人抱怨卖得太贵。"[149] 因此,若为解决呢绒贸易量减少的问题,"继续竞相压价……",那是行不通的,"岂能以恶除恶"?[150] 他建议货币重新估值,而不要"再降低货品的价格,那样永远不可能确立一个行业,也不可能打开市场销路"。然而,在孟和米塞尔登看来,这样做的效果显然只会进一步恶化局面。

正如托尼表明,马利内的论述折射出一个事实,即,早期的国际信贷体系已经出现。故而,16世纪中叶后,汇票和货币的使用量已有大幅增加,这是国际货币市场以及国际贸易(特别是呢绒贸易)增长的结果。[151] 面对用汇票开展交易而非"自然的"以货易货,当时的观察家心中充满疑虑。通过兑换货币而牟利的做法,不就是莎士比亚《威尼斯商人》谴责的"钱生钱"的邪恶行径吗?事实上,随着国际信贷量从16世纪中期开始增长,"外汇成了一个头等公共问题"。[152] 在伦敦,人们认为,那一帮意大利货币交易商操纵了英国遭遇的低汇率,安特卫普的银行家和富商据说也在蓄意压低英国的币值。[153] 从这个角度看,马利内在那里谴责"大钱商或银行家""肆意"操控货币运行,不过就是随大流而已。[154]

可是,要想理解马利内对货币兑换和等值比价的迷恋,尚须更仔细地考察他的社会观。毫无疑问,他关于垄断和高利贷之类问题的看法深受久远的经院哲学和宗教法规学者的影响。[155] 到马利内时代,"高利贷问题"依然是个各方激烈争辩的焦点,下文就将可见。马利内那么强烈地反对这些"邪恶"做法,但我们不该就此得出不实结论,好像他的思想在那时特别守旧。根据马利内的观点,当时存在几种货币的兑换形式,其中最邪恶的方式是使用汇票或贷方票据。[156] 他猛烈谴责的正是这些活动,并将其归咎于住在安特卫普及伦敦的一小撮外国钱商。他义愤填膺的主要理由是,垄断投机和放高利贷卷入了那些"凭空""生造"的交易活动,[157] 以后他会屡屡强调存在这些"不法活动"。对于垄断,他定义为:

> 由法律有时由个人夺取的一种买卖、交换或易货行为,该行为阻止他人分享其私利,令其他全体人蒙受伤害。[158]

在《维护自由贸易》(1622年)中,他强烈指控"冒险商人"乃垄断分子,他如此评说:

> 当众人本来也可能为公众利益而交易并议价时,少数商人独家经营某一行当,让社会实际上成为一个垄断对象,公众的利益因此遭受损害。[159]

在马利内罗列的垄断行为中,包括了一小撮钱商通过投机而压低币值。由于"某些商人实在不了解铸币的币值",钱商会诱使商人以不利的汇率进行兑换。他认为,此等行为不利于商人和国家。不过,虽然从当时实际发生的情况看也不能说这种判断全不准确,但令人费解的是,为什么只有**英国**的商人和公众会遭到某种邪恶力量的坑害?不必赘言,孟和米塞尔登的答案当然是,不利的货币兑换其实跟贸易逆差有关,可是,马利内从未承认在货币流动的背后有"实际"经济力量在起作用,反正他固守本人观点,抵制对手的意见。

在马利内看来,"滥用垄断"是高利贷的一种形式,[160] 用他的话说,其实就是"高利贷之恶",所以,"凭空""生造"的交易就是一种隐性的高利贷。在《圣乔治对英国的讽喻式描述》中,他以讽喻的方式把高利贷描画成一条恶龙,会捣毁英国的一切珍贵之物,诸如"慈善"、"平等"、"协和"。这条龙是"各国叛乱与纷争之元凶和

根源",

> 徒让部分人暴富,让其他人受压并受穷,以致瓦解一国良好治理之下各方面的和谐……,而本来每个国民都应该各尽其责,按照自身职守履行应尽的义务。[161]

马利内谴责了形形色色的高利贷,并向恶龙投去上帝之义愤,[162] 因为"它纯粹为了利润而放贷,掏空了众人的善心"。[163] 然而,马利内的主要攻击目标还是货币兑换商,"这些人不会想到,货币注定是人与人之间的信用与权利,在合约和买卖中起到公正计量和等值交换的作用"。[164] 这些人"把货币变成了人世间的天条",并"在这个世界改变了货币的本质和估值,把 100 英镑变成 110 英镑,从此消灭了慈爱之心和免费借贷……"。[165]

不难看出,马利内谴责的"高利贷之恶"就是外汇交易商在买卖汇票时收取的利息。自然,汇票提供者的天职就是向汇票接受者发放一段时间的信贷,[166] 可是,当汇票主要被用于货币的借出和借入时,情况就会变坏。根据这一阶段的正统道义思维,这些流程是站不住脚的,因为那意味着会从货币交易中牟利,所以整个欧洲 16 世纪的文献无不同声谴责。然而,英国的文献在这一点上似乎特别严厉,例如,担任英国国务大臣、驻荷兰大使等众多职位的托马斯·威尔逊在所著《论高利贷》(1572 年)中,对于货币交易秉持毫不留情的态度,更甚于两个世纪前巴黎的天主教经院学者。大多数经院学者即便质疑牟利,也尚能接受利息,而威尔逊在本人影响甚广的著作中却拒不接受这一论点,理由是钱商们几乎一定会刻意牟利。[167] 除了给高利贷贴上不合道义的污名标签外,威尔逊清楚地证明,货币兑换通常包含了利息的收取。[168] 例如,他声称:"这种凭空生造的交易着实令人憎恶,那显然是不折不扣、积弊丛生的一种高利贷。"他指出,这种活动"完全违反天理",因为其中的"从业者买卖货币,可是,货币何曾为这一目的而发明创造?"

这些观点终究根深蒂固,反对高利贷的小册子到17世纪仍继续刊行于世。晚至1637年,博尔顿尚且写道:"凡高利贷必损人,如此贷出的货币不会空手而归,总会减损、消耗、带走借款人的部分财富和资产……"。[169] 另一个例子是托马斯·卡尔佩帕著名的《反高利贷论》(1621年),它所引发的讨论一直延续到1660年代,届时参与讨论者会包括卡尔佩帕之子及蔡尔德。[170]

不过,马利内特别回头乞灵于16世纪,这样说他也不算过分。他看起来相当认同16世纪对高利贷的负面态度,且总体而言,他的社会观似也比其论敌的社会观更加陈旧。一个秩序井然的国度应该是怎样的,他在这方面的看法充分借鉴了亚里士多德和经院思想家。与这些人一样,他觉得经济关系理当由分配正义来主导,此外,他认为货币是某种被动的、一般不可售卖的东西,这种观念无疑继承了13世纪和14世纪巴黎的经院学派。[171] 他同意他们的观点,认为商业基本上是一桩危险的事,一小撮人的贪婪和逐利自会危及社会共同体的道德秩序,那些从事"损人高利贷及过度勒索"的人违反了道德准则,"缺乏善心"。[172] 他声言,那些人漠视"贫穷苟活者的种种需求","完全是一副铁石心肠"。[173] 在其《习惯法与商业法》中,他仍然在重复那个论点,即高利贷之"恶龙""制造了社会共同体中的不平等"。[174] 这条恶龙的尾巴"歪曲了我们的衡量标准,由此瓦解了社会和谐,变善心为冷漠,让不平等悄然而至,况且败坏了'己所不欲勿施于人'这条规矩"。[175] 不言而喻,经院学派有关基督教经济的道德景象在马利内这里得到了充分再现。

然而,马利内的这些观念同样存在于同时期其他人的头脑中。上文曾提到,当马利内1622年任职于为应对危机而成立的委员会时,麦迪逊也是其中一员,且到 1640 年依然大体坚守原来的一套思想。例如,在所著《英国内外观察》(1640 年)中,麦迪逊抱怨"本王国的商品在衰落,尤其是本王国的羊毛价格近年大幅跌落"。[176] 败落的主因是"我国的货币在流出或漏出到其他地区"。[177] 在麦迪逊看来,货币的紧缺或缘于贸易逆差或缘于"经商兑换",可见,麦迪逊在坚持马利内原先解释的同时,也认识到孟和米塞尔登提出的对立理论。他写道,货币紧缺的成因在于"两个特别的或主要的途径……即,与外国人贸易中发生的逆差,以及我方与外国人之间的汇票经商兑换"。[178] 然而,才过一会儿,他似乎就忘记了上述第一个原因,竟又一味强调,"经商兑换总体而言乃消耗我国货币的根本原因"。[179] 据称,上上之策应该是确立"公平"的"等值"兑换,无奈这种"等值"遭到邪恶钱商的阻挠,因为他们"随心所欲、为所欲为地让货币潮起潮落",一心要压低汇率,为的是"输出我国的铸币并从中牟利"。[180]

晚至 1652 年,亨利·鲁宾逊在提出"改善贸易和航运"的建议时,其立场也依然接近以上所述。他提出的一项重要对策是,组建一家新"银行",以防止"我国货币的外流",这家银行将能够"制止现有经商兑换,现有兑换让我国商人在世界各地横遭欺诈,毕竟他们采用兑换汇票进行交易"。[181] 有鉴于此,有必要"在我国与其他国家之间按等值原则确定兑换率"。[182] 不过,鲁宾逊也接受了某些新理念,如他相信,英国价格的上涨,或者其他地方价格的下降,也会催生动力,令货币流出本王国,并因此造成"贸易逆差"。[183]

不过,举最后一个例子即托马斯·米勒斯时,我们仿佛又回到了 16 世纪。身为海关官员的米勒斯严辞攻击冒险商人输出金银,他发表了数篇文辞浮夸的策论,估计在当时都很难让公众信服。[184] 可是,如果只把他当作一个怪人而一弃了之,那也太不慎重。正如德洛夫所强调,米勒斯或许理论功夫不好,但不能因此认为其论述毫无意义,他有关外汇的观点在那个时候相当流行。[185] 例如,他非常了解"如今在伦敦由汇票造成的混乱交易",这种交易实际上靠"有利息的汇票"所维持。[186] 因为"兑换问题……事关整个王国肌体的健康",所以他认为,"兑换之谜"是我国货币紧缺及一切问题的要害所在。他以自己典型的话语指出:

> 商品交易及经商兑换中胡作非为、恶贯满盈,国王峨冠博带,似乎一言九鼎,但其实银行家以及生意人和贪婪者结成的私人团体唯利是图,在那里架空了理事会,控制着政策,向国王和女王殷勤进贡……同时向君主们放贷以收取利息……。如此行径,实属大逆不道、践踏正义、播撒怨恨、诱发战争、形同巫术,一言以蔽之,此乃"高利贷"。[187]

是新的转向吗?

我们在本章聚焦于英国 1620 年代的争论,那场争论中,人们围绕货币外流的后果、贸易差额问题、贸易危机的性质等话题各抒己见、唇枪舌剑。我们清楚区分了看问题的两种不同方法,各体现于马利内一方的系列论点,以及孟和米塞尔登一方的那些论点。上文已示,双方的交锋在 1622 年和 1623 年崭露头角,最终发展成以小册子为形式的著名辩论。按照马利内、麦迪逊、鲁宾逊等作者的解释,1620 年代的经济危机源自货币因素,即铸币的贬值以及投机者造成的低汇率。以孟、米塞尔登为首的团队则相信,要害问题在于英国与欧洲及东印度贸易发生了逆差,他们还认为,国家之间的货币流动实由贸易收支这样的"实际"经济因素所决定,是贸易的顺差或逆差决定着汇率,而不是相反;同时他们认识到,市场机制,主要是供求之间的平衡关系,具有普遍的决定性。

人们有时把双方分歧理解为大致体现了各自不同的利益归属,按照这个思路,孟和米塞尔登不过就是冒险商人公司和东印度公司这两大巨头的喉舌,这些公司当时正在跟欧洲和亚洲做贸易生意,两个人无非是在为英国金银的输出作辩解。与此相应,马利内那一派代表了货币输出问题上比较守旧的看法,虽然这批人中也有商人,但商人的分量远不能跟另一派相比。

无论上述说法多么正确,也不能掩盖一个基本事实,即论辩双方的观点终究都存在**理念**基础,反映了他们对于后代所称的"经济"持有不同的观念。这个问题在帕拉库纳·托马斯颇为原创的《重商主义与东印度贸易》(1926年)中也有尖锐分析。托马斯特别强调,英国17世纪围绕对法国、爱尔兰、东印度贸易而发生的政治辩论,给该国17世纪的经济热议投下了巨大身影。在托马斯看来,重商主义主要是一种经济政策体系,旨在"增强国家的物资实力,所以是民族主义的经济侧面"。[188] 该作者无疑小心翼翼地把经济政策与经济话语区分开来,但同时很容易从他的分析中推论,有关经济政策的派别立场确实对理论和思想的发展产生了决定性影响。他至少暗示,贸易顺差论之所以提出来,主要是为了回击据说侵犯成性的法国贸易政策。特别在1680—1730年间,许多经济小册子的作者感到,英国在对法贸易中发生了"入超","自由"进口法国奢侈品和葡萄酒让英国蒙受了金银流失。

托马斯继续阐述道,东印度贸易问题到1690年代再次引发争论,然而,这场争论中的正反双方却基本上立足于其他一些论点。这时最突出的问题涉及保护主义,焦点是,廉价进口印度的软棉布会在多大程度上损害英国的工业和就业?在此情况下,贸易顺差论的新版本,即让外国向我国付酬的劳动顺差论,自然比原先强调货币顺差的旧版本要更合时宜。[189] 因此,托马斯至少提示,正是围绕东印度贸易而日趋激化的论争,使得顺差论的新旧版本在这些年头发生了逐渐的交替。显然,旧版本强调的是,一国应当不讲理由地尽量输入金银或铸币,而新版本则强调了国内生产、就业、工业对国民财富的重要性。[190]

托马斯的描述一定程度上相当准确,只是它未能给出全貌。假如宣称,因为经济学家在实际政治问题上持有党派立场,所以他们不会再去使用相对独立于特定语境的分析概念或经济学话语,这肯定是完全错误的。之前也已指出,我们不应该过度关注当时那些历史背景因素,乃至全然忘记话语成长和理论构建本身的重要性。故此,同样应该把思想发展放到话语成长和理论构建的框架中来考察。我们所提及的那些重商主义文本不可能是纯粹的"白板",仅仅直接反映某些"外在的"现实。作者们在使用词语、概念、推论思路时,甚至在关注何种话题时,都必然受到了历史遗产的影响。因此,他们一定程度上也受制于既有词汇或特定话语。当然,他们也肯定会在不断变化着的话语环境中使用原有话语,为回应不断变化的问题,他们的话语也会与时俱进。就这样,包括话语场景在内的种种背景逐渐变化,久而久之自然带来语言与思想体系的演化。

最后,在回顾1620年代初的小册子论战时,应当强调,尽管物质利益和党派立场当年影响巨大,但双方的论争还是涉及经贸关系基础何在这一基本观念。在马利内看来,某些人在经营国际货币交易和商品贸易的过程中,经常会干些丧天害理、自私自利的事情,他们会乘势投机、削锉铸币、放高利贷。在另一边,孟和米塞尔登固然不会否认此等现象的存在,但相信单凭这些东西仍无法解释,为什么某些国家货币"紧缺",另一些国家却应付裕如。他们随之提出的观点是,情况之所以大相径庭,根源在于国家之间的贸易收支问题,也即不是坏人作乱使然,而是供求关系这种非人化的力量在起作用。正是供求关系的互动导致一国某些时候出现顺差,另一些时候又出现逆差。所以如已强调,我们决不能妄断,一方的观点比起另一方的观点更有"道德"内涵。孟那一方不大愿意相信可以靠道德教化去驯服市场,他们似乎更感兴趣于市场的实际运作。他们以实证检验为方法,开始把"经济"当作包含了各种力量的一个体系来看待,这个体系就像一个时钟那样在彼此平衡关联中运转,市场上的买卖主体把那些客观力量整合了起来。与此同时,他们肯定也像当时大多数人一样,相信人类是有罪的生灵,需要靠基督教的价值观和法律的强制力加以调教。所以他们也认为,既然无法保证自私行为必定服务于公共利益,那就有必要监管市场力量,否则,效果也会适得其反。

注释:

1. J. D. Gould, "The trade crisis of the early 1620s and English economic thought". *The Journal of Economic History*, vol. XV: 2 (1955), p. 133. 为何此书可能写于"1626 年中至 1630 年末,且明显倾向于该时期前半部分",已有说服力较强的论述,see J. D. Gould, "The date of *England's Treasure by Forraign Trade*". *The Journal of Economic History*, vol. XV (1955), p. 160f. 至于为何此书未能在 1620 年代出版,比尔作过讨论,see M. Beer, *Early British Economics from the XIIIth to the Middle of the XVIIIth Century*. London: George Allen & Unwin, 1938, p. 182. 比尔推测,答案在于此书提及了有关货币输出的敏感问题,而撤销黄金出口禁令发生在 1663 年,难道纯属巧合吗? 可是,为何孟的第一本册子《贸易论》也主张东印度公司有权输出金银,但那个册子倒是在 1621 年出版了,难道该书的敏感度有所不同?
2. T. Mun, *England's Treasure by Forraign Trade* [1623]. New York: Augustus M. Kelley, 1986, p. 81.

3. 有关概述, see P. J. Thomas, *Mercantilism and the East India Trade*. London: P. S. King & Son, 1926.
4. Thomas, pp. 8ff., 24, 37ff., 51ff.
5. Mun, pp. 40f.
6. "Advice of his majesty's council of trade concerning the exportation of gold and silver in foreign coins and bullion". In J. R. McCulloch (ed.), *A Select Collection of Scarce and Valuable Tracts on Money*. London: Political Economy Club, 1856, pp. 148f.
7. 韦纳林德在解读1620年代初的小册子争论时，低估了这一显著差异, see C. Wennerlind, *Casualties of Credits: The English Financial Revolution, 1620-1720*. Cambridge, MA: Harvard University Press, 2011, p. 32; M. Poovey, *A History of the Modern Fact*. Chicago, IL: University of Chicago Press, 1998, p. 66.
8. B. Supple, *Commercial Crisis and Change in England, 1600-1642*. Cambridge, MA: Cambridge University Press, 1959, p. 198.
9. E. Lipson, *The Economic History of England*, vol. III. London: A. & C. Black, 1934, p. 305.
10. Lipson, p. 306.
11. Acts of Privy Council of England (A. P. C.) 1619-21, 26. 5. 1620. British Library (BL).
12. A. P. C. 1621-3, 17. 5. 1622. BL.
13. 有关这些委员会及其讨论的完整呈现, see C. E. Suprinyak, "Trade, money and the grievances of the commonwealth". (unpublished, forthcoming paper). 作者也指出,甚至在危机前,宽呢行业已经处于萧条状态,那个专攻呢绒海外出口的所谓"科凯因计划"也已失败。See also A. Friis, *The Alderman Cockayne's Project and the Cloth Trade. The Commercial Policy of England in its Main Aspects, 1603-25*. London: Humphrey Milford, 1927 as well as the overview in R. Brenner, *Merchants and Revolution. Commercial Change, Political Conflict, and London's Overseas Traders, 1560-1653*. London: Verso, 2003, ch. 5.
14. T. Mun, *A Discourse of Trade* [1621]. New York: Augustus M. Kelley, 1971, pp. 50f.

15. Add. Mss. 34324, fol. 181 (BL).
16. Supple, *Commercial Crisis and Change in England*, pp. 59ff. See also Lipson, III, pp. 307ff.
17. See W. R. Scott, *The Constitution and Finance of English, Scottish and Irish Joint-Stock Companies to 1720*, vol. I-III. Cambridge, UK: Cambridge University Press, 1912; A. Friis, *Alderman Cockayne's Project and the Cloth Trade*. See also Lipson, III, p. 381. 有关这一讨论的概述, see Supple, *Commercial Crisis and Change in England*, chs. 2, 3; R. W. K. Hinton, *The Eastland Trade and the Common Weal*. Cambridge, UK: Cambridge University Press, 1959, p. 12ff. See note 12 above.
18. E. Misselden, *The Circle of Commerce or the Balance of Trade* [1623]. New York: Augustus M. Kelley, 1971, p. 51.
19. 有关新织物的出现, see Supple, pp. 136f.; F. J. Fisher, "London's export trade in the early seventeenth century", *The Economic History Review*, 2nd ser., vol. III: 2 (1950).
20. Supple, p. 74. See also J. D. Gould, "The trade depression of the early 1620's", *The Economic History Review*, 2nd ser., vol. VII: 1 (1954); B. Supple, "Currency and commerce in the early seventeenth century", *The Economic History Review*, 2nd ser., vol. X: 2 (1957).
21. Gould, "The trade depression of the 1620's", p. 90.
22. Suprinyak, "Trade, money and the grievances of the commonwealth".
23. Add. Mss. 34324, fols. 155, 167, 171. British Library.
24. A. P. C. 1621-3, 10. 4. 1622. For this, see Supple, pp. 66ff., 198ff., 268ff.
25. See Supple, pp. 204f. See also Add. Mss. 34324, fols. 153-4. BL.
26. A. P. C. 1621-3, p. 27. BL.
27. Suprinyak, "Trade, money and the grievances of the commonwealth".
28. 有关孟及其团队还有马利内及其团队的未刊策论, see Add. Mss. 34324, fols. 153-78. BL. 其他重要的未刊材料是 *Memorandum* by W. Sanderson, "A treatise on the exchange", Lans. Mss. 768. BL. 有关更全面的述论, see Supple, pp. 202ff., 268ff. as well as Suprinyak, "Trade, money and the grievances of the commonwealth".

29. R. Maddison, *England's Looking In and Out*. London: T. Badger for H. Mosley, 1640, pp. 5f., 11.
30. Add. Mss., fol. 165. BL.
31. Add. Mss., fol. 165. BL.
32. Add. Mss., fol. 154. BL.
33. W. A. Shaw, *The History of Currency, 1252-1894*. London: Wilson and Milne, 1895, p. 145; Supple, *Commercial Crisis and Change in England*.
34. See above, p. 5.
35. See E. Misselden, *Free Trade or the Meanes to Make Trade Flourish*, p. 104.
36. Add. Mss., fol. 167. BL. 苏普林亚克强调,1620 年代初,国王财务大臣、密德塞克斯伯爵克兰菲尔德对孟团队的观点产生过影响。
37. Add. Mss., fol. 165. BL.
38. Add. Mss., fol. 169. BL.
39. Add. Mss., fol. 155. BL.
40. 苏普林亚克对此也予以强调。
41. R. Cotton, "A speech made by Sir Robert Cotton, knight and baronet, before the Lords of his Majesties most Honourable Privy Council at the Council Table" (first published in 1651). In W. A. Shaw (ed.), *Select Tracts and Documents. Illustrative of English Monetary History*. London: Clement Wilson, 1896.
42. 有关信息,see A. Finkelstein, *Harmony and the Balance. An Intellectual History of Seventeenth-Century English Economic Thought*. Ann Arbor: University of Michigan Press, 2000, ch. 3.
43. E. A. Johnson, *Predecessors of Adam Smith. The Growth of British Economic Thought*. New York: Prentice-Hall, 1937, pp. 58f.
44. J. Wheeler, *A Treatise of Commerce, wherein are Shewd the Commodities Arising by a Well Ordered and Ruled Trade*. Middelburg, UK: n. p., 1601, pp. 25f.
45. Wheeler, p. 28.
46. For this see Lipson, III; Johnson, pp. 43f., 58f.; Supple, *Commercial Crisis and Change in England*; Friis.

47. See Johnson, pp. 61f.; *Palgrave's Dictionary of Political Economy*. London & New York: Macmillan, 1894.
48. E. Misselden, *Free Trade or the Meanes to Make Trade Flourish*. London, 1622, p. 8.
49. Misselden, pp. 10f.
50. Misselden, p. 104.
51. Misselden, p. 107.
52. Misselden, p. 104.
53. Misselden, p. 12.
54. Misselden, p. 20.
55. Misselden, p. 17.
56. Misselden, p. 89.
57. E. Misselden, *The Circle of Commerce or the Balance of Trade*, pp. 4, 14, 26, 23, 29. 更准确地说，他提到了关于"货币与兑换"的"一份旧稿"，据说马利内从中抄录了材料。德洛夫指出，此份文稿很可能由格雷欣撰写。(See R. de Roover, *Gresham on Foreign Exchange*. Cambridge, Mass.: Harvard University Press, 1949, pp. 12ff.)不过，米塞尔登的文本提到了米勒斯的名字。
58. 塞利格曼在著作中与此接近，see E. Seligman, *Curiosities of Early Economic Literature*. San Francisco: J. H. Nash, 1920, pp. viiiff.
59. 有关不同意见，see A. Finkelstein, *Harmony and the Balance*, p. 54. 但她的论点，即米塞尔登依然是特殊利益方(冒险商人公司)的同党，并不能佐证其主张。这个说法也许不错，但不能就此否认，米塞尔登所言也自有其理论立场。她有关米塞尔登金银输出观的论点，也应作如是观。See especially Misselden, *The Circle of Commerce*, pp. 36f.，从中可见米塞尔登非常赞赏孟对东印度贸易的分析，以及迪格斯为东印度贸易的辩护。
60. Misselden, *The Circle of Commerce*, p. 21.
61. Misselden, p. 69.
62. Misselden, p. 117.
63. For A. Serra, the "Cambrese", see p. 64.
64. Misselden, p. 116.
65. Misselden, p. 130.

66. Misselden, p. 36.
67. Finkelstein, pp. 62f. 注意,她并不认为米塞尔登提出过新东西,有关依据主要采自米塞尔登的第一本册子《维护自由贸易》,不是他的第二本册子,而正是在第二本册子中,米塞尔登表达了其新思想。有关17世纪的"自由贸易"概念, see L. Magnusson, "Freedom and trade: from corporate freedom and jealousy of trade to a natural liberty". *Keio Economic Studies*, vol. XLIX (2013).
68. 约翰·孟所撰导言见于 Thomas Mun, *England's Treasure by Forraign Trade*. See also Finkelstein, pp. 75f.
69. T. Mun, p. 17f. On this see R. de Roover, "Thomas Mun in Italy". *Bulletin of the Institute of Historical Research*, vol. XXX (1957), pp. 81f. 如果鲁维尔说得不错,即孟在意大利的时间是1596—1598年,则孟不可能受到塞拉的影响。但前文已示,其他意大利人更早也已提出类似观点。
70. 有关孟的更多信息见于 *Dictionary of National Biographies*.
71. T. Mun, *A Discourse of Trade from England Unto the East Indies*, title page.
72. Wheeler, *A Treatise of Commerce*.
73. Mun, *A Discourse of Trade*, p. 1.
74. Mun, p. 2.
75. Mun, p. 27.
76. Mun, p. 22.
77. Mun, p. 49.
78. Finkelstein, pp. 74f.
79. On this see for example D. K. Foley, *Adam's Fallacy. A Guide to Economic Theology*. Cambridge, MA: The Belknap Press of Harvard University Press, 2006.
80. Mun, *England's Treasure by Forraign Trade*, p. viii.
81. Mun, p. 5.
82. Mun, p. 16.
83. Mun, p. 17.
84. Mun, p. 39.
85. Mun, p. 41.

86. See Johnson, pp. 12ff.
87. G. J. Goschen, *The Theory of Foreign Exchanges*. London, 1866, p. 11.
88. Mun, *England's Treasure by Forraign Trade*, p. 55.
89. Mun, p. 73.
90. Mun, p. 75.
91. Misselden, *The Circle of Commerce*, p. 118.
92. Supple, *Commercial Crisis and Change in England*, p. 215. 有关同类其他表述, see E. A. Johnson, *Predecessors of Adam Smith*; and J. O. Appleby, *Economic Thought and Ideology in Seventeenth Century England*. Princeton, NJ: Princeton University Press, 1978.
93. Misselden, p. 21.
94. Misselden, p. 62.
95. Misselden, p. 105.
96. Mun, p. 62.
97. Add. Mss., fol. 155. BL.
98. Misselden, p. 29.
99. Mun, p. 87.
100. Mun, *A Discourse of Trade*, p. 8. See also Misselden, *The Circle of Commerce*, p. 51.
101. J. Viner, "English theories of foreign trade before Adam Smith". *The Journal of Political Economy*, vol. XXXVIII (1930), p. 420.
102. See J. D. Gould, "The trade crisis of the early 1620's and English economic thought". *The Journal of Economic History*, vol. XV (1955), pp. 127ff.
103. Mun, p. 17.
104. 这是阿普比构想的明确观点, see J. O. Appleby, *Economic Thought and Ideology in Seventeenth Century England*.
105. 有关培根及其对经济话语之影响的近期著述, see Finkelstein, *Harmony and the Balance*, pp. 89f.; T. Leng, "Epistemology, expertise and knowledge in the world of commerce". In P. J. Stern and C. Wennerlid (eds.), *Mercantilism Reimagined: Political Economy in Early Modern Britain and its Empire*. Oxford: Oxford University

106. 韦纳林德坚信,在"哈特利布圈子"与以后配第等17世纪的经济作者之间存在这层关系。不过,在塞缪尔·哈特利布这个普鲁士移民1626年到伦敦之前,不可能有"哈特利布圈子"。但即使在他到来前,培根的观点也许已经传播给了像米塞尔登这样阅读广泛的人,而且可能也已传播给孟。See C. Wennerlind, "Hartlibian political economy and the new culture of credit". In Stern and Wennerlid, *Mercantilism Reimagined*, p. 77.
107. Misselden, *The Circle of Commerce*, pp. 8ff., 11, 41.
108. Finkelstein, chs. 2, 3.
109. 有关概述, see R. W. Church, *Bacon*. London: Macmillan, 1894; P. M. Urbach, *Francis Bacon's Philosophy of Science*. Peru, IL: Open Court, 1987. Also see S. Shapin, *A Social History of Truth: Civility and Science in Seventeenth-Century England*. Chicago, IL: University of Chicago Press, 1994; M. Poovey, *A History of the Modern Fact: Problems of Knowledge in the Sciences of Wealth and Society*. Chicago, IL: University of Chicago Press, 1998.
110. Misselden, p. 72.
111. J. M. Robertson (ed.), *The Philosophical Works of Francis Bacon*. London: Routledge, 1905, p. 271.
112. Mun, *A Discourse of Trade*, p. 49.
113. Misselden, *Free Trade*, introduction.
114. Mun, p. 49.
115. On this see M. Beer, *Early British Economics*. London: Allen & Unwin, 1938. pp. 136ff.
116. G. Malynes, *A Treatise of the Canker of England's Commonwealth*. London, 1601, p. 2.
117. Beer, *A History of Early British Economics*, p. 138. On Cranfield, see above, pp. 107, 152.
118. Spedding, Ellis, Heath (eds.), *Works of Francis Bacon*, vol. XIII. London: Longmans, 1872, p. 22.
119. 有关贸易平衡或差额概念起源的讨论, see for example W. H. Price, "The origin of the phrase 'balance of trade'". *Quarterly Journal of*

Economics, vol. XX (1905); *Palgrave's Dictionary of Political Economy*, vol. I. London, 1894.

120. On this see especially Finkelstein, ch. 7 and the following.

121. G. N. Clark, *Science in the Age of Newton*, Oxford: Oxford University Press, 1947, p. 119; L. Sommer, *Die Österreichischen Kameralisten*, vol. I. Vienna, 1920, pp. 89ff. See also E. F. Heckscher, *Mercantilism*, vol. II. London: George Allen & Unwin, 1955, pp. 308ff.

122. 有关这些问题的开拓性著作,see L. Sommer, *Die Österreichischen Kameralisten*, vol. I, p. 75. 此书认为,"客观力量"概念与从伽利略到牛顿的力学原理相关联。

123. For this see especially Sommer.

124. See de Roover, *Gresham on Foreign Exchange*, pp. 275ff.

125. 许多人固然正确地强调了1620年代萧条的重要性,但一般都误以为孟和米塞尔登的著作不过是对实际事件的反映而已。可是,众多作者对这些事件作过各种解释,这也不等于说,反映现实就不再是理论解释的基本方法。如前已见,语言不仅仅在自我反映,它总在跟这种"现实"进行某种对话,无论"现实"是如何被感知的。萨普似乎意识到了这一点,但到最后还是得出结论说,孟和米塞尔登的作品仅仅反映了某种不言自明的"竞争局面",而从该局面中只可能得出一种结论。这种思想方法无助于理解马利内或米勒斯。See Supple, pp. 72, 197ff., 215, 220f.

126. Misselden, *Free Trade*, p. 112.

127. Mun, *England's Treasure by Forraign Trade*, p. 37.

128. Mun, p. 54.

129. Mun, p. 59.

130. Misselden, p. 64.

131. Mun, p. 1.

132. 赫克歇尔一定程度上承认这一点,他在整合孟和米塞尔登等重商主义者的两部分内容时遇到了极大困难,因为这些重商主义者一方面在哲学与方法意义上呈现"现代主义"特点,另一方面却强调贸易顺差论并坚持某种形式的保护主义。See Heckscher, *Mercantilism*, II, pp. 273ff., 316ff.

133. 有关马利内, see R. de Roover, "Gerrard de Malynes as an economic writer". In J. Kirschner (ed.), *Business, Banking and Economic Thought in Late Medieval and Early Modern Europe*. Chicago, IL: Chicago University Press 1974; L. R. Muchmore, "Gerrard de Malynes and mercantile economics". *History of Political Economy*, vol. I (1969); E. A. Johnson, *Predecessors of Adam Smith*, ch. 3. See also *Dictionary of National Biographies*; Finkelstein, ch. 2.
134. 马利内在书中有提及, see Malynes, *The Maintenance of Free Trade*, p. 65.
135. De Roover, p. 348.
136. Malynes, *A Treatise of the Canker of England's Common Wealth*. London, 1601, p. 12.
137. For example Malynes, p. 10.
138. Malynes, pp. 9f.
139. Malynes, *The Maintenance of Free Trade*, p. 30.
140. Malynes, *The Maintenance of Free Trade*, p. 18.
141. G. Malynes, *Consuetudo vel Lex Mercatoria*. London: Adam Islip, 1629, pp. 59, 61.
142. Malynes, *Consuetudo*, pp. 64ff.
143. Malynes, *The Center of the Circle of Commerce*, p. 57.
144. For this see R. de Roover, *Gresham on Foreign Exchange*, pp. 14ff. 然而, 玛丽·迪瓦对格雷欣乃本备忘录作者的说法提出质疑, 参见她与德洛夫之间的相关讨论, see *The Economic History Review*, 2nd ser., vol. XVII (1965), pp. 476ff. and vol XX (1967), pp. 145ff.
145. Malynes, *Consuetudo*, pp. 408ff.
146. Malynes, *The Center of the Circle of Commerce*, pp. 41f.
147. R. de Roover, "Gerrard de Malynes as an economic writer", p. 357.
148. See de Roover, *Gresham on Foreign Exchange*; R. Ehrenberg, *Zeitalter der Fugger*. Jena, Germany: Verlag Gustav Fischer, 1896, translated into English: *Capital and Finance in the Age of Renaissance* [1928]. New York: Augustus M. Kelley, 1985, pp. 21ff., 42ff.; R. H. Tawney, "Introduction" to T. Wilson, *A Discourse Upon Usury*. London: G. Bell & Sons, 1926, esp. pp. 60ff., 73.

149. Malynes, *The Center of the Circle of Commerce*, p. 79.
150. Malynes, *The Maintenance of Free Trade*, p. 46.
151. R. H. Tawney, "Introduction" to Wilson, *A Discourse Upon Usury*, pp. 60ff.
152. Tawney, p. 60.
153. Tawney, pp. 79f. See also Ehrenberg, p. 239ff.
154. Malynes, p. 37.
155. See also E. A. Johnson, *Predecessors of Adam Smith*, ch. 3; de Roover, "Gerrard Malynes as an economic writer", p. 350ff.; Finkelstein, ch. 2, 芬克斯坦强调马利内的思想植根于亚里士多德。
156. 有关这些术语, see Tawney, pp. 60ff. 当时对"凭空交易"的定义, see T. Wilson, *A Discourse Upon Usury*, p. 395. 他说, 这种交易的做法是, "某人说是为海外交易而借钱, 时间或长或短, 实际上他不准备进行真实的海外支付, 而是去与钱商交易, 等这笔钱从某处送到伦敦后再去归还"。
157. 德洛夫讲了一个重要观点, 他说, 马利内并**不**反对"按市场行情决定的汇率"进行交易, 他反对的是, 这种形式的交易掩盖了垄断银行家从事的高利贷活动。See de Roover, "Gerrard de Malynes as an economic writer", p. 356.
158. Malynes, *Consuetudo*, p. 214.
159. Malynes, *The Maintenance of Free Trade*, p. 69.
160. See Malynes, *The Maintenance of Free Trade*, p. 69.
161. G. de Malynes, *Saint George for England, Allegorically Described*. London: Floure de luce and Crowne, 1601.
162. Malynes, pp. 65f.
163. Malynes, p. 19.
164. Malynes, p. 62.
165. Malynes, p. 62.
166. See R. H. Tawney, "Introduction"; de Roover, *Gresham and Foreign Exchange*.
167. T. Wilson, *A Discourse Upon Usury*, p. 306. For this see de Roover, *Gresham on Foreign Exchange*, pp. 101f.
168. See T. Wilson, *A Discourse Upon Usury*.

169. *A Short and Private Discussion between Mr. Bolton and One M. S. Concerning Usury*. London, 1637.
170. See below, p. 183.
171. See O. Langholm, *Economics in the Medieval School*. Leiden: E. J. Brill, 1992, p. 583ff. See also his *Wealth and Money in the Aristotelian Tradition*. Oslo, Norway: Scandinavian University Press, 1983.
172. Malynes, *The Maintenance of Free Trade*, p. 41.
173. Malynes, *The Maintenance of Free Trade*, p. 40.
174. Malynes, *Consuetudo*, p. 327.
175. Malynes, *Saint George for England*, p. 15.
176. R. Maddison, *England's Looking In and Out. Presented to the High Court of Parliament Now Assembled*. London, 1640, introduction.
177. Maddison, p. 1.
178. Maddison, introduction.
179. Maddison, introduction.
180. Maddison, pp. 16, 18.
181. H. Robinson, *Certain Proposals in Order to the Peoples Freedom and Accommodation in Some Particulars, with the Advancement of Trade and Navigation of this Commonwealth in Generall*. London: M. Simmons, 1652, p. 18.
182. Robinson, pp. 14f.
183. Robinson, p. 14.
184. T. Milles, *An Outport-Customers Accompt*, n. d.; *The Customers Apoligie*, n. d.; *An Abstract Almost Verbatim of the Customers Apologie Written 18 years Ago*, n. d. 这三篇论文中的第一篇激发惠勒撰写了为冒险商人辩护的策论（J. Wheeler, *A Treatise on Commerce*. Middelburgh, UP: n. p., 1601)。
185. De Roover, *Gresham on Foreign Exchange*, pp. 104ff.
186. T. Milles, *The Customers Apologie*, n. p.
187. T. Milles, *An Outport-Customers Accompt*, n. p. 这本小册子与注186提及的小册子均收于 L. Magnusson (ed.), *Mercantilist Theory and Practice. The History of British Mercantilism*, vol. I. London:

Pikering & Chatto, 2008.
188. P. J. Thomas, *Mercantilism and the East India Trade*［1926］. London: Frank Cass, 1963, p. 3.
189. See below, p. 7.
190. Thomas, pp. 22f., 24.

第六章　新的贸易科学

上一章已示,在动荡的1620年代,涉及商贸问题的一套新话语正在应运而生。乔伊斯·阿普比指出,英国17世纪大部分时间里展开的经济热议,必定与"英国那个革命年代的党派冲突"相关联。¹ 不过,大量经济、政治、宗教类长短书册之所以能够随政争而纷纷出笼,关键还是因为当时存在某些制度上的前提条件。首先,论辩有赖于异乎寻常的出版自由,同时特别在伦敦需要有较大的读者群,此外,也依靠比较开放雄健的政治体制。1688年光荣革命前,英国君主、议会与各利益群体为争权夺利而互相竞逐,有时还出现极其激烈的政治斗争,经贸讨论交织其中,格外引起公众瞩目。²

1620年代后,为讨论短期和长期的经济问题,小册子作者和经济争论者日益采用新的方式去理解商业和市场关系,大家越来越相信,经济是个受制于供求力量的体系。于是,他们强调,供求力量强大无比,贸易细节难以管控,同时他们也强调,规范有序的贸易能促进国家富强,混乱无序的贸易只会带来相反的结果。为此,制定"政治性商贸"规则(波斯特韦特用语)³,便成了合格政府的应尽义务。政府特别应该实行若干贸易保护措施,当然也应该保障一定的贸易自由。也是在供求决定经济这一观念指导下,大家探讨了一系列货币问题,如,是否应该启用新的更好的货币?是否应该动用法律手段限制利率?如此一来,在孟和米塞尔登的基础上,某种经济分析的大厦得到进一步构建。

然而,一直要到 17 世纪末方能看到总体经济话语水到渠成, 174
这一话语力图把既有零部件整合起来,打造一个融会贯通的整体。
特别在 1690 年代,某种被称为"贸易科学"的东西茁壮成长,这门
新学问致力于提出若干"公理",用以阐明市场体系一般是如何运
行的,外贸增长又是如何促进国民经济走向富强的。那个十年里,
一批经济作者试图揭示若干原理,旨在认清商贸体系的自我运行
方式,下文就会介绍英国当时那些最重要的经济作者。

英国特定的"贸易科学"无疑推动了经济思想与写作的继续发
展,本章在回顾这一历程时,会注意避开以今释古的陷阱,尽可能
按照熊彼特的定义去讨论经济分析的发展情况。当然,这不是说
英国以外的地方就没有经济分析的进步,前已看到,在好几个欧洲
主要国家,顾问行政官之流也创造了新的工具,借以探究经济发达
或欠发达的机制、市场运行背后的奥秘。我们不应该用英国的进
步当作标尺或蓝图,去衡量其他国家的思想成就或经济话语的成
长水平。各国走过了各自的道路,所有道路都必须放到历史背景
中,放到各自的制度条件下加以解读。[4]

17 世纪的英国

1652 年,首次英荷战争爆发,直接的导火线似乎是民族尊严
受到冒犯。当时在多佛尔港外,荷兰舰队在海军将领特龙普指挥
下,遇见英国海军舰船时拒绝降旗致敬,由此触发海战。问题是,
两国战端开启后,又发生过第二次、第三次交战,英荷战争到 1674
年才告结束。可见,那个历史事件背后,一定还有更根本的因素在
起作用。况且,即使 1674 年后也绝非天下太平,首先,英国跟西班

牙打过一场短暂战争。之后,英国在1688年光荣革命后又跟法国打了两场长期战争,一是九年战争(1688—1697年),二是西班牙王位继承战争(1701—1714年)。因此,从1651年颁布《航海法》到1713年签订《乌德勒支和约》,英国几乎处于连年战争状态。烽火连天必然带来重大的经济与政治后果,通常最主要的后果是,国家机器得到强化。确实,连年战争使得英国必须强化对财政税收的控制,同时,国家利益也要求对民众、产业、贸易加强管控。此外,为保护国家利益,法律条例也纷纷出台或严加实施。因此,如果说英国在这一时期形成了某种威权治理模式(美国历史学家菲利普·伯克称威权主义原乃"重商主义政治"的一部分),那很大程度上也是常年交战的结果。[5]

战争带来的经济后果则较难梳理,不过清晰可见,1652—1713年,英国的贸易发生了很大变化。17世纪中叶,英国基本上依赖于呢绒出口,罗伯茨、鲁宾逊等几位策论作者1640年代还在提出,英国经济必须多样化,这样才能克服经济的脆弱性。[6] 半个世纪后,多样化大致已成现实,随着工业生产的发展、转口贸易的增加、印度廉价软棉布的进口与再出口、与殖民地"种植园"贸易的展开,英国的外贸关系已然大为拓展。更有甚者,英国迈开步子,立志成为世界第一贸易强国,要把荷兰从这把交椅上拉下来。[7] 从长远看,这些步骤都有助于英国在18世纪成为世界工厂。[8]

有鉴于此,不难推断,前述那些战争之所以开打,很大程度上是为了固守并拓展商贸关系,当时的许多观察者肯定也是这样看的。如在1698年,即与法国达成和约次年,达维南特就嘲讽"某些人总以为贸易和战争不能齐头并进,这种看法明摆着是错的"。[9] 达维南特的看法截然相反,他相信国家必须"关照贸易",他说:"为经营好、保护好贸易,恐怕必须出手做很多削弱他国利益的事。"[10]

然而,这不等于说对外用兵打仗纯粹是为了商人私利,是为了帮助商人谋取货币与特权。事实上,正如辛顿和威尔逊所强调,英国历届政府在扩大贸易、公开叫板外国的过程中,常会实施一些直接反对私利集团、至少是反对其短期利益的政策。例如,从1651年颁布《航海法》起,政府政策中有个共同特点,就是一直要用政府的控制来取代私有公司对贸易的掌控,[11] 要努力规范冒险商人公司、东地公司,以及1688年后的东印度公司。[12] 同时,如布雷纳指出,当时实际上存在"老派"与"新派"两类商人,"新派"商人群体跟克伦威尔共和国时期的革命派立场接近,要求实行跟过去不同的政策。[13] 1650年前后启动的贸易理事会吸纳了"新派"商人,他们的态度极其强硬好战,不但十分反感"旧派"商人的特权,还更加反感荷兰人。贸易理事会中的灵魂人物是本杰明·沃斯利,他是那个"哈特利布圈子"的头领,理事会的杰作就是不久推出、以后妇孺皆知的《航海法》。

可见,在"重商主义政治"(伯克所言)咄咄逼人、好战成性的背后,国家的经济扩张、国家控制的强化,比起逐利商人的私欲,更是一股持续强劲的推动力。这段时期的政客们相信,要赢得实力就必须依靠贸易,没有哪个国家可以不靠强大的经济基础就实现富强的,为此尤其需要源源不断的外贸利润。这一思路有助于我们理解,为什么贸易顺差论会在那个时期成为人人高呼的口号。

在17世纪多数年份,荷兰共和国的贸易始终是英国人羡慕嫉妒恨的对象,1651年和1662年的《航海法》、1662年旨在助长本国贸易的《贸易中心法》,以及1650年代起的三场英荷战争,无不来自这种垂涎心态。认为是荷兰人抢走了本应属于英国人的贸易,这种感受贯穿了该时期英国的全部经济文献。考察当时实际形势可知,这种感受也完全是事出有因,经济史学家威尔逊就这样描述过：

> 荷兰船队每年2月至9月从设得兰群岛驶往泰晤士河，贴近我国岸线捕捞鲱鱼，然后将鱼腌制装箱，既向国内提供食品又向国外大举出口。英国生产的呢绒在阿姆斯特丹染色修整，德意志亚麻织品在哈勒姆漂白，诺福克大麦的蒸馏酿酒、加勒比蔗糖的熬煮精炼、波罗的海木材的加工造船并制成木桶和板材，通通都在荷兰进行。这些贸易中很大部分，凡与英国成交的，都用荷兰船只运输，其中最常见的就是那些设计新颖、运费低廉的平底快船。[14]

可是到17世纪后期，另一个劲敌又走上前台，这就是法国。福尔特雷1673年在一篇有影响的策论中特别强调，英国在对法贸易中损失实在太大。他指出，大量进口法国的奢侈品和葡萄酒，让英国陷入不断扩大的贸易逆差。[15] 何况与此同时，路易十四的大臣科尔贝建起一套有效抵御英国进口货的保护体系，此后更是变本加厉。福尔特雷同众人一样，认为这个问题已成英国当下经济困局中的心腹大患，该观点也得到科克的认同。[16] 当然，达维南特、巴贡、蔡尔德、诺思，还有亨利·休顿等作者表示质疑，他们不相信增加法国奢侈品进口使得1660年代以来贸易不利于英国，但这种观点在福尔特雷之后还是不绝于耳。当然，休顿在杜撰的一个"正方"与"反方"的对话中，让正方赢得了辩论，其最后结论是："如今我们拥有更多的财富，要多于王政复辟以前。"[17] 然而，1713年《乌德勒支和约》签订所引发的争论中，悲观论调仍然占据上风，当时激辩的焦点是，与法国签订和约是否对英国有害。反法国的政客和作者聚拢到《英国商人》刊物周围，要求废除和约，以后会看到，他们确实还如愿以偿了。[18]

在针对法国的敌意中,贸易问题固然十分突出,但政治原因肯定也举足轻重,亲法的两位斯图亚特君主,即查理二世和詹姆斯二世,显然招致了英国国内的反法情绪。此外,到九年战争发生时,法国在军事和政治上已经相当强大,足以挑战欧洲的力量均衡。及至西班牙王位继承之际,英国人更感受到法国的威胁,因为此时情况表明,西班牙及其庞大帝国有可能落入法国君主的怀抱。

对贸易和经济的讨论

以上描述的政治和经济形势,为1620年代危机过后英国持续的经济讨论提供了一个大背景。在这场讨论中,参与者采用经济话语讨论国家实力问题,并探讨如何才能赢得财富,荷兰和法国如何在干扰英国致富的宏大进程。除此之外,策论作者们也探讨了国家实现富强的最佳途径,比如,是否可以通过降低利率实现富强?是否有必要维持贸易顺差,借以向全社会提供更多的货币和流动资本?如何才能实现这种贸易顺差?最有效的手段是否在于按照古老的现金使用制度,禁止金银的输出?或者相反,是否应当鼓励金银的输出,只要它们能够带回外来货物,且让这些外来货物再出口或在国内再加工?从这些问题出发,不同作者进而参与当时的政治讨论,涉及了诸多议题,如货币问题、是和是战问题、与荷兰和法国的和约内容问题、东印度公司问题、限制印度商品进口问题,等等。威尔逊指出:

> 亚当·斯密日后所称的"重商体系"即再后所谓"重商主义",便问世于这一时期。当时,民间派别不断向国家各委员会条陈请愿,彼此竞争的私利集团因利益摩擦而持续辩论,为调解国家重商主义目标与全社会福祉需求,各方作出了种种

努力。[19]

然而,此言并未充分说明那些作者实际说了什么,以及采用了什么样的理据。当然,这样说不等于否认某些基本事实:例如,东印度公司进口廉价的软棉布是否有利,围绕该问题展开的讨论引发轩然大波,迫使作者们或者如卡里、波勒克斯芬那样起而谴责,或者如蔡尔德、达维南特那样为之辩护。事实上,一定是围绕法国贸易的讨论才促使达维南特执笔写下其观点,并触发了1713年公布对法《乌德勒支和约》后爆发的那场著名争论,争论发生于笛福的《墨卡托》与金、詹森、库克、吉等人的《英国商人》之间。还有,一定是来自印度的廉价织物进口才导致卡里、波勒克斯芬等英国工业利益的辩护者发表了其经济策论。也值得一提的是,1690年代与1620年代一样是贸易萧条时期,当时的呢绒行业首当其冲。

很大程度上就是在这些政治争论的背景下,一套关于贸易的话语渐趋成型,大多数小册子的撰写、理论观点的提炼都尤其发生在经济热议的这些年月。在1630年后的经济文献中,举凡涉及物价、工资、利率、货币及其兑换等种种方面,均可看到大家越来越多地在用供求关系解释经济问题。

1640—1690年的议题

特权公司与自由贸易

17世纪英国的经济作者时常谈论"自由贸易",可是,其所指明显有别于18世纪特别是19世纪通常的含义。[20] 在中世纪晚期,"自由贸易"成为一个口号,用来批判所谓特许公司获得的垄断特权。那些特许公司自中世纪晚期以来已经树大根深,可见于伦敦、安特卫普、布鲁日、阿姆斯特丹、佛罗伦萨、里斯本、马德里等诸多欧洲城市。在波罗的海,闻名遐迩的汉萨同盟就是一个国际样板,这个特权集团由北欧不同城市派员组成,垄断着海盐、粮食及其他货物贸易。在英国,最著名的就是东印度公司,成立于 1600 年 12 月 31 日,官方特许状授权公司"作为伦敦商人的统领团体,开展与东印度群岛的贸易"。另一个是古老得多的冒险商人公司,1407 年已获特权可向佛兰德港口出口羊毛,并从那些地区进口呢绒等布匹。[21]

正是这些公司的做法引爆了英国 17 世纪初的政治论争,并形成了"贸易自由"或"自由贸易"之类概念。而且,就是在对冒险商人公司把金银输往东印度、造成英国金银紧缺的批判中,惠勒 1601 年后发表《商业论》为公司辩护。他的论点是,虽然英国为购买东方的珍贵物资不得不输出金银,但商人们仍可把这些货物转向其他欧洲国家出口,并从中赚取利润,通过这种转口贸易,英国可以成为获利方。后来孟在《论英国东印度贸易》(1621 年)中更是强化了这一论点。孟基本上采用惠勒 20 年前的相同论点,称通过转口贸易,公司"给王国带来了更多钱财,多于王国其他贸易所得之总和"。[22]

对特许公司的攻击无疑来自嫉妒公司暴利的那些商人或商人团体,于是,"贸易自由"成为其政治口号。他们大声疾呼,冒险商人公司或东印度公司应当变为"开放"公司,即由"封闭"的特权公司变成向公众开放的所谓"合股"公司。在整个 17 世纪,激烈的争论始终围绕两个南辕北辙的立场,一派要维护一批特定商人的特权地位,以便继续垄断羊毛、香料、金银等货物的贸易,另一派则要"放开"贸易,保证任何有资本、想参与对亚洲或波罗的海(厚利)贸易的人都有参与机会。可见,英国 17 世纪赞成"自由贸易"的人,基本上是在抨击特权公司其实垄断了某些贸易或贸易线路。不过1689年,有个匿名作者(佩蒂特?)指责冒险商人公司及其他贸易公司,称其剥夺了"全体英国人行使参与开业的自由权利"。[23] 显然,真正的争议点不在于某公司是否享有在某港口搞买卖的专营权(或者是否有譬如跟中国做生意的特许权),而在于应当让更多商人能有资格参与公司经营。封闭公司的特权被贴上"垄断"的标签,完全没有规范的情况则被称为"众断",往往指一种无政府的放任状态,据称,这种放任跟垄断一样有害。故此,18世纪以前,人们大多认为,对贸易还是应当加以管理,使之有序地进行。

然而,近代欧洲的王公贵族在争取对自有领地实施绝对统治时,也频频表示赞成"自由贸易",其目的是要扫除特殊商人集团的独家经营权,还要废除自由城市的特权地位。赫克歇尔在其《重商主义》结尾处就提到,这个时期政治经济学的总体特征本来就是"统制",可在"统制"当中,照样相当奇特地存在"自由放任"这一重要因素。他谈到17世纪中叶法国的财政大臣科尔贝、瑞典的首辅大臣阿克萨都赞成"贸易自由",并称"当时大量通信中,反复提及的少数口号里就有'自由乃贸易之灵魂'这句话"。[24] 当时的历史情况是,君主及科尔贝等主政者为了弘扬国家总体利益,其实就用"自由贸易"的旗号去打击公司自由等古老特权。故此,赫克歇尔表示,重商主义居然为确立19世纪意义上的"真正"自由贸易作出了贡献,看似矛盾但确为事实。

因此,用当今的含义去谈论17世纪的"自由贸易",难免会引起某种误解。比如,孟固然相信更大的贸易自由有益于国家,[25] 但这不妨碍他为争取贸易顺差而敦促实施保护主义。福尔特雷[26]、霍顿[27]等作者也以类似方式陈述过个人观点,比如,福尔特雷1673年提出的主张与一个世纪后塔克和斯密的主张差不太多,强调贸易自由可导致更有效的资源配置。[28]据称,享有更大的贸易自由后,英国可在本国土地上饲养更多家畜,能"满足所有邻国的需要",反过来则可进口谷物。他其实还说过:

> 最好我们能有权自由出口家畜,并取消那些妨碍谷物输运的法律。那样会发现,利润将大大超过每英亩地上原来的收成,我们将能为农产品开出更高的买价,高于我们目前的售价。一英亩牧地体现于牛肉、牛皮、牛脂的价值,要远远超出种植谷物时的相应产出。[29]

福尔特雷这里也涉及一个问题,即是否应该允许谷物出口。几十年来,这始终是个争议不断的问题,反对者说,一国若出口谷物,国内供应便会短缺,而福尔特雷等人主张,只要能赚取利润,就应当允许出口,反正凭借赚得的更高收入,一国可从外国进口任何想要的商品。

在马利内的论著中,针对特权公司的批评本已司空见惯,只不过他是从另一个特定角度批评的,主要指控东印度公司"向海外"输出金银。偶尔,他也会用其他论点来提出批评,比如,也会阐述那种正统观点,认为"用本国人员和原料"加工产品要好于从东方进口产品。[30]

不过,17世纪中也出现了其他人的批评意见,他们指控具有官方背景的公司从事所谓垄断经营。一个典型例子就是1645年的一本小册子,名为《论贸易拓展和贸易自由之动机》,册子的匿名作者猛烈炮轰了冒险商人公司。[31]他的目的是,要"以层次清晰、无可辩驳的申论,向世人展现冒险商人公司的非法性,有很多人在拉大旗作虎皮"。[32]该作者的立场无疑是有派别倾向的,但无论揭丑背后怀有何种动机,他还是把无情攻击包裹到有关原理与术语中。

他指出:"贸易最有利可图也最值得称颂之处,莫过于交往和自由。"³³ 这位作者尤其指责冒险商人独占了对荷兰的呢绒出口,当谴责冒险商人贱买贵卖的垄断活动时,他无疑代表了伦敦以外的制造商利益,利普森即称此为"乡野的嫉妒"。³⁴ 匿名作者甚至讲到了这一地步:"对任何王国或社会而言,危害之深、破坏之烈者莫过于垄断。"³⁵ 他还借用培根的货币比喻进而指出:"贸易……如同粪便,积成一两堆必然发臭,只有满世界散开,才会肥沃土地并带来丰收。"³⁶

针对特许公司及其垄断行为的这些陈词,基本上同样可见于以后数十年的若干策论。例如,科克 1670 年代的论著中也可看到上述批评,他呼吁的对象是"丰裕和廉价"。³⁷ 另一个例子是那本了不起的《虚弱的英国》(1680 年),极可能由佩蒂特写成。³⁸ 该书作者深刻质疑了"对我国贸易的制约",尤其是垄断管控,称只要特权公司独占贸易,即不允许"全体**英国人**行使**参与开业**的自由权利",他就会用强烈语言予以谴责。作者甚至不惜批评更现代的"合股公司",就因为它们也在垄断经营。有鉴于这些公司的性质,

> 它们必然极大地危害一切利用本国原料的国内加工业,也会危及我国的其他产品出口,因为既然按照**合股**方式进行贸易,它们实际上就是**一个买家**,并因此会**垄断**一切相关的出口商品……³⁹

有时候,他也会毫不掩饰地攻击东印度公司,主要是因为该公司会进口本来可在国内生产的货品。⁴⁰

然而,17 世纪中,特权公司也始终得到另一些作者的支持,这些人觉得有必要维持"井井有条的贸易"(罗伯茨语)。早在 1601 年,惠勒在担任冒险商人公司秘书时,就认定该公司能促进英国贸

易与就业的增长,特别是其呢绒贸易使得国内"大批劳工有活可干、有钱可赚,而不单单让商人公司获利"。[41] 此外,"有序的管控"丝毫不等于买家减少、卖价走低,相反,公司的市场信息为呢绒生产者提供了本不可能有的更多客户,另一好处是,公司为小生产者提供了信贷。事实上,他这样说:"一切都得到保障,不再会出现部分人一无所有而饿死、另部分人脑满肠肥至撑死的情况。"[42] 同样这些赞成特权公司的言论在以后几十年的论争中还会老调重弹。1648年,看来也是冒险商人公司官员的帕克就质疑太多的"贸易自由",他强调,自由与管制并非势不两立,完全可以调和起来。总体而言,帕克除了在本人论述中明确提及惠勒之外,还重复了惠勒的论点。[43]

此外,罗伯茨在《商贸的财富》(1641年)中建议,"本王国"应当建立更多受控的官家公司,在他看来,"用公司方式组合起来,而不是让大家各自为战",对一个贸易国家而言,将可增强实力、扩大盈利。[44] 如前已见,孟、米塞尔登在1620年代都曾回击来自马利内的攻击,为东印度公司作过辩护,不过,他们特别是孟的辩护,主要是为了回击有关金银输出的批评,因为当时总有人抱怨,东印度公司输出贵金属引发了贸易逆差。

利率问题

17世纪大多数岁月里,关于商贸如何促进富强的讨论一直处在最前沿。另一个引出一连串小册子的主题则涉及利率,相关讨论在英国至少可上溯至16世纪,托马斯·威尔逊曾于1572年出版著名的《论高利贷》。马利内17世纪初撰写的多数作品中,高利贷也是一个突出主题,其观点一定程度上重复了中世纪经院学派的立场。原有文献大多谴责高利贷为邪恶行径,马利内也说,以种种面目出现的高利贷实乃祸害英国的一大"弊病"。事实上,1630年代之前,认为"高利贷损人"的观点充斥了经济文献。[45]

因此,当老卡尔佩帕的《反高利贷论》(1621年)刊出时,应当把它置于英国长期谴责高利贷及利息收取这一久远传统中。托马斯·卡尔佩帕(1578—1662年)曾就读于牛津大学,未获学位便离校,以后成为利兹城堡领主,人们通常把他视为经院学派的作者,这其实不够准确。他的小册子于1623年呈交给议会,在这一策论中,他并不愿意深究租金的道德渊源问题,也不像马利内那样声称高利率是邪恶投机的产物。他反其道而行之,谈到为何商人要放弃贸易转而放高利贷,就是因为"来钱很容易"。[46]故此,卡尔佩帕的作品不是又一部谴责高利贷的旧式策论,我们理应把它放到1620年代应对贸易危机的讨论中加以评判。他主张把利率降到6%,而培根在首刊于1625年的《论高利贷》篇中,要求降到5%。

培根的关注焦点是高利率对总体经济的后果,他最初提到,放高利贷者据说违反了"为堕落后的人类所制订的第一律令",这帮人居然"变成了犹太人……戴着姜黄色帽子"云云。尽管如此,培根还是为"高利贷"至少是其中某些做法作了辩护。他相信,"钱生钱这种事"并非完全逆天,"我只能说,高利贷是一件心肠太硬而尚能接受的事。既然借与贷无可避免,且人心坚硬不肯白白借钱给人,那么高利贷终究也可准许吧"。他觉得很少有人对高利贷讲过切实有用的话,故而对这一现象作了如下分析:

> 高利贷的害处是:第一,它会减少商人的数目,因为若非高利贷这一懒汉行为,金钱本不会静止沉淀,而会大量用于商业活动,须知,商业才是国家财富的命脉。第二,高利贷会拉低商人的素质,因为,农民如能坐收很高的田租,就不会好好耕种土地,同样,商人如能坐收放债暴利,就不会好好经营生

意。第三个害处随以上两个害处而来,即君主或国家的税收会减少,毕竟税收跟随贸易而涨落。第四,高利贷会把一国的财富聚到少数人手上,因为高利贷生意十拿九稳,其他生意却风险莫测,所以最终钱财都会进入放债人的腰包,可一国总要财富分配比较平均才最能兴旺。第五,高利贷打压地价,因为金钱原主要用于做生意或置田产,高利贷却会荒废这两项事业。第六,高利贷会遏制一切兴业、改良、发明,若非高利贷抽走资金,这些活动本来均可得到激发。最后,高利贷会损毁许多人的财产,长此以往只会造成众人的穷困。[47]

卡尔佩帕在1621年的小册子里说过很多同样的话,所关注的核心问题是,为何荷兰那么富有而英国却这般落后。其基本答案是,英国的利率水平偏高,高于荷兰的利率,英国的"高利率败坏了贸易"。他认为高利率的主要后果是:"商人一般获得大量财富后,就会放弃贸易转而从事高利贷,毕竟这样来钱很容易,获利很多且有保障。"[48] 为此他建议,应当出台法令降低利率。在所撰策论中,他也仔细考察了那些可能反对其计划的论点,最常见的反对意见是,如果限定最高利率,就可能"难以筹借到"资金。他反驳道:"我的回答是,即使高利贷的高利率确实增加了国内资金,这种高利率也仅仅富了高利贷者,却穷了整个王国。"[49]

既然不承认高利率其实能增加可贷出的资金,那看来他就站到了那个老掉牙的立场上。就此而言,卡尔佩帕(以及培根)似乎更接近马利内,而不是接近孟和米塞尔登。当然,卡尔佩帕意识到,资金量的增加可能降低利率水平,但同时他觉得低利率不会减少放贷者的数目。[50] 实际上这可是一种罕见的情况,所以有必要指出,这种立场似不能自圆其说,以后不少作者包括蔡尔德在内,居然认同了这一不合逻辑的立场。

到1660年代,卡尔佩帕的论点再次出笼,其小册子也重新发表。1688年,他的儿子即约翰·卡尔佩帕与蔡尔德一起,出版了论述利率问题的若干小册子。此时,蔡尔德已是东印度公司的代表,但《贸易和货币利息简论》(1668年)显然是他供职于新设贸易理事会时取得的成果,不能简单地视之为力挺东印度公司的片面说辞。[51]事实上,他的推论仍建立在原理基础上。蔡尔德认为,当时英国的贸易危机源自"荷兰人内外贸易量的迅猛增长"。[52]而荷兰人占尽优势的首要原因在于:"其货币利息较低,和平年代不超过年率3%",英国的利率却高达6%。[53]在他看来,这意味着荷兰的货币比英国更充裕,借款也更方便,于是,在英国因高利率无利可图的贸易,在荷兰照样有利可图,况且在荷兰,即使是利润率低于英国的行业,也照样能兴办起来。有鉴于此,蔡尔德如同近50年前老卡尔佩帕所言,主张应该出台法律控制利率,使之不超过4%的水平。

小卡尔佩帕紧随其父,同意蔡尔德的看法,也认为迫切需要出台法令以降低利率。他的策论列举了很多生动例证,用以说明利率走低将带来的好处。例如,他保证说:"那将在短时间内让国内年收入增长两倍甚至三倍……还会让我国奄奄一息的制造业起死回生。"[54]然而,他跟蔡尔德一样,对于是什么力量决定着利率水平,则说得甚至比老卡尔佩帕还要少。同样,他和蔡尔德并不担心,利率太低会促使放贷者退出放贷市场,改用手头资金去做其他生意。蔡尔德说,不可能出现这种情况,放贷者届时只能低头顺应新形势。可以断言,这种论点建立在一个前提之上,即货币资本不会跨国流动,比如不会在荷兰与英国之间流动。要找过硬证据的话,蔡尔德只需指出,荷兰的放贷者当时看来就满足于其国内3%的利率。[55]以1660年代的角度观察,上述说法尚言之成理,毕竟当时英荷两国常年交战,实际战争加上总体敌对确实造成两国间没有太多的贷款资本流动。

小卡尔佩帕在随后数年另还写过几本册子,他和蔡尔德的策论招致了严厉批评。1668 年,名为托马斯·曼利的作者宣称,借助法令降低利率纯粹在"对抗天性",理由是,荷兰人的低利率其实得自某些"天然"原因。他直接采用了孟和米塞尔登曾用来批评马利内的那套说辞:

> 利息跟货币兑换道理相同。在我们的兑换点,就如在荷兰及其他所有地方一样,只要货币供应量大、兑换者少,兑换率就会降低。同样,当放贷者多于借款人,利率就会降低,哪怕没有法律要求这样做。[56]

由此可见,小卡尔佩帕和蔡尔德似乎把利率当作一个自变量,其上下波动决定着财富水平,曼利则把这一论点颠倒了过来,他干脆否认"低利率决定财富"。相反,他把利率当作应变量。[57] 他跟大多数同时代人一样,相信利率受到国内货币量(或可贷资本量)的调节,[58] 这是蔡尔德并不认同的理论。毫无疑问,蔡尔德和小卡尔佩帕在整个问题上与孟和曼利颇为对立,但如果因此就像鲍利那样说,在利率由何决定这一问题上存在水火不容的两个"派别",那恐怕言过其实。不过,这两派展示了有趣的对照,能让人看到,"重商主义"并非一套封闭的、静态的学说,而是一系列讨论的组合,讨论者采用某种共通的语言去寻求各自的目标。

货币问题

货币问题在 17 世纪的经济讨论中一向占据中心位置。[59] 而且,在该世纪大多数时候,人们普遍相信,英国始终遭遇着金银的短缺,这种短缺常被归咎为英国铸币一直在流往外国。前已可见,当时大家认为,货币流失或是因为外人的舞弊使得英国币值过高,或是因为英国发生了贸易逆差。[60]

无论铸币流失原因何在,17世纪中人们探讨了三种可以增加英国货币供应的主要方法:降低银币成色;采用"等值比价";实现贸易收支顺差。[61]

第一种方法一般被认为具有破坏作用,故而遭到摒弃。诚然,降低银币成色在16世纪属于增加货币供应量的惯常做法,亨利八世统治时就做过不少这种事情。但从16世纪中叶起,这一方法受到严厉批评,《论英格兰王国的福利》的主题就是批评该方法。人们一度认为此书由威廉·莎士比亚写成,如今则通常认为作者是托马斯·史密斯(1513—1577年),他出任过剑桥大学副校长。此书称,降低铸币成色以增加货币量"已成为天怒人怨的头等灾害"。[62] 史密斯肯定是了解数量原理的,他说:"世人依据铸币的面值去交换所需用品,铸币的紧缺或充裕会导致用品价格的或低或高。"[63] 降低铸币成色除引起价格上涨外,还会带来一个后果,即"我国铸币在外国人那里失去信用,本来他们因我国铸币的优质,愿意在各国之间优先满足我方需求。"[64]

随后时期,很少有人赞成降低铸币成色,所以在1620年代,马利内也强烈反对这一方法。[65] 另外,1620年代中期,当有人再次提出通过降低成色去解决迫切的眼前问题时,科顿在国王陛下和枢密院面前即强烈反对这一方案。他断言,降低铸币成色不是治本之策,改变银币的面值仅仅意味着"用它交易时,必然得到相应更少的商品"。[66] 而且,如科顿所言,国王将因为降低成色而遭受损失,体现为"地租减少"、税收减少、士兵工资上升,还有"英国贸易大幅受挫"。[67] 17世纪明显占多数的作者和争论者都认同这一反对意见，其中包括沃恩、鲁宾逊及后来的洛克。

　　用以增加货币供应的第二种方法尤其得到马利内的倡导，他提出了那个有名的"等值比价"说法。这一"等值"说法意在重新确定英国与外国货币的相对兑换值，提出该建议时，经常同时要求落实那个古老的禁止金银出口的现金使用制度。然而，前已看到，认为英国币值被压低盖源于银行舞弊和钱商操纵，这一观点在17世纪中越来越被孟和米塞尔登的观点所取代。可是，建议依法促使铸币比值符合其"内在价值"，也即让铸币名义值与其作为银子的价值维持一种稳定关系，到17世纪中期依然有人在提出。例如，鲁宾逊1652年即全盘反对输出铸币，并建议应当依据确定的"等值"水平进行货币兑换。[68] 他认为应当规范贸易兑换，在他看来，这其实是"贸易中最诡异的环节"。[69]

　　不过，该时期用以增加货币的是第三种方法，倒是日益为人接受的一种方案。孟及其他人（如前已介绍的那不勒斯的塞拉）[70] 越来越强调，对一个缺乏矿藏的国家而言，增加货币供应的唯一有效方法是争取在外贸中取得净盈余。但另有一种意见随之传播开来，这种意见是合乎逻辑的延伸，一旦接受货币数量理论便会导向这一观点。从长远看，该观点使得再用本质上的管控方式去扩大货币供应显得陈旧过时，这种新观点认为，货币也是一种商品，其价格同样受到供求关系的调节。该观点大致就是孟和米塞尔登所阐述的那种供求分析的逻辑结果，只是他们两人并未将之延伸至货币问题，这一点不无讽刺意味。为何孟和米塞尔登没有进而实现理论突破，这一向是18世纪以来讨论重商主义时的常规议题。孟他们在多大程度上意识到了所谓铸币流动机制问题，前文已有过探讨。对大多数解读者而言，的确难以理解的是，既然他们意识到了供求机制的无比重要性，为何他们同时还要全力争取金银净盈余?[71]

到17世纪末,认为供求关系决定货币价格的观点已基本得到接受,有关作者还迈出了更大的步子,相信对货币的需求实与所从事贸易的总量相关联。这一点比如可从1690年代的激烈争论中得到佐证,当时提出了一个重铸硬币的新计划。下文中可见,洛克特别强调,货币具有稳定的内在价值,此即铸币所用的金银,至于这种内在价值与其面值的关系,则由"人们的共识"所决定。同时,洛克肯定同意,货币的内在价值(即金银)也受到"货币数量多寡"的调节,"货币数量的多寡是对应于可贸易货物量的多寡而言的"。[72]

货币的价格或洛克坚称的价值系由与贸易相关的供求所决定,这一观点最重要的含义是,不必去探讨一国货币的绝对短缺问题。较少的货币流通必定意味着通货紧缩,而相反的情况则会引发通货膨胀。至于通胀和通缩将带来何种后果,不同作者肯定持有不同立场,围绕硬币重铸计划的讨论充分证明了这一点。然而,供求关系决定货币价格这一观点,显然难以跟传统的贸易顺差论协调起来。此外,这一观点无疑也排除了要确立等值汇价的可能性,因为它等于在说,货币兑换时的相对价值是由不同国家之间的货币流量决定的,或是由对汇票的供求量决定的。于是,这就意味着,16世纪的那种猜疑已遭到抛弃,当时人们总以为,铸币的紧缺由恶意操纵市场的外国投机者一手造成,正是恶意操纵让英国货币在国内的售价低于在海外的售价。[73]毫无疑问,假如皇家造币厂仅发行了少量铸币,那肯定是因为银子比起银币更值钱,可是,王国币值遭低估,主要是因为存在贸易逆差,那减少了王国银币的吸引力。

这些新观点只有到1690年代才得到成熟的表述,不过在沃恩的《论铸币及其铸造》中已经清晰可见,此书发表于 1675 年,但 1630 年代就已撰成。[74] 按照沃恩的看法,货币的价值受到"稀缺性"的调节,而"货币的稀缺性"源自四个因素。一是"缺乏获得货币铸造材料的手段";二是"输出铸币材料的方便性"造成同上的后果;三是"王国内浪费了铸币材料";四是"金银的价值与金银定价的产品之间比值进一步脱节"。[75] 此外,他声称为何外国能"增加货币"而英国无法这样做,原因完全在于货币的净流出造成了"货币的稀缺"。[76]

颇为明显的是,这些观点在 17 世纪中期层出不穷。1660 年,贸易理事会再次讨论了货币问题及所谓货币外流的原因。有一种观点认为,应当严格落实现金使用制度,不应当输出金银,针对这一观点,一位佚名作者陈言:"尽管存在数项法律,但铸币和金银向来在违法流动;不宜强行压制世上的贸易,贸易逐利而行乃天经地义。"[77] 他以一种人已熟知的方式强调:"贸易差额……才是金银输出或输入的缘故或主因。"[78]

新的贸易科学

在 17 世纪英国的经济讨论中,有关商贸活动及其利弊得失的争论占据首位,这一点毫不奇怪。正是在 1620 年争论的基础上,一套新语汇系统日渐成长,最后在 1690 年代的英国迎来了哈奇森所谓"经济思想的迸发"。在本时段前后,许多作者致力于汇总此前讨论中采用的思想、理论、概念,以期形成某个更加融会贯通的"贸易话语"。至少其中部分人希望,借此能够提出一系列规范商贸活动的普遍原理。[79]

本人作出这一判断是有确凿证据的,当时那批作者的雄心壮志譬如明显可见于蔡尔德的《贸易新论》(1693年)。这本书远不是三年前《贸易论》的简单延伸,原先那个1690年的文本主要包含了蔡尔德屡被引述的观点,即应当借助法律手段降低利率,新版本却添加了许多新材料。在《贸易新论》中,蔡尔德力图就商贸活动对经济发展的促进作用提出诸多普遍原理。由于此书在随后一个世纪中再版多次,其读者群无疑相当广大。其他一些作品尽管未能取得类似的商业成功,但作者们必定怀有同样的抱负,本章会介绍其中部分,如达维南特、巴贡、克莱门特、诺思等。该时期另一位重要作者,即来自于布里斯托的卡里,在试图提出涉及贸易的若干普遍原理时,就干脆使用了"科学"一词:

> 为弄清一国在贸易中是盈利还是亏损,有必要先探究贸易所依据的原理,贸易如同其他科学一样自有其原理,也需要我们去费心领会。[80]

为何特别在1690年代出现了经济写作与思想的迸发?这一点不难理解。此时,光荣革命已经颠覆了政治格局,随着斯图亚特君主的浮沉,原本炙手可热的诸多人士不再得宠,其他人等则时来运转。以东印度公司为例,17世纪末时肯定不可能再像以前那样前程似锦。此前在王政复辟时期,这家公司改制为股份公司,如坎宁安所示,那时它不仅手握贸易垄断权,而且拥有政治与司法权。[81]然而到1690年代,东印度公司受到同行竞争商家、毛纺制造商、辉格政客们的尖锐批评,大家以嫉妒的心态看待该公司。结果,公司的种种特权遭到废弃,1700年,一家对立的"辉格"东印度公司宣告成立,一个全新局面行将降临。[82]

这十年里,另有一个重大问题也引起强烈反响,此即货币重铸计划。前已看到,1620年代以来,王室一直不想降低货币成色,但公众对流通货币紧缺的担忧始终挥之不去。1663年,随着不准输出金银的古老禁令被废除,对货币紧缺的忧虑愈发加重。[83] 在实际生活中,比起所谓铸币的输出,恐怕还有一个更大的问题,就是旧银币在流通中日渐消磨,致使贵金属真实含量不断减损。根据格雷欣关于劣币驱除良币的法则,新铸银币由于银含量更高,永远都难以进入流通,因为有人(至少是外国人)会随时融化银币再卖出银条。为应对这一局面,官方提出了新币重铸计划,宣布要让旧币退出市场,同时启用新币。依照威廉·朗兹的最初计划,启用新铸币时,银质克朗的成色降幅相等于面值从60便士膨胀为75便士。然而,至少洛克表示反对,最终导致计划搁浅,旧货币体系于是继续维持。未料以后数年,一场严重的通货紧缩由此降临,让本已存在的贸易危机雪上加霜。基于当时莫衷一是的政治局面,加之围绕1694年设立英格兰银行发生激烈争辩,1690年代遂成为经济争论与政策探究卓有成效的十年。

然而,要理解"1690年代的迸发",还必须考察当时的流行精神氛围。也须承认,17世纪的前期讨论本已积累了诸多思想与概念,它们为这十年综合性著作的问世创造了条件。

首先,有必要指出,继1620年代人们开始用自然科学方法去解读经济现象后,这种方法到17世纪末持续推进。[84] 该方法带来的首要结果是,人们意识到,可以把商业活动当作一个具有自身运行规律的自足体系。在相关文献中可反复看到,作者们采用人体及其机能这样的比方去描述经济运行过程,这一点着实令人惊讶不已。[85] 例如,不少作品经常用血液去比附货币与贸易,波勒克斯芬就强调:"贸易之于政治实体,犹如血液之于人体。"[86] 再有,卡里谈及一国因贸易管理不善而受穷时说:"就如生物体那样,如果失血速度快于造血器官的供血速度,机体必然萎缩并衰败。"[87] 另一个名叫伊拉斯姆斯·菲利普斯的作者几十年后会补充说:"贸易之于政治实体,犹如血液之于人体,贸易会通过毛细血管流入国家的每个部位,从而给全民族注入生命和活力。"[88] 诸如此类的引证可谓举不胜举。

随着上述自然科学方法得到应用,注重量化和实证调查的风尚便传播开来。既然认为商业社会的法则某种意义上类似于自然界的法则,人们相信,对商业法则的操控终究是空间有限,否则就可能毁坏精密的机器,致其无法正常运转。以此观之,1690年代部分头面经济学家,如巴贲、配第、洛克等曾接受过行医训练,这一事实谅非偶然,他们应该熟读了当时的自然科学文献。与此同时,以笛卡尔原理为基础的逻辑思想日渐确立,亚里士多德体系随后分崩离析,这些变化也一定发挥过重要作用。[89]

其次,这种自然科学方法不少时候是跟基于自然法理念的道德哲学融合在一起的,这种熏染在洛克身上尤可清楚看到,但有关倾向性也可见于达维南特、巴贲等人的作品。波考克特别注意到,在达维南特还有笛福等人那里,可以观察到那种大西洋共和传统,以及新马基雅维利的显著影响,他们热衷于公益与腐败、财富与不平等、自由之持续与财产平等之缺失这类话题,折射出公益人道主义精神。波考克强调,达维南特对共和国及帝国和王国的论述,毫无疑问具有新马基雅维利倾向。[90]

然而,17世纪特别是该世纪下叶,围绕自然法也展开过广泛讨论,经济作者们因此受到影响,倾向于相信在贸易关系中也存在某种"自然体系",只是这种影响仅明显可见于部分作者。例如,巴贲坚持认为交换关系和价格具有主观基础,这种看法接近格劳休斯,特别是接近普芬多夫。人所共知,普芬多夫将自己的价格或价值论立于扎实的主观基础上,他就人作为社会环境塑造的社会动物形成了一个总体理论,该理论派生了他对价值的看法。[91]

诸多经济作者投身于 1690 年代这一迸发期,其中最重要者可举出六位,分别是蔡尔德、巴贲、达维南特、洛克、克莱门特、配第,以下将作具体介绍。

乔赛亚·蔡尔德(1630—1699 年)

蔡尔德是东印度公司一位知名董事,以后还担任董事长,据说他把公司管理得"如同在自家私有企业那样说一不二"。[92] 到离世时他已腰缠万贯,留下了近 20 万英镑的财产。从政治上说,他出道时是辉格党人,但随着财富与事业的成长,转而支持托利党。尤其在查理二世短暂执政期间,蔡尔德及其东印度公司取得了巨大成功,无奈因政治变幻,公司 1688 年后盛极而衰,不过,纵然公司的问题日趋严重,他个人在经济上似乎未受影响。

作为经济作者,蔡尔德拥有广大读者,他发表的首篇策论是《贸易和货币利息简论》,前文已述,此书旨在倡导借由法律将利率"调低"到 4% 的水平,他认为低利率乃"国家繁荣富裕的根本所在"。[93] 蔡尔德是在供职于贸易理事会期间撰写本书的,这一写作多半出于实际政治目的。1690 年,当固定利率问题又被提起时,此书稍作修改,以《贸易论》(1690 年)再次发表。待三年后《贸易新论》问世时,又收录了他本人原先关于利率问题的观点和推论,同时新增了若干章节,涉及商人公司的作用、航海条例、穷人就业、海外殖民地、贸易差额等话题。

说蔡尔德不是非常系统的思想家和著作家,这固然不错,但在《贸易新论》中他讲得很明白,要重点解释为什么荷兰人能在"内外贸易、总体财富、航运船队方面增长巨大"。[94] 为此,他列出了 15 条理由:荷兰人利率较低;从商更有经验;在北欧海域拥有庞大渔业;

鼓励并效仿新发明;建起了一流造船业;等等。[95]

然而,在这些具体细节之外,蔡尔德力图探寻某些能让一国实现富强的普遍原理。在他看来,国家财富(即国民的物质福利)主要源于生产活动,尤其是现代工业品的加工制造。他指出:

> 人口众多、法律良善,有助于增殖人口,本质上能让我国致富。假如我们因为法律而妨碍民众劳作,那就会把他们从本国赶往工资较高的其他国家。[96]

可见,蔡尔德首先强调生产及普通人的就业,就此而言,他显然有别于孟、福尔特雷、佩蒂特等人,那些人强调,英国的"巨大幸福"要靠能赚取钱财的大规模外贸。值得注意的是,在蔡尔德这里,几乎完全没有提及外贸顺差这个内容。当然,外贸对他来说肯定是重要的,只要组织得当,外贸便可支持生产和就业的快速增长,但他从根本上认为,是工业和贸易中就业的员工创造着一国的物质财富。

除强调就业外,蔡尔德还强调法律良善的重要性。在劳动问题上,他同意当时多数人意见,认为劳工天性懒惰,其行为方式符合一种后向供应曲线,即一旦光景转好,他们干脆就不再干活。[97]有鉴于此,他主张有必要实施有针对性的法律,鼓励人们参与生产劳动,激励外国工匠前来定居,等等。但另外,在认为应以可取方式组织对外贸易时,他特别指出《航海法》是一项有利的管制,与近百年后的斯密如出一辙。蔡尔德说:

> 我的看法是,《航海法》涉及贸易、航运、利润、实力,是英国所曾制订的最精明、最远谋的法律之一,若无这一法律,连目前一半的航运、贸易及雇佣海员数我们都不可能达到。[98]

因此,蔡尔德特别提出,他赞成为保障航运业中的就业而实施保护。然而,他的论点远远越出了这一狭隘范围,事实上,很大程度上应当把《贸易新论》理解为,是在主张兴办更多制造业并增加国内生产。为此目的,他呼吁某些情况下应当实施贸易保护,借以应对外国竞争。但就国内而言,他主张增加贸易自由、减少相关限制、废除贸易与行业管制等。[99] 不过,这方面他也不是一以贯之,比如,为鼓励增长,他似乎总会回到自己的旧主张,强调应当强制压低利率,使之等同于或低于荷兰那里通行的利率水平。他相信,降低利率后,英国人可以更轻易地与荷兰人展开竞争;假如能更方便地获得货币融通,便可从事利率高企时无法盈利的那些工商项目。[100]

正是从蔡尔德对生产和就业的重视中,我们才能认识他对正统贸易顺差论的批判。当然,他的主要论点是,由于实际操作原因,贸易所涉技术细节纷繁无比,根本无法算出准确的贸易差额。可是,他指出,即使能够算出差额,它也难以提供确凿证据让人断定,外贸到底让一国盈利了还是亏损了。蔡尔德在此列举了弗吉尼亚和巴巴多斯的例子,二者尽管都有贸易顺差,但还是因贸易而受损,症结就在于它们出口原料、进口制成品。[101]

于是,蔡尔德提出,我们不应该过分关注贸易收支的差额,而应当从鼓励制造业和就业的角度来管理贸易。为最好地实现目标,他认为应该遵循这一准则:"凡是输出我国制成品最多的贸易,凡是输入原料在英国加工制造的贸易,均应给予最大的鼓励。"[102] 由这一观点出发,他准备迎击反对意见,为东印度公司辩护。他强调,英国自该公司从事的贸易中获利极大,特别是通过制成品再出口以及进口国内加工用货物,该公司促进了英国的就业。[103]

基于这一点,蔡尔德在《贸易新论》及后续作品《论贸易的性质、功用和利益》(1694 年)中,对正统的贸易顺差论提出了明确的批判。他认为这一学说并无用处，所以转而建议，官方应该重视另一种意义重大的"顺差"，即前文提及的以"外国付酬"为基础的所谓"劳动顺差"。[104] 下文将再论"劳动顺差"，因为后来若干文本对此作了最好的阐述。不过，这里要强调，蔡尔德十分重视生产和就业，视之为物质财富和国家实力的主要源泉，而要达成这一目标，则必须出台良善的法律。以此而论，蔡尔德一定程度上也肯定是国家管控的倡导者，所以当阿什利称他为主张自由贸易的托利党人时，实际上说得并不确切。如前已见，他肯定愿意捍卫某种程度的经济自由，[105] 作为一名托利党人和东印度公司董事，他对于1690年代日益高涨的保护主义声浪也会非常警觉。然而在他眼里，获取财富终究是国家机器追求高效能和强实力过程中不可或缺的一部分，这必然使他不会接受太过激进的自由贸易信条。

尼古拉斯·巴贲（1640—1698年）

巴贲在自由贸易问题上的立场别具一格。作为伦敦大火后投机成功的建筑大亨，他在理念上比较反感管控制度。像蔡尔德一样，巴贲对贸易顺差论持严厉批评态度，其实就在他这里，我们可以看到"外国付酬论"的完整含义。

巴贲的父亲是著名的普雷斯古德·巴贲，英国革命时期名声不佳的"巴子小议会"就由他这个姓氏戏谑而来。儿子巴贲是乌德勒支大学毕业的医学博士，1644年成为大学医学院会员。[106] 他抓住1666年伦敦大火提供的机会，成了一名建筑大亨、有实力的银行家、英国火险制度的开创者。巴贲撰写过两本颇有影响的小册子：《贸易论》（1690年）、《新币轻铸论》（1696年）。第一本册子的总基调至少部分地可由其投机建商和银行家的经历来解释，促使他发表这一策论的初衷很可能是，他希望攻击那些管控制度，在他看来,种种管控已经影响到了贸易和生产的健康发展。第二本册子实际上迥然有异,在 1690 年代中期关于硬币重铸的讨论中,此书主要是在批评性地回应洛克。

在针对洛克的那第二本书中,巴贡首先坚定地声明,洛克的主要错误在于相信,存在银两的"内在"价值,同样错误的是,洛克以为这种内在价值应该成为"商业的工具和标尺"。[107] 与此相反,巴贡认为,银子以及一般意义上的货币都是商品,其价格随用途和数量而波动。因此,既没有银两的"内在"价值,也没有名义货币与银两之间的必然联系,他把"价值"定义为主要由用途决定的"物价"。巴贡说:"万事万物之所以有价值,无非依靠两种大的效用,即要么能满足身体的需要,要么能满足精神的需要。"于是,他把财富定义为"具有重大价值的一切东西"。[108]

基于对价值的这一定义,巴贡进而批判了贸易顺差论。他断言,认为金银拥有"内在"价值的观念其实跟那个迷恋黄金的国王一样,纯粹是思想混乱。[109] 如此错误的根源在于,误以为"金银是唯一的财富"。[110] 既然如此,贸易顺差的观念就是不折不扣的"谬误"。[111] 巴贡的批评立足于两个论点:其一,他重复了蔡尔德的信念,即几乎无法核算出贸易差额,哪怕外汇已"让一国高不可攀",也未必能表明该国的贸易逆差到了何等程度,特别是因为汇票"每星期都会涨涨跌跌,一年中某些时候甚至会让一国高不可攀"。[112] 其二,他由此出发进一步强调了一个关键点:

> 即使可以核算出**贸易差额**,我也看不出它有何好处。理由是,以为**差额须用金银支付、一国因顺差而获得金银并由此会大举致富**,这纯粹是个谬误。因为金银不过是商品而已,这种商品跟其他商品一样的好,只要其价值相同。对商人来说,价值 100 英镑的铜与进口的价值 100 英镑的银同样好,他从

中所得是相同的。……一国致富,盖在于民富。"[113]

为替代对贸易差额的核算,巴贡建议用另一套方法来判断一国是否因贸易而致富还是而受穷。首先,可以观察居民是否在"致富",以此可作出判断。其次,判断一国贸易盈亏要看,"什么产品在进口或自制中会雇佣最多的人手"。因此,管理良好的贸易意味着对贸易品进行排序,以便雇佣最大数量的人手,毕竟"一国就业者越多,该国就越富"。[114]

此外,除了用上述语言提出可替代贸易顺差论的某种理念外,巴贡也系统批判了那个广为流行的观点,即贸易"逆差"必然导致"货币流出"本国。事实上,他已经预想了杰维斯、休谟等人日后将构建的铸币流动机制,他表示,贸易逆差只会导致英国汇票价格的下行,以及随之以价值计量的出口价格的下行。巴贡说:"与汇票或账户余额等值的所有各种商品,终究与汇票、与账户余额、还与货币相匹配。"[115] 换言之,至少从长远看,货币的净流出是不可能的。不过,他并未说明,这种长远的平衡相抵实际上是有前提条件的,比如,它要求外国市场上的需求应当有弹性,即出口价格下降会放大外国的需求。但他同时清楚认识到了弹性原理,所以非常可能的是,他已经假定了这一前提条件,只是未加明确论述。

巴贡较早的著作《贸易论》更具有普遍特征,它为以后专门针对洛克的那篇策论提供了一个框架。巴贡在此著作中详细讨论了价值与财富这些概念,他指出:"无效用之物即无价值。"[116] 他进而称:"市场是价值的最佳判断者,因为经由买卖双方的互动,货品的质量和用途会得到最好的认识。"[117] 他对货币持有同样的立场,指出相信货币具有"自身内在价值"乃大谬不然,货币其实如同任何商品,其价值也会发生变化。[118]

巴贡在这一策论中也讨论了贸易的一般好处。他认为,丰富的贸易会抬升土地的价值,改善一国的自然存量,增加工资及国家的财政收入。况且,贸易由于其文明促进效应,不但会带来更多财富,还有助于人间和平。[119] 与蔡尔德不同的是,巴贲没有特别强调为了贸易的兴旺,应当发挥政府有形之手的作用。在他看来,贸易的进展主要靠"穷人的勤劳"和"富人的大方"。因此他主张,不应该反对富裕阶级消费奢侈品,反而应当加以鼓励,他甚至不惜为"铺张浪费"张目,理由是,虽然从个人角度看这是邪恶的,但它通过扩大需求而能产生社会效益:

> 铺张浪费追求及时行乐,把应该一辈子花的钱都拿到一年中来花,这种行为对个人固然是有害的恶行,但对相关行业并无害处。抠门吝啬对个人和行业都是有害的恶行,它让个人生活匮乏,让行业经营受挫,吝惜的人自以为在聚敛财富,实际上却让大家陷于贫困。[120]

至于当时席卷英国且众说纷纭的贸易衰退缘由问题,巴贲尤其把矛头指向"众多禁令和高额租金"。[121] 总体而言,在这一册子中,他的调子是相当"自由主义的"。他当然承认,对英国来说,上上策就是"用我们的哔叽、呢绒等制成布匹去交换未加工货物……因为成品与原料在生产过程中投入的人手量大有差别"。[122] 然而,他指出,如果就此得出结论,以为应当设置更多禁令,那是错误的。相反他强调,更好的方案该是,利用较低的利率、较低的必需品价格、较低的劳动工资,让英国商品变得更有竞争力。为此,至少让穷人"更加勤劳"便非常必要。

由此可见,巴贲似乎跟公式化的重商主义作家形象相距甚远。他并不强调贸易顺差的好处,而是强调生产和需求的作用,认为它们才是推进经济增长和财富增益的强大动力。从这一观点出发,相当典型的是,他注意到了利息与**实际**利率之间的关系,其中的利息是指为贷款支付的价格,该时期经济册子作者大多采用这一定义。而巴贲在《贸易论》中将利息定义为"积蓄之租金",将它与地租作了对比。[123] 这一思路到 18 世纪会得到约瑟夫·马西、塔克、休谟等人的进一步阐述。

然而,假如以更宽的视野来审视巴贲的成就,那就一定会注意到同时代天赋权利讨论给予他的影响。由于巴贲没有明确引用此类文献中的任何著作,尚无法十分准确地断定他从相关文献中具体借鉴了什么,可是,这一时期关于政治、道德、司法问题的讨论大多是在天赋权利的话语背景中展开的。在巴贲身上,可以观察到他所受的影响,直接体现于其主观价值理论,通常这一理论是与普芬多夫的名字连在一起。当然,这一理论的渊源可以追溯至中世纪经院哲学家们的道德哲学讨论。[124]

相当明显的是,巴贲的《贸易论》中有几处提到了贸易的文明提升功能,这也是上述传统的一个典型特征。此外,巴贲还提出了一个接近阶段论的历史序列,即从蒙昧野蛮向现代文明的提升,这种历史观与 18 世纪蔚然成风的那种文明观有异曲同工之妙。[125]因此总言之,在巴贲这里,我们看到了一位很难套到"重商主义学派"公式中去的作者,这与世人之前的成见并不相符。

查尔斯·达维南特(1656—1714 年)

达维南特的父亲是曾经名满天下的贵族诗人威廉·达维南特爵士,他本人离开牛津大学贝利奥尔学院时似未取得正式学位,此后开始了从政和写作的生涯。达维南特曾代表康沃尔郡的圣艾夫斯而在议会任职,1683—1689 年担任过货物税专员。虽然他始终忠于威廉三世,但 1688 年政局丕变后并未谋得任何公职。然而,安妮女王继位后,达维南特东山再起,于1705年被任命为进出口总监。[126]

达维南特是位多产作者,合刊的作品多达五卷。在人们印象中,他是咄咄逼人的托利党人,总在不遗余力地反对辉格党,论政时,他会用无情的语言斥责行政滥权和腐败行为,《现代辉格党人写真两篇》(1701—1702年)便指控辉格党人侵吞公款中饱私囊。不过,涉及"经济"问题时,他最重要的作品是《论筹措战费的方法》(1695年)、《论东印度贸易》(1697年)、《论英国的公共收入与贸易》(1698年)。达维南特也撰写过有关"政治算术"的重要策论:《论国民在贸易差额中成为得利者的可能方法》(1699年),此书显然受到配第的启发,但在文风和方法上青出于蓝而胜于蓝。

与蔡尔德、巴贲等人相对照,达维南特从未发表关于贸易问题的通论性专著,也没有把自己当成"纯粹的"经济学家(无论当时意指什么),其对贸易、财富及贸易差额的通论散见于有关具体经济问题、对法战争、政治问题等文本中。而且,作为经济作者,他其实比较符合阿什利所虚构的"托利党自由贸易分子"这一名称。达维南特尤其抵制1690年代辉格党煽起的反法情绪,他虽也承认当时与法国开战乃不可避免,但同时驳斥了那种陈词滥调——所谓法国重创了英国,因为它一方面向英国出口葡萄酒和奢侈品,另一方面又禁止英国呢绒进入法国市场。[127] 可见,他一定程度上是个"自由主义者"。达维南特反对那个阻止法国酒、醋、亚麻等商品自由输入英国的1678年禁令,而且,他强烈斥责了福尔特雷1673年发表的统计数字,那些统计罗列英国对法贸易中遭受的种种损失,1670年代起有关英国对法贸易受损的推断大多源自福尔特雷的册子。

严格说来,达维南特也确实是"自由贸易分子",按当时看还颇

为激进。为大举增加贸易和财富,他没有排除"良善法律和政府"的作用,但提出了一项普遍原则:

> 贸易本质上是自由的,它拥有自身渠道,最佳地决定着自身进程。一切法律若要对贸易发号施令……只会服务于私人特殊目的,很少会有利于公众利益。[128]

因此按达维南特的观点,比如,最能促进英国毛纺织业的手段不是实施贸易保护,而是实施那些良善的法律,以便保障"低廉地生产"毛纺织品。[129] 他提出:"为让英国成为毛纺织生产的真正获利者,我们应当争取十分低廉地生产毛纺织品,从而在海外市场上比任何人都卖得更便宜。"[130] 他相信这一基本原理的恰当性,其信仰程度至少不亚于巴贡,他甚至极而言之:"人类每当想用自身智慧去指挥天性时,就会犯下错误。"[131]

在关于重商主义的研究成果中,达维南特通常被称为"后期"重商主义派别的代表,据说,该派别信奉增殖人口、压低工资、发展工业,视之为国家富强的终南捷径。这个说法大致不错,但同时,单凭这一点不足以让达维南特成为那个流派的真正代表,毕竟他不是那种无所顾忌的蛮干者,不会为了实现国家利益或某些私人寻租者的利益而不惜牺牲公众福利。达维南特其实跟埃德加·弗尼斯给他刻画的流行形象几乎相反,他不相信低工资和贫穷劳工阶级本身就构成了优势,[132] 这种观点在同时期的任何重商主义文献中本来就很罕见。事实上,当达维南特说工资应当定得较低时,他是有重要前提条件的,那就是,食品和其他生活用品也应当维持低价。[133] 此外,达维南特时常表示,"我们理解的富裕是指,绝大部分人应当生活在富足、舒适、保障之中"[134],这一点跟弗尼斯的解读也出入很大。

弗尼斯的解释也不符合达维南特在对比发达国家与欠发达国家时得出的结论。达维南特注意到，发达国家拥有众多制造业，国民享有轻松舒适的小康生活，而西班牙那种陷入欠发达的国家尽管金银充裕，却终究"民众穷困"。[135] 最后，达维南特的哲学观念也与弗尼斯的解释难以吻合。达维南特对腐败的深恶痛绝固然包含了他对辉格党的讨厌，但他在讨论腐败问题时采用了一套与公益文明相关的语汇，这在17世纪的政治话语中本属某种常识。正如波考克所强调，马基雅维利以来的公益人道主义都把腐败当作社会公德的心腹大患，大量政治议论聚焦于一个问题：君主制、共和制、独裁制之间，何种政府形式最能防止腐败、维护公德？[136] 达维南特在本人政治作品中经常提到"伟人"马基雅维利及其有关腐败的论述，依照这一传统，达维南特也断言，为维护社会公德，统治者必须"追求公益"，"为民服务"，"报效国家"。[137]

达维南特使用了跟蔡尔德和巴贡相同的许多论点，也会批评贸易顺差论，他强调，真正的顺差其实无法实现，即使真的实现，也无以断定"如此细致的调查是否有用"。[138] 在达维南特看来，判断一国因贸易而盈亏的唯一手段，就是考察物质财富总体上有何增益；由于金银只是价值的标尺而"不是其源泉"，聚敛这些贵金属并无特别意义；相反，为促进物质财富增长，发展工业制造才具有首要意义；向国外出口制成品可以收获由外国支付的报酬，并收获制造部门的大幅成长。然而，就在这里，他提到了几位重商主义作者一致认同的那个特殊观点，即过多的国内消费属于浪费，因为它会减少向国外的出口。达维南特说，如果本国较少消费制成品，多向外出口制成品，则该国将获得盈利，"毕竟由国内消费后，就会经受损失，正好让他人得利，国家总体上不会更加富有；而一切外国消费无疑都会让我国得利"。[139]

并不容易解读达维南特等人的上述表述究竟指什么,在赫克歇尔眼里,此言直白地反映了重商主义者的"货物恐惧"症,在其他人看来,此言充分说明,即使是"后期"重商主义者也还在坚持货币才是财富那个理念。但是,更应该把达维南特放到前已论及的所谓"让外国付酬"那个劳动顺差论框架下来解读,显然,他似乎认为,原料本可以加工制造后再卖给外国人,在国内消费对一国来说便是一种损失,只有通过加工并出口这一增值过程,才能为工人和老板带来工资、利润、租金,且因此等于外国人在给我方支付额外收入。若比照当今的战略贸易理论,这种想法自然不算无稽之谈。当然,对那些总是从负面来理解问题的陈旧经济话语而言,这一观点恐怕会令其失望。

约翰·洛克(1632—1704年)

洛克是大哲学家,有权威人士曾说洛克在理论上可能"比较自由主义",在实际决策中则"比较重商主义"。[140] 可是,即使"重商主义"与"自由主义"的区分还算有意义,对洛克的上述刻画也不算贴切,更恰当的判断是,洛克在理论和实践上都完全是"重商主义者"。诚然,洛克在经济领域著述不是太多,但他从本人专业角度出发,似乎对经济问题抱有较大兴趣,毕竟他是英格兰银行的创始者之一,并于1696—1700年担任贸易与殖民地理事会领薪专员,此外,他在1670年代参与过贸易理事会的前期工作。[141]

洛克作为经济作者在1690年代发表过两篇论文,涉及当时的热点政治问题。他先在1691年发表了针对蔡尔德和萨默勋爵的驳论,蔡尔德他们主张"借助法律去管控货币借贷的价格"。[142] 洛克则说,利息是由货币供求所调节的一种"自然现象",因此,假如全体"债权人一起收回其货币,就会出现货币的严重稀缺"。[143] 如前已见,由市场力量调节经济均衡这一理念在当时决非石破天惊,同样,洛克关于贸易差额的观点亦非别出心裁。相反,他往往重复着贸易顺差论的正统看法:

> 因为我们没有矿藏,贸易之外也没有获得或保有财富的其他手段,所以我们损失了大量贸易,贸易过程也必然消耗了大量财富。我国与邻国间的贸易逆差必然招致我国财富外流,并很快造成我们的贫穷与困顿。[144]

洛克在论述这一问题时使用了孟的比方,孟曾把国家比作一个人,他或可放手花钱,或可把钱放到保险柜里。[145] 事实上,当洛克指出,增加货币流通量尤其适合一个快速扩张的贸易国家时,他实也借鉴了孟的思想。[146] 我们还发现,洛克论述中也常会用到那个陈词滥调,即英国是个没有自己矿藏的国家。

于此可见,洛克在其1691年的策论中,看起来如同一位正统的重商主义者,基本上重复着此前很久孟已说过的话。在洛克的后一策论《关于提高币值的再思考》(1696年)中,他似乎更加传统,他在这里的主要观点是,反对威廉·朗兹的货币重铸计划,相信该计划不过是某种形式的货币贬值。与此相对,洛克坚持认为,应当保持名义货币与金银之间的旧比值,其对货币重铸计划的反对,很可能源自17世纪人们对货币贬值的普遍敌意。事实上,洛克从未真正解释为何他坚信,决不应当改变"公共当局原先确定的币值"。[147] 他的财产观受到天赋权利思想的影响,故而可能觉得"放大货币面额"缺乏正当性,毕竟此举定会伤害某些人(主要是债权人和地主)的利益。然而,洛克并未阐明自己的理由,再说,他坚持认为不能改变货币与贵金属之间的币值,这一点与其商品价格由供求所决定的理论无法协调起来。他曾就货币的价格屡屡强调:"价格就是用于交换其他商品的货币量,用货币作交换被称为买卖,用商品作交换被称为易货,决定价格的东西只能是相对于供应的需求量。"[148] 另外,洛克曾就利息问题指出:"试图通过法律去有效降低利率是徒劳无效的,既然想限定货币的租金,何不也去限定房屋和船只的租金呢?"[149]

在这个问题上,如果像巴贡那样认定,货币及银两作为商品,其绝对价值及相对币值都是可以改变的,那会让论辩的逻辑更加一贯。不过,洛克在断言"贬值"缺乏正当性时,其道德依据却是一清二楚的:

> 将一个人的权利和物品无端交给另一个人,哪怕受损者一方毫无过错,哪怕公众并未因此获得任何一点好处。大家不妨思考一下,公共正义难道没有因此受损吗?[150]

西蒙·克莱门特(? —1720 年)

克莱门特是"伦敦商人",生平事迹鲜为人知。但在 1696 年,贝拉蒙特勋爵称他为"就贸易问题写下天才著作的……一位商人"。而且,据说他"人品不错,对生意有很好的悟性",靠贝拉蒙特举荐,被正式任命为"新英格兰州务秘书"。[151] 此外,我们知道克莱门特 1712—1714 年间住在维也纳,很可能代表政府的某个贸易委员会侨居海外。

上文提及的"天才著作"就是克莱门特的《论货币、贸易与兑换的一般观念》(1695 年)。对于当时试图综合构建"贸易科学"的努力及书中表达的基本理念,我们已经耳熟能详。例如,克莱门特按照天赋权利论的思路开门见山地作了历史描述,强调贸易具有提升文明的功效:

世界人口增长之后,不同民族不由自主地介入贸易交往,不是依靠其巧夺天工的生产制造,就是依靠所在地区的特产与专长。[152]

此外,克莱门特指出,对外贸易"当能带回最多货币时,就能为一国赢得最大的利润";[153] 向外输出货币也可以有利可图,但条件是,"外贸赚回的货币总体上要超出外贸输出的价值"。[154]

在克莱门特看来,货币是"一切商业的宝贵媒介",金银在所有国际贸易中就起到这一效用。他认为贵金属是"更高档的一种商品","也会出现价格波动"。[155] 广积金银是国家富裕的象征,"按照这一规则,正如个人的贫富可由其掌握的金银数来衡量,一国的富裕或贫穷也可以计算出来"。[156] 克莱门特由此得出结论,"降低银币成色"确实折射出一国金银的紧缺,这一陈述让他有机会攻击朗兹的货币重铸计划,恰如一年后洛克也会攻击的那样。因此,货币相对于银子贬值20%既是贫困的象征,也将成为进一步贫困的诱因。克莱门特说,贬值举动无法阻止货币进一步流失,因为问题的根源在于贸易逆差,结论便是,只要这种逆差继续下去,我国金银的价格就仍会高于我国货币的价格。如同其他许多人一样,克莱门特相信,英国的贸易逆差主要源自对法国的贸易,不过,他又为东印度公司辩护,毕竟该公司带回的"货币要多于我们先向印度输出的货币"。[157]

由上可见,即使在其所处时代,克莱门特也算不上原创性作者,他的行文风格及论述场合也许更值得我们注意。他以近乎警句箴言的形式表达本人的思想观念和政策主张,其初衷无非是要把个人观点凝炼为公理般格言,故此,对这些格言的实际应用反被留到了附录中。克莱门特希望确立一门他可能更愿称为"一般贸易"的"科学",也希望为此作出贡献。然而,在力图以普遍性"自然"原理为基础构建更科学的贸易与交换话语体系时,他无疑是1690年代颇为典型的产儿。

威廉·配第(1623—1687年)

与克莱门特对比,配第是一位富有原创性的思想家,很难把他当成典型的"重商主义者"。如同对洛克一样,这里也难以全面展现配第的成就,[158] 但同时在本话题中也无法悄然绕过他。学说史上一般称配第为伟大的"政治算术家","政治算术家"与"重商主义者"既有区别又有联系。"重商主义"如本书所定义,是指一系列讨论,涉及商贸活动在经济增长和现代化中的作用问题,而"政治算术"是一种具体方法,用以解决或说明某些经济类问题。达维南特就既是一位重商主义者,又是一位政治算术家。不过,之所以要特别重视配第,是因为他确为1690年代思想迸发期重量级的著作家和思想家。配第的多数著作此前已经撰成,但身故后到这十年里才公之于世,如《政治算术》(1690年)、《爱尔兰政治剖析》(1691年)、《献给英明人士》(1691年)、《货币简论》(1695年)。由此可见,配第的思想和主张在1690年代风靡一时。这不等于说之前他没有发挥过思想作用,泰德·麦考密克在配第传中多有介绍,配第曾是前已述及的"哈特利布圈子"中的首要人物,故此,他肯定为英国17世纪中期发生的科学大变革也作过贡献。[159]

配第关于劳动和土地乃价值之源的深刻思想不必在此赘述,他提出的"价值理论"无疑对后世经济学家(如马克思)产生的影响要远大于其对同时代人的影响。[160] 这里仅仅简述他对经济问题的总体态度,以及他在当时一般经济争论中的立场。人们通常认为,配第不属于"自由主义"阵营,也不属于"保护主义"阵营。他本人表示受到过霍布斯的显著影响,所以毫不奇怪,他倾向于赞成管控,可是,也不应该过分强调他对国家干预的信奉。他最初发表的著作《赋税论》(1662年)基本上是一组短文合集,涉及公共费用、宗教、博彩、自由港、税收等话题,风格上类似于培根,但后来发表的著作却指往另一个方向,内容上更加连贯集中,显示出作者有意将经济当作一个系统的整体。例如,在《货币简论》中,他从自然科学方法论的角度探讨了货币问题,极其清晰地阐明,若放大货币面值,在其他条件不变的情况下,会产生何种系统性后果。基于这一背景,他认为那些力图阻止贵金属输出或力图降低利率的法律"并不可行"、"有悖于自然规律"。[161] 因此,良好的政府应当依照严密经济体系中的自然规律进行治理,不该逆势而为。

毫无疑问,当时对世人影响最大的思想就是配第阐述的方法,他在《政治算术》(1690年刊印)中提出了一套实证方法论,与培根的方法论十分接近。他说:"我为此采用的方法不太寻常,我不会仅仅使用夸张的言辞和思辨性推论,相反会设法用数字及计量单位来表达观点。"[162] 他还说,只有通过了解"民众、土地、牲畜、贸易等方面的真实情况",才能提出切实的原理,并针对当前问题寻得正确的解决方案。[163]

不过,就实际主张而言,配第其实还是相当循规蹈矩的。事实上,正如同期多数作者一样,配第指出,英国只有发展贸易、渔业、工业,才能拥有足可与荷兰相媲美的众多人口。此外,他特别强调工业应当以国内物资为基础,当然也不排除利用进口的国外原料进行加工。他跟其他许多人一样还认定,经济增长和进步是就业扩大的结果。就此而论,人口众多本身谈不上什么优势,"即使有数以百万计的富裕人口也意义不大,除非他们有工作可做"。[164] 基于这一点,配第对贸易顺差论怀有高度矛盾的心理。一方面他仍承认,货币对一国特别重要,因为金银珠宝"不像其他产品那样容易腐烂变质";¹⁶⁵ 另一方面他又认为,"货币不过是政治机体的脂肪,脂肪太多往往会影响机体的灵巧,而脂肪太少又容易让机体生病"。¹⁶⁶ 配第在这个问题上的观点是否自相矛盾,作此判断并不重要。显然,他像其他许多人一样,受到了贸易顺差论的影响,也相信应当重视外贸中金银的净盈余。然而,配第上述后半部分的意思,即有关货币只是肌体脂肪的看法,更加契合其总体经济观,也明显更加契合其"劳动为财富之父,土地为财富之母"的总体思想。¹⁶⁷

延续大于变迁

至此我们已观察到,17世纪中崛起了某一类经济文献,它们拥有共同的话语,关注着一批共同的问题。就如贾基斯很久前所言,这类经济文献肯定未能构成一个理论信条整齐划一的"派别",同时如已可见,"重商主义"作者们也未必在政治问题上看法一致。其中某些人为保护主义立法摇旗呐喊,另一些人则或部分地或总体上强调贸易自由,还有第三方派别似乎未能在这个问题上作出决断,比如科克不过强调了一个不言自明的道理:"一切好的贸易都应该保持自由。"¹⁶⁸

在此背景下,比较可取的是,应把英国关于经济问题的文献当作一系列不断延续的讨论。这些讨论涉及各种各样的问题,一般的保护主义与自由贸易之争还算不上其中的焦点问题。在讨论是否该用法律去限制利率以及在讨论东印度公司等问题时,那一作者群体创造了一套共同的话语,他们阐述了外贸对经济增长与发展的作用,还就货币问题、供求作用问题、经济乃自有规律的独立领域问题,达成了若干共识。久而久之,这些经济讨论形成了某种共同话语,18世纪将进一步完善这套话语。

　　故而不妨断言,18世纪仅仅继承了17世纪的经济语言,无非再对之作出渐行渐深的阐述而已。在经年累月之中,某些基本概念和理论主张日益清晰且系统化。就价值与价格理论而言,在李嘉图之前不存在重大的断裂现象。在货币理论方面,从1630年代赖斯·沃恩一直到1750年代"古典的"约瑟夫·哈里斯,也存在一望可知的联系性。[169] 在缓慢演进中,认为利息取决于实际利润率这样的古典观念也逐步深入人心,前文已回顾1690年代巴贡的相关理念,而到18世纪,马西、休谟等人会把它推向成熟。

　　在其他一些方面,我们也应该强调延续性,而不是急速的转型和变迁。关于"经济"是"自我均衡体系"这一看法当然在18世纪得到了进一步阐发,但如前已见,这种观念原本就是1620年代"重商主义突破"的一部分。当然,认为经济增长一定程度上与海外金银净流入相关这一观点,后来在18世纪销声匿迹,但这个观点在1690年代便已遭到蔡尔德、达维南特、巴贡等作者的猛烈攻击。当时,蔡尔德等人强调的是就业和制造业对经济增长的重要性,这种新观点后来不但没有消失,反而得到了塔克、休谟、斯密等18世纪作者们更大的重视,尽管双方对于如何扶植制造业会有一定分歧。还有,有关自由贸易的立论至少在18世纪初已经依稀可辨,斯密在这方面比起"重商主义"的先行者到底增加了多少新东西,这也是一个并无定论的问题。

注释:

1. J. O. Appleby, *Economic Thought and Ideology in Seventeenth-Century England*. Princeton, NJ: Princeton University Press, 1978, p. 4. Also R. Brenner, *Merchants and Revolution: Commercial Change, Political Conflict, and London's Overseas Traders, 1550-1653*. London: Verso Press, 2003.

2. 有关英国这方面的特殊情况，see P. O'Brien and D. Winch (eds.), *The Political Economy of British Historical Experiences, 1688-1914*. Oxford: Oxford University Press, 2002.

3. See above, p. 173.

4. See L. Magnusson, *Tradition of Free Trade*. London: Routledge, 2004, ch. 1.

5. P. S. Buck, *The Politics of Mercantilism*. New York: Henry Holt & Company, 1942.

6. 有关1640年代作者们对经济多样化的建议，see B. Supple, *Commercial Crisis and Change in England, 1600-1642*. Cambridge, UK: Cambridge University Press, 1959, pp. 221ff.

7. 有关此轮霸权兴替的最好阐述，see D. Ormrod, *The Rise of Commercial Enterprises: England and the Netherlands in the Age of Mercantilism, 1650-1779*. Cambridge, UK: Cambridge University Press, 2003.

8. L. Magnusson, *Nation, State and the Industrial Revolution*. Abingdon, UK: Routledge, 2009, pp. 80f.

9. C. Davenant, "Discourse on the Public Revenues and on Trade". In *The Political and Commercial Works of that Celebrated Writer Charles D'Avenant*, vol. I. London: R. Horsfield, 1771, p. 399.

10. C. Davenant, "Discourse on the Public Revenues and on Trade", I, p. 424.

11. For this see especially W. J. Ashley, "The Tory origin of free trade policy". In W. J. Ashley (ed.), *Surveys, Historic and Economic*. London: Longman 1900; W. Letwin, *The Origins of Scientific Economics. English Economic Thought, 1660-1776*. London: Methuen, 1963.

12. R. W. K. Hinton, *The Eastland Trade and the Common Weal in the Seventeenth Century*. Cambridge, UK: Cambridge University Press, 1959, pp. 90ff; C. Wilson, *England's Apprenticeship*. London & New York: Longman, 1984, pp. 61ff, 172ff.

13. Brenner, pp. 598f.

14. C. Wilson, *England's Apprenticeship*, p. 41.

15. 有关英法葡萄酒贸易，see J. V. C. Nye, *Wine and Taxes: The*

Political Economy of the Anglo-French Trade, 1689-1900. Princeton, NJ: Princeton University Press, 2007.

16. See R. Coke, *A Discourse of Trade, in Two Parts*. London: H. Brome, 1670, for example, p. 37ff. 此书具有强烈的反法国情绪。See also R. Coke, *A Treatise Wherein is Demonstrated that the Church and the People of England are in Equal Danger with the Trade of it*. London, 1671, p. 81.

17. J. Houghton, *England's Great Happiness; or a Dialogue between Content and Complaint*. London: Edward Croft, 1677. 这里所说的王政复辟时期起自查理二世重登王位的 1660 年。

18. 对此最好的概述仍是：E. A. Johnson, *Predecessors of Adam Smith*. New York: Prentice-Hall, 1937.

19. C. Wilson, p. 58.

20. 有关以下段落, see L. Magnusson, "Freedom and trade: from corporate freedom and jealousy of trade to a natural liberty". *Keio Economic Studies*, vol. XLIX, 2013.

21. K. N. Chaudhuri, *The English East India Company: The Study of an Early Joint-Stock Company*. London: Frank Cass, 1965, pp. 11f. See also P. Lawson, *The East India Company: A History*. London and New York: Longman, 1993.

22. Mun, p. 62.

23. *Britannia Languens; A Discourse of Trade*. London, 1689, p. 72.

24. Heckscher, II, pp. 273f.

25. See above, p. 145.

26. S. Fortrey, *England's Interest and Improvement*, p. 16.

27. J. Houghton, *England's Great Happiness; or a Dialogue between Content and Complaint*. London: Edward Croft, 1677, pp. 10f.

28. 用来描述这一理念的术语"资源配置"来自鲍利, see M. Bowley, *Studies in the History of Economic Though before 1870*. London & New York: Macmillan 1973, p. 33.

29. Fortrey, p. 17.

30. G. Malynes, *The Centre of the Circle of Commerce* [1623]. New York: Augustus M. Kelley, 1973, p. 127. See also pp. 103ff.

31. 围绕冒险商人公司从约1600年起发生了争论，有关争论的充分介绍，see E. Lipson, *The Economic History of England*, vol. II. London: A. & C. Black, 1934, pp. 243ff.

32. Author unknown, *A Discourse Consisting of Motives for the Enlargement and Freedome of Trade*. London: Richard Rowtell, 1645, p. 3.

33. Author unknown, *A Discourse Consisting of Motives for the Enlargement and Freedome of Trade*, p. 3.

34. Lipson, II, p. 244.

35. Lipson, p. 4.

36. Lipson, p. 25.

37. R. Coke, *A Discourse of Trade, in Two Parts; England's Improvement, in Two Parts*. London, 1675.

38. 福克斯韦首次将这本署名"Philangus"的书归到威廉·佩蒂特名下。See J. Schumpeter, *A History of Economic Analysis*. London: Allen & Unwin, 1972, p. 197. See also Heckscher, II, p. 115.

39. *Britannia Languens*, p. 51.

40. *Britannia Languens*, p. 59.

41. J. Wheeler, *A Treatise of Commerce*, p. 25.

42. Wheeler, pp. 78f.

43. H. Parker, *Of a Free Trade. A Discourse Seriously Recommending to our Nation the Wonderful Benefits of Trade, Especially of a Rightly Governed and Ordered Trade*. London: F. Neile for Robert Bostock, 1648, pp. 7, 9ff.

44. L. Roberts, *The Treasure of Traffike*. London: E. P. for Nicholas Bourne, 1641, p. 30.

45. *A Short and Private Discussion between Mr. Bolton and M. S. Concerning Usury*. London, 1637, p. v.

46. T. Culpepper, *A Tract against Usurie* (1621). London: Elizabeth Calvert, 1668, p. 1.

47. F. Bacon, "On usury". *Essays*, ch. XLI. Harmondsworth, UK: Penguin, 1986.

48. Bacon, "On usury". *Essays*, ch. XLI.

49. Culpepper, p. 14.

50. 有关对老卡尔佩帕的不同解释，see M. Bowley，*Studies in the History of Economic Ideas before 1870*. London：Macmillan，1973，p. 41. 鲍利的看法是："卡尔佩帕父子等于否定了货币供应变化是这里最重要的因素这一传统观点"，但这与卡尔佩帕本人所言截然相反，卡尔佩帕在策论第 14 页这样说："正是国内货币的充裕使得货币容易借到，这一点也得到其他国家的佐证，借款在国外比在我国要更容易，利率且得到宽容。"
51. W. Letwin，"Sir Josiah Child：merchant economist". In *Baker Library*. Boston，MA Harvard Graduate School for Business Administration，Publications，Kress Library，no. 14，1959，pp. 2f.
52. J. Child，*Brief Observations Concerning Trade and Interest of Money*. London：Elizabeth Calwert，1668，p. 3.
53. Child，pp. 6f.
54. T. Culpepper the younger，*A Discourse Upon Usury*. London，1668，p. 155.
55. Child，p. 11.
56. T. Manley，*Interest of Money Mistaken*. London，1668，p. 14.
57. Manley，p. 13. 也参见他对卡尔佩帕的回答，see T. Manley，*Usury at Six Per Cent Examined and Found Unjustly Charged by Sir Th. Culpepper and J. C.* London，1669.
58. See G. S. L. Tucker，*Progress and Profits in British Economic Thought，1650-1850*. Cambridge，UK：Cambridge University Press，1960，p. 19ff.
59. 有关"哈特利布圈子"货币问题上的观点综述，see C. Wennerlind，"Hartlibian political economy and the new culture of credit". In P. J. Stern and C. Wennerlind（eds.），*Mercantilism Reimagined：Political Economy in the Early Modern Britain and its Empire*. Oxford：Oxford University Press，2013.
60. W. A. Shaw，*The History of Currency，1252-1894*. London：Clement Wilson，1896，p. 144.
61. See for example G. de Malynes，*Consuetudo vel Lex Mercatoria*. London：Adam Islip，1629；R. Vaughan，*A Discourse of Coin and Coinage*. London：Th. Dawks for Th. Basse，1675，for example，pp. 23ff.

62. T. Smith, *A Discourse of the Common Weal of this Realm of England* (ed. Elizabeth Lamond). Cambridge, UK: Cambridge University Press, 1893, p. 98.
63. Smith, p. 71.
64. Smith, p. 78.
65. 例如可详见 G. Malynes, *Consuetudo vel Lex Mercatoria*, pp. 254ff.
66. R. Cotton, "A speech made by Sir Rob Cotton, knight and baronet, before the Lords of his Majesties most Honourable Privy Council at the Council Table". In W. M. Shaw (ed.), *Selected Tracts and Documents*. London: Clement Wilson, 1896, p. 31.
67. Cotton, pp. 31ff.
68. H. Robinson, "Certain proposals in order to the people's freedome and accommodation". In W. M. Shaw, *Selected Tracts and Documents*.
69. Robinson, p. 75. 虽然鲁宾逊提到"贸易逆差"是货币外流背后的原因，但没有迹象表明，他不接受马利内的基本观点（即这样的"逆差"由兑换造成，而非相反）。
70. See p. 64.
71. 这一两难处境在瓦伊纳那里可能得到了最鲜明的表达，see J. Viner, "Early English theories of trade". *The Journal of Political Economy*, vol. XXXVIII (1930).
72. J. Locke, *Some Considerations of the Consequences of the Lowering of Interest and Raising the Value of Money*. London, 1696, p. 46.
73. 有关 16 世纪末这些观点的讨论，see for example de Roover, *Gresham on Foreign Exchange*. Cambridge, MA: Harvard University Press, 1949.
74. See McCulloch, *A Select Collection of Scarce and Valuable Tracts on Money*, London: Political Economy Club, 1856, p. vi.
75. Vaughan, *A Discussion of Coin and Coinage*, pp. 37f.
76. See Vaughan, ch. 12, esp. p. 73.
77. "Advice of His Majesty's Council of Trade concerning the exportation of gold and silver in foreign coins and bullion, concluded 11 December 1660", in J. R. McCulloch, *A Select Collection of Scarce and Valuable Tracts on Money*, pp. 148f.
78. "Advice of His Majesty's Council of Trade concerning the exportation of

gold and silver in foreign coins and bullion, concluded 11 December 1660", in J. R. McCulloch, *A Select Collection of Scarce and Valuable Tracts on Money*, p. 145.

79. T. W. Hutchison, *Before Adam Smith: The Emergence of Political Economy, 1662-1776*. Oxford: Basil Blackwell, 1988, ch. 5.
80. J. Cary, *An Essay Towards Regulating the Trade and Employing the Poor of this Kingdom*. London: Susanna Collins, 1717, p. 2.
81. W. Cunningham, *The Growth of English Industry and Commerce in Modern Times, Part II: The Mercantile System*. New York: Augustus M. Kelly, 1968, pp. 262ff.
82. Cunningham, pp. 265ff.
83. 为这一改革所作的辩护见于"Advice of His Majesty's Council of Trade concerning the exportation of gold and silver in foreign coins and bullion, concluded 11 December 1660", in J. R. McCulloch, *A Select Collection of Scarce and Valuable Tracts on Money*.
84. 在这个问题上,先驱是索默(L. Sommer, see above Chapter 5, footnote 122)。有关当代的探讨,see A. Finkelstein, *Harmony and the Balance: An Intellectual History of Seventeenth-Century English Economic Thought*. Ann Arbor: The University of Michigan Press, 2000.
85. For this see also Cunningham, pp. 380f.
86. J. Pollexfen, *A Discourse of Trade and Coyn*. London, 1697, p. 108.
87. J. Cary, *An Essay on the State of England in Relation to its Trade, its Poor, and its Taxes for carrying on the Present War against France*. Bristol, 1695, pp. 1f.
88. E. Philips, *The State of the Nation*. London: J. Woodman and D. Lyon, 1725, p. 2.
89. 诺思就笛卡尔的总体影响表达得最为坦率,see D. North, preface to *Treatises on Trade*. London, 1691.
90. J. G. A. Pocock, *The Machiavellian Moment: Florentine Political Thought and the Atlantic Republican Tradition*. Princeton, NJ: Princeton University Press, 1975, chs. 13 and 14.
91. See for example T. W. Hutchison, *Before Adam Smith*, pp. 87ff. Also see I. Hont, "The language of sociability and commerce: Samuel

Pufendorf and the theoretical foundations of the four stages theory". In A. Pagden (ed.), *The Language of Political Theory in Early-Modern Europe*. Cambridge, UK: Cambridge University Press, 1987.

92. *Dictionary of National Biographies*. 有关蔡尔德的介绍,参见可惜偏见很重的 W. Letwin, "Sir Josiah Child, merchant economist". In *Baker Library*. Boston, MA: Harvard Graduate School for Business Administration, Publications, Kress Library, no. 14, 1959.

93. J. Child, *Brief Observations Concerning Trade and Interest of Money*. London: Elizabeth Calwert, 1668, p. 10.

94. J. Child, *A New Discourse of Trade*, London, 1693, p. 1.

95. Child, p. 2.

96. Child, preface.

97. 有关讨论, see D. C. Coleman, "Labour in the English economy of the seventeenth century". *The Economic History Review*, 2nd ser., vol. VIII (1956); A. W. Coats, "Changing attitudes to labour in the mid-eighteenth century", *The Economic History Review*, 2nd ser., vol. XII (1958).

98. Child, p. 91.

99. Child, pp. 127ff.

100. See for example J. Child, *A Short Addition to the Observations Concerning Trade and Interest of Money*. London, 1668, p. 11. 蔡尔德至少间接指出,投资水平似乎取决于利率,难怪维克斯会把蔡尔德及 17 世纪末的经济作者称为现代宏观增长经济学的先驱(D. Vickers, *Studies in the Theory of Money, 1690-1776*. Philadelphia, PA: Chilton & Co., 1959)。

101. Child, pp. 136ff.

102. Child, pp. 156f.

103. 有关蔡尔德的论述, see J. Child, *A Treatise Concerning the East India Trade*. London, 1681; and *The Great Honour and Advantage of the East India Trade to the Kingdom Asserted*. London, 1697.

104. Child, *A New Discourse of Trade*, p. 153.

105. W. J. Ashley, "The Tory origin of free trade policy". In W. J. Ashley (ed.), *Surveys, Historic and Economic*. London: Longmans, 1900.

106. *Dictionary of National Biographies*. See also S. Bauer,"Nicholas Barbon. Ein Beitrag zur Vorgeschichte der klassischen Oekonomik". *Jahrbucher für Nationalökonomie und Statistik*, vol. XXI, vd 6 (1890).
107. N. Barbon, *A Discourse Concerning Coining the New Money Lighter*. London, 1696, introduction, p. 1.
108. Barbon, p. 2.
109. Barbon, p. 4.
110. Barbon, p. 36.
111. Barbon, p. 35.
112. Barbon, p. 39.
113. Barbon, p. 40.
114. Barbon, p. 41.
115. Barbon, p. 265.
116. Barbon, *A Discourse of Trade*. London, 1690, p. 13.
117. Barbon, p. 20.
118. Barbon, p. 24.
119. Barbon, pp. 35ff.
120. Barbon, p. 63.
121. Barbon, p. 71.
122. Barbon, pp. 76f.
123. Barbon, pp. 31f.
124. 有关普芬多夫及这一传统，see A. Oncken, *Geschichte der Nationalökonomie*, vol. I. Leipzig: Verlag von C. L. Hirschfeldt, 1922, p. 226; W. Roscher, *Geschichte der National-Oekonomik in Deutschland*. Munich: R. Oldenbourg, 1874, pp. 304ff.
125. See above note and also I. Hont & M. Ignatieff, *Wealth and Virtue*. Cambridge, UK: Cambridge University Press, 1983.
126. *Dictionary of National Biographies*: C. Davenant; *Palgrave's Dictionary of Political Economy*. London & New York: Macmillan, 1893.
127. See W. J. Ashley, pp. 270ff.
128. C. Davenant, "An essay on the East India trade". In *The Political and Commercial Works of that Celebrated Writer Charles D'Avenant*, vol.

I. London, 1771, p. 98.
129. Davenant, p. 100.
130. Davenant, p. 100.
131. Davenant, p. 104.
132. 耶鲁大学经济学助理教授法尼斯第一次世界大战刚结束时猛烈攻击欧洲的民族主义，提出过这一说法："重商主义者相信，为了整体的富裕，必须让多数人陷于贫穷。"经常有人引用此言，但这对大多数"重商主义"作者都是极不公正的解读。See E. Furniss, *The Position of Labour in a System of Nationalism* (1920). New York: Augustus M. Kelley, 1965, for example, p. 8.
133. See for example C. Davenant, *Discourse on the Public Revenues*. In *Works*, vol. I, p. 358.
134. Davenant, p. 358.
135. Davenant, p. 382.
136. Pocock, *Machiavellian Moments*.
137. Davenant, pp. 336ff., 348ff.
138. C. Davenant, *An Essay upon the Probable Methods of Making the People Gainers in the Balance of Trade*. In *Works*, vol. II, London, 1699, p. 171.
139. Davenant, *An Essay Upon the East India Trade*. In *Works*, vol. I, p. 102.
140. Hutchison, p. 72.
141. *Dictionary of National Biographies*: J. Locke; *Palgrave's Dictionary of Political Economy*: J. Locke; C. M. Andrews, *British Committees, Commissions and Councils of Trade and Plantations, 1622-1675*. Baltimore, MD: Johns Hopkins Press, 1908.
142. J. Locke, *Some Considerations of the Consequences of the Lowering of Interest and Raising the Value of Money*. London 1691, p. 1.
143. Locke, p. 10.
144. Locke, p. 14.
145. Locke, p. 27.
146. See below, Chapter 6.
147. J. Locke, *Further Considerations Concerning Raising the Value of*

Money. London, 1696, p. 9.

148. Locke, p. 55.
149. Locke, p. 11.
150. Locke, p. 11.
151. *Calendar of State Papers*. Dom. Ser. 1 January-31 December, 1696. London, 1913, p. 461.
152. S. Clement, *A Discourse of the General Notions of Money, Trade and Exchanges*. London: n. p., 1695, p. 3.
153. Clement, p. 5.
154. Clement, pp. 5f.
155. Clement, p. 7.
156. Clement, p. 7.
157. Clement, p. 16.
158. 有关配第的文献卷帙浩繁,其较早传记,see E. Strauss, *Sir William Petty: Portrait of a Genius*. London: Bodley Head, 1954. 其生平描述亦见于 *Aubrey's Brief Lives*. London: Penguin 1987. See also the introduction by C. Hull to *The Economic Writings of Sir William Petty*, vols. I-II [1899]. New York: Augustus M. Kelley, 1986. 新近有价值的相关著作是 T. McCormick, *William Petty and the Ambitions of Political Arithmetic*. Oxford: Oxford University Press, 2009.
159. McCormick, pp. 41f.
160. See McCormick, pp. 306f. 有关配第与马克思,see also P. Groenewegen, *Essays on 19th and 20th Century Economic Thought*. London: Routledge, 2002; T. Aspromourgos, *On the Origins of Classical Economics from William Petty to Adam Smith*. Abingdon, UK: Routledge, 2011.
161. *The Economic Writings of Sir William Petty*, p. 445.
162. *The Economic Writings of Sir William Petty*, p. 249. See further McCormick, pp. 42-3, 50, 54 and other places.
163. *The Economic Writings of Sir William Petty*, p. 313.
164. *The Economic Writings of Sir William Petty*, p. 309.
165. *The Economic Writings of Sir William Petty*, p. 259.

166. *The Economic Writings of Sir William Petty*, p. 113.
167. See Bowley, *Studies in the History of Economic Thought before 1870*.
168. R. Coke, *England's Improvement, In Two Parts*. London, 1675, p. 47.
169. J. Harris, *An Essay Upon Money and Coins I-II*. London, 1757-8.

第七章　何谓重商主义

对历史学家和经济学家而言,"重商主义"概念传统上既指17世纪和18世纪的经济政策体制,也指那个时代成长起来的经济理论思想。现已清楚,"重商主义"这个术语首先见于米拉波的《农村哲学》(1763年),当时用的是"重商体系"。米拉波及其他许多人使用这一概念,是为了描述国家直接干预、用以保护国内工商业那样一套经济政策体制,该体制效法的对象是路易十四财政大臣科尔贝的管制政策。然而,"重商主义"概念后来广泛传扬,背后的主要推手还是亚当·斯密。斯密作了一个尽人皆知的定义,称"重商体系"的核心就是"错把货币当财富"。据称,尽管重商主义作者的实际侧重各有千秋,但他们都认同一个原则,即一国的出口必须大于进口,如此才能保证金银的净流入,所谓贸易顺差论,其核心就在这里。

本书已示,如此公式化地描述重商主义,且视之为一套整齐划一的思想和实践,这本身站不住脚,理由如下。其一,"重商主义"从来就不是一个结构有序、原理分明的学说,它描述经济行为、提出政策建议原不依靠简明规范的学理基础。重商主义也不是一种内容上包罗万象、在近代覆盖各国的统一现象。书中已示,主要在西班牙、意大利、法国、英国,以及德语国家,出现过早期的经济与政治讨论,这些国家固然应用了若干颇有共性的理念,但各地政治的、文化的、制度的背景却差别甚大。

其二，从斯密到 1930 年代的瓦伊纳，大家不断重复所谓重商主义作者混淆货币与财富这个正统观点，但后续研究表明，这样的解读很有误导性，也很难得到那个时期实际文本的支持。例如，英国政治经济作者达维南特在 1699 年写道："金银确为贸易的标尺，但在所有国家，源泉和基础都是国内自然的与人造的产出，也即大地之所生或勤劳之所得。"[1] 显然，大多数作者，不仅在英国而且在其他国家，基本上都认同这一观点。其中某些人也许会补充说，国内货币充裕对于经济进步和国民财富意义重大，但他们完全没有认为货币就是财富。相反，很多人断言，货币净流入不过是个"气压计"，仅可反映一国在与外国贸易中究竟是赢还是亏。其他人会说，充裕的货币有助于促进市场上的交易，由此可激发经济增长与发展，故此，货币净流入可成为增进财富的一个手段，但他们也明白，富裕本身终究有赖于生产和消费。

其三，所谓贸易顺差论从来不是一个大功告成的学说，它不过是捏到一起的一串不同主张，"有助于思考"罢了，要说那些主张之间有何共同点，无非是都坚信，商贸活动对国家富强至关重要。前人提出了若干说法，用以分析这个"学说"。部分人说，重商主义者一心一意要用金银填满君主的库房，可是这个说法得不到多少实证支持。也有人说，重商主义者其实已经充分领悟以后休谟等人提出的铸币流动机制，故而觉得通货膨胀不是什么坏事，相反还是一件好事。还有人认为，这个"学说"的要点在于认识到，有必要在流通中保持更大的资金量，于是需要"为流动资产而战"。例如，17 世纪和 18 世纪的英国作者就特别担心，货币的紧缺会遏制经济发展；那不勒斯的塞拉也高度关注，一个缺乏金银矿藏的国家如何才能拥有充足的贵金属去运转其商业经济。

然而，无论我们选择何种解释，有一点已很清楚，到 17 世纪末,原本那种简单直白的贸易顺差论已经遭到抛弃。事实上,在意大利、西班牙、法国、德国,我们已难以找到斯密1776年抨击的那种"学说",甚至是其残存碎片都不易见到。从16世纪起,占主流地位的理念已变为,应当激发并扩大工业制造和增值生产。在英国,尤其在1690年代,蔡尔德、达维南特、巴贡等作者构建了一个替代性理论,即所谓"外国付酬论"或称"劳动顺差论"。这些作者强调,不应该再坚持"通过贸易顺差输入金银"那个原有教条,一国更应该出口附加值含量尽可能高的产品,并进口附加值含量尽可能低的产品。他们认为,加工制成品出口得越多,英国获得的收入就越多,有关利润来自西班牙、葡萄牙及其他国家的买家,是他们向英国不但支付原料成本,还支付英国劳工的报酬。那不勒斯的塞拉、西班牙的奥尔蒂斯很久以前原已提出过类似思想,英国人无非在把理论精细化。

如此说来,重商主义究竟是什么呢?我在其他场合建议,我们不必放弃这个概念,但或许应该在使用时更加谨慎。[2]首先,重商主义是以书籍、手册、传单、活页、期刊为形式的各类文献,涉及从政治热点到经济实务在内的各种问题,包括商业、贸易、航运、国内制造的益处、外国技工的引进、如何限制利率激发实业、如何增益国家财富,等等。重商主义也体现在王公贵族、当国大臣、部门官僚、专家小组发布的政策宣示中,此类文献以及各种法令从16世纪到18世纪中叶在不少欧洲国家可谓层出不穷。

如果说有一根红线把上述文本与陈述贯穿了起来,则这根红线就是重商主义,但显然,应当把重商主义串起的内容视作应景的具体话语,而不是构建的规范学说。这意味着我们力图追踪的对象,实乃一组带有共性、长期形成的问题、概念、词语、解释框架等等。既然存在带有共性的语言和工具,便可说那些经济策论的作者们一定程度上对于经济的运行方式至少持有某些共同观念。为了再现那些话语,我们必须对有关文本进行历史的解读,也即必须努力从当时的历史环境中来分析有关思想和理论,而不是以今释古地妄断历史。故此,本书所做的工作,主要不是回顾现代经济学的学说成长过程,而是要还原那些策论作者其时其境中的所言所思。经济分析史大家熊彼特更愿称这批人为"顾问行政官",其中不少人确实扮演着这种角色,但除此之外也还有商人、钱商、说客、政客、学者。

不说全部,至少就大部而言,能把上述三教九流归到一起的是他们的共同执念,即汲汲于如何才能获得财富,如何才能用财富去增强实力。在究竟何谓重商主义的讨论中,经常有人把财富和实力当作彼此对立、非此即彼的两个东西,但这种看法无助于认清历史。至少对重商主义作者而言,不言而喻的一点是,有了实力就能赢得经济富裕,这里说的实力未必一定就单指国家政权。德国经济史学家施穆勒为刻画当时的形势,就用了"现代国家政权与国民经济的诞生时刻"这个说法,从中可见一斑。这里的"国家"或"政权"跟我们当今强调的环环相扣的权力机器也还有所不同。[3] 那时的"国家"尚且是个角逐舞台,互相竞争的利益集团、公司、公众都在上面一展身手。各色人等跟王侯将相一样均认为,实力与财富显著关联,形成所谓"富强"同一的现象。在那个世界,商贸活动既被认为是富强的促进力量,又被视作富强的破坏力量。在那不勒斯,塞拉在深思,为何自己的祖国如此贫穷,威尼斯却那般富有。在英国,商人作者孟指控荷兰人在北海侵权,在英国的眼皮底下肆意捕捞。在17世纪,许多人发问为什么荷兰能够快速致富,他们也希望效仿荷兰。及至1690年代,英国人中又升起另一种忧虑,担心法国凭借葡萄酒和制成品,行将在竞争中打败英国。到18世纪,苏格兰人休谟所谓"贸易的猜忌"进一步主导国际政策,各国纷纷实施国内保护战略和海外殖民地战略。再套用施穆勒的话说,这个"现代国家政权的诞生时刻"凸显了一种"自私自利乃至野蛮残酷的国家商业政策"。[4]

经济史学家萨普下过这一结论:"重商主义"话语,特别是英国1620年代后的那种话语,纯属"竞争年代的意识形态。"[5] 我们是否应该同意这个结论呢?从某种角度看,这种说法肯定不错。但如前已述,这样的解读也许大大淡化了话语本身的独立角色,毕竟不能把话语直接简化为经济和历史事件的简单反映。必须看到,日积月累之中,某种我所谓经济学的新"话语"正在日渐成型。在此过程中,有一套概念和语汇不断演化、得到应用,帮助人们认清近代欧洲正在兴起的那个商业关系新世界,那可是一个好勇斗狠、扑朔迷离的世界。毫无疑问,话语本身有其自身演变和发展的动力,当然,这不等于说话语会游离在实务世界之外。事实上,话语与对象之间是互动的,这意味着话语也会随沟通行为而变化,在应用于对象的过程中自身也逐渐被改变。

1620年前后,为应对英国的贸易危机,一种崭新话语就这样应时而生。一部分人想要驾驭新局面,又不满于旧做法,即转而强调,王国统治者应当把目光投向**实际的**贸易差额问题,争取借此找到走出危机的有效途径。就这样,他们同时着手探索新方法,用以分析和理解眼前的市场经济。久而久之,一种新经济观崭露头角,人们开始把经济看作一个自有运行"规律"的体系或过程。这种观念很大程度上受到了当时看待自然界之新方法的启迪,我们如今知道这一新方法与培根的名字相关联。到17世纪末,驾驭市场经济的这种新方法在英国更进一步,乃至成为一门总结出若干"公理"的"贸易科学"。依照这一观念,市场是一个各种力量彼此互动的平台,核心在于供需两股力量的平衡。据1620年代初孟、米塞尔登跟马利内论战时所言,如果国际贸易出现逆差,本国货币汇率必然走低,因为对外国货币或汇票的需求会大于供应。外汇交易中货币和汇票的价值波动趋向,跟普通商品市场上是一样的,背后都是供求机制在起作用。人们固然可以去调节或节制"自然"力量,但也只能在某个限定范围内活动。由此可论,重商主义作者们其实更愿意减少贸易限制,而不是增加贸易限制,这与世人对重商主义文献的流行看法简直背道而驰。[6]

诚然,在不少重商主义者看来,比如在常被称为"最典型重商主义者"的波斯特韦特看来,良好的政府管治依然意味着一国要设法从外贸中获利,故此才有那个"政治性商贸"的说法,这样的商贸念念不忘多出口、少进口。但更恰当地说,这个说法其实指的是,治国者应该落实有利的管理措施,大力促进包含更高附加值的制品输往海外,从而争取为国内创造更多的就业和收入。顺便指出,有人认为这种战略蕴含一个观点,即庞大的穷人是一国的最大财富。这其实是一种误解,即使在17世纪,这种观点也颇为罕见。要说当时有人倡导低工资,其背后的理由也主要是认为,低工资能够带来低成本优势,着眼点主要在于争取更多的就业机会以及更低的必需品价格。

最后要谈一下延续与变迁的问题。前已可见,斯密为了树靶子的需要,把重商主义描画成跟自己观点格格不入的某种"对立面"。然而,更值得谈的是连续性,即本书所分析的那些文献如何开辟了以后年代的经济学发展。不妨斗胆言之,重商主义者涉及的诸多问题如今依然是我们面临的问题,尤其是与现代版经济现代化相关的那些问题。即使在关于市场经济运行的现代理论构建方面,也可看到重商主义与当代经济学之间的连续性,当今市场经济的运行固然非常复杂,但 17 世纪那时也不简单。

首先,显而易见,认为财富与实力紧密相连的观点,在 17 世纪与后来的经济思想和著作流派之间并无多大差异。在 19 世纪,可以看到出现了所谓"美利坚体制",相关人物有亚历山大·汉密尔顿、马修·凯里、亨利·凯里,还有弗里德里希·李斯特,他们阐发的理念均基于国家工业保护这一追求。[7] 尽管他们与重商主义者在气质、风格、想法上不无差别,但他们同样相信,工业经济总是优于农业经济。例如,汉密尔顿 1791 年向美国国会提交了一份《关于制造业的报告》,在此报告中,他为幼稚产业保护提出了一系列如今已成常识的支持论点,须知,这些论点与重商主义时代的劳动顺差论何其相似乃尔。

再比如,李斯特在其名作《政治经济学的国民体系》(1841 年)中构建了一个经济发展阶段理论,据称,一国从农业阶段中的自由贸易起步,进入工业化初期的保护主义阶段,再在工业化成熟阶段重新展开自由贸易。他猛烈攻击了英国人虚伪的或"臆想的世界主义",称其不过用来掩盖英国的私利,纯属英国怪异的"自利主义"。李斯特强调,每个国家都必须致力于扶持自己的"生产力",不要光顾眼前而忘了未来,而且,只有通过各国发展本国的生产力,才能迎来真正的世界主义。[8]

又比如,在考察 20 世纪时,我们也能看到类似观点,尽管语境会迥然有别。1970 年代末以来,莱斯特·瑟罗、詹姆斯·布兰德、芭芭拉·斯潘塞、保罗·克鲁格曼等战略贸易论者试图推翻托伦斯和李嘉图的比较优势论,代之以某种迈克尔·波特所谓"竞争优势"理论。[9] 他们的论点是,如今国际贸易的方式已经不能再用比较优势论来解释,也不能用简单的赫克歇尔—俄林定理来解释,国际贸易流动现在更由规模与品类、经济实力、规模效益递增所决定。布兰德—斯潘塞模型的基础(或者说呼吁"战略贸易政策"的理由)是,一国通过率先投资,可在特定产品的出口市场上占据稳固的地位,由此且能持续维持这一优势地位。在不完全竞争情况下(此种情况还少见吗?),既有行业中的沉淀投资构成了他人进入的障碍,反过来说构成了先发者的竞争优势,这种情况至少可见于高附加值或高科技含量的行业。如此而来的政策含义一目了然,政府的支持能够给某一行业带来竞争优势,并借此形成一国的长远收益。这显然为支持幼稚产业保护论找到了又一个理由,其对贸易政策的影响是毋庸置疑的。

还有,在20世纪的进口替代战略中,我们也可听到重商主义时代相关观点的遥远回声。进口替代论也具有一目了然的政策含义,照此理论,工业的确立会带来增值的生产及更多的就业。这也是为何那些批评自由贸易的经济学家,如劳尔·普雷维什和冈纳·缪尔达尔,在1960年代和1970年代纷纷强调,各方从国际贸易中的获益是不平等的,具体获益取决于所交换商品在使用中的价值,包括其使用中的产能价值。[10] 几百年前,在所谓重商主义者那里,部分人已经意识到,以增值性工业为形式的高生产潜能,能为发展程度更高的国家提供技术优势,而这种优势就可用来创造财富。

除此之外,英国17世纪讨论中涌现的其他观点,至今对我们仍有现实意义。例如,当时曾强调,在消费品市场和要素市场,价高或价低概由供求力量决定。更多地用供求来解释一般的价格形成,这本身是极其重要的一步。更有甚者,人们认为必须把经济看作"客观力量"互动而成的一个体系,这种观点意味着,经济领域也按自然体系那样的方式构建而成,依赖于亦可加以认识的若干原理。这里强调了系统一般的规律性,表明经济乃至社会都按照可预测的方式在运转,是诸多市场过程把价格、工资、利率、币值、汇率等变量联系了起来。例如,米塞尔登坚信:"买卖是双方同意下的一种自愿合约,彼此根据各自喜好进行交易,一切买卖中的协商和订约莫不如此。"这种观点显然始终与我们同在,始终具有指导意义。他接着还说:"贸易的过程包含天然的自由,不能由任何一方强加而来。一旦进入交易,可以绝对肯定,待完成时你不会比交易前境况更差。"[11] 这句话从1622年以来也始终受到世人热议。凡此种种,无不彰显了重商主义的历史先见性及其与当今的连续性。

注释:

1. C. Davenant, *An Essay Upon the Probable Methods of Making a People Gainers in the Balance of Trade*. London: R. Horsfield, 1699, p. 12.
2. L. Magnusson, "Is mercantilism a useful concept still?" In M. Isenmann (ed.), *Merkantilismus. Wiederaufnahme einer Debatte*. Stuttgart, Germany: Franz Steiner Verlag, 2014.
3. G. Schmoller, *The Mercantile System and its Historical Significance*. New York: The Macmillan Company, 1897, p. 77.
4. G. Schmoller, *The Mercantile System and its Historical Significance*. New York: The Macmillan Company, 1897, p. 77.
5. B. Supple, *Commercial Crisis and Change in England, 1600-1642*. Cambridge, UK: Cambridge University Press, 1969. See also for a similar view J. O. Appleby, *Economic Thought and Ideology in Seventeenth Century England*. Princeton, JN: Princeton University Press, 1978.
6. 这当然并不使他们成为现代意义上的"自由贸易论者"。See L. Magnusson, "Freedom and trade: from coporate freedom and jealousy of trade to a natural liberty". *Keio Economic Studies*, vol. XLIX (2013).
7. On this see L. Magnusson, "Introduction". In L. Magnusson (ed.), *Free Trade and Protectionism in America, 1822-1890*, vol. I, London:

Routledge, 2000.
8. On F. List, see Tribe, *Strategies of Economic Order: German Economic Discourse, 1750-1950*. Cambridge, UK: Cambridge University Press, 2007.
9. See J. Spencer and B. Spencer, "Tariffs and the extraction of foreign monopoly rents under potential entry". *Canadian Journal of Economics*, vol. XIV (1981); R. Kuttner, *The End of Laissez-Faire: National Purpose and the Global Economy after the Cold War*. Philadelphia, PA: University of Pennsylvania Press, 1991; M. Porter, *On Competition*. Boston, MA: Harvard Business School, 1998; P. Krugman, *Pop Internationalism*. Cambridge, MA: The MIT Press, 1999.
10. 有关普雷维什传, see E. J. Dosman, *The Life and Times of Raúl Prebisch, 1901-1986*, Montreal Kinston, Canada: McGill-Queen's University Press, 2008. 有关缪尔达尔贸易与发展方面的观点, see for example G. Myrdal, *An International Economy: Problems and Prospects*, New York: Harper, 1956.
11. E. Misselden, *Free Trade or the Meanes to Make Trade Florish*, p. 112. 就是这样的段落使得格朗普下结论说,在许多重商主义文本中存在自由主义因素。See W. D. Grampp, "The liberal elements in English mercantilism". *The Quarterly Journal of Economics*, 4, 1945.

索　引

（页码为英文版页码，请参照本书边码使用）

A

administrative economics,行政经济学,79—80

agricultural economy,农业经济,222

Ailesbury,Richard,艾尔斯伯里,理查德,107

Anglo-Dutch War(1652-74),英荷战争(1652—1674年),174

Appleby,J. O.,阿普比,J. O.,17,173

arch-type mercantilist,最典型重商主义者,221

Aristotle,亚里士多德,47,75,151,160

artificial wealth,人造财富,165—166

Ashley,W. J.,阿什利,W. J.,7,16,21,22,32,63,74,196,201

B

Bacon,Francis,培根,弗朗西斯,107,112,151—152,169,182,184—185,207,221

balance of payments,收支平衡,147

balance of power,力量均衡,177

balance of trade,贸易差额/平衡,135,141,147; and creation of wealth,与财富创造,101—107; decline in,的衰落,123—126; definition of,的定义,117; doctrine of,的学说,17,20,27,29,38,41,45,63,77,93,108,112,145,195—196; favourable,顺差 see favourable balance of trade;foreign paid incomes and,外国付酬与,117—122; labour,劳动,117; in retrospect,回视,126—127; specie-flow mechanism for,铸币流动机制,110,115,125,218

Bank of England,英格兰银行,192,203

bankruptcy,破产,135

Barbon, Nicholas, 巴贲, 尼古拉斯, 9, 11, 56, 61, 102, 104, 123—126, 150, 177, 191—193, 196—200, 201, 205, 209, 219

barter system, 以货易货, 204

Beccaria, Cesare, 贝卡利亚, 塞扎尔, 82—83

Becher, Johann Joachim, 贝歇尔, 约翰·约阿希姆, 86—89, 91; on system of reciprocal relationships, 论互惠关系体制, 87

Beer, M., 比尔, M., 111—112, 152

Bellamont, Lord, 贝拉蒙特勋爵, 205

bills of exchange, 汇票, 115, 139, 147, 161—162, 189, 198, 221

Blaug, M., 布劳格, M., 7, 18

Bodin, Jean 博丹, 让, 71—72, 74—75, 111, 156

Borniss, Jacob, 博尼茨, 雅各布, 83, 85

Botero, Giovanni, 博特罗, 乔万尼, 55, 65, 83, 118

Brenner, Robert, 布雷纳, 罗伯特, 47, 176

Breve Trattato (1613), 《简论》(1613年), 46, 64, 67, 117

Brief Observations Concerning Trade and Interest of Money (1668), 《贸易和货币利息简论》(1668年), 185, 193

Britain's Commercial Interest (1757), 《英国的商业利益》(1757年), 62

Britannia Languens (1680), 《虚弱的英国》(1680年), 12, 57, 60, 103, 109, 111, 113, 182

British Corn Laws (1846), 英国的《谷物法》(1846年), 3

Buck, Philip, 伯克, 菲利普, 175—176

bullion, 金银, 112, 146, 189, 206; import of, 的输入, 114, 117; restrictions against export of, 限制输出, 134, 191; surplus from foreign trade, 外贸盈余, 124, 208

Burke, P., 伯克, P., 10

buying and selling, mechanism, 买卖机制, 223

C

Cambridge School of Intellectual History, 剑桥思想史学派, 8

Cantillon, Richard, 坎蒂隆, 理查德, 77—78

Carey, Henry, 凯里, 亨利, 222

Cary, John, 卡里, 约翰, 66, 104, 118—119, 178, 191—192

Chamberlain, J., 张伯伦, J., 21—22

Chamberlen, Peter, 张伯伦, 彼得, 102

chartered companies, 特许公司, 145, 179

Child, Josiah, 蔡尔德, 乔赛亚, 9, 11, 56, 58, 61, 104, 118, 122—124, 126, 160, 177, 185—186, 190, 193—197, 199—203, 209, 219

Circle of Commerce or the Balance of Trade, The (1623),《商圈与贸易差额》(1623 年), 144

civic humanism, 公益人道主义, 193, 202

Clark, G. N., 克拉克, G. N., 34

Clement, Simon, 克莱门特, 西蒙, 191, 193, 205—206

Coats, A. W., 科茨, A. W., 33—34, 37

Cockayne, W., 科凯因, W., 142, 155

Cockaynes project, 科凯因计划, 136, 142—143

coins, debasement of, 铸币, 降低成色, 187

Colbert, J. B., 科尔贝, J. B., 3, 62, 70, 76—77, 83—85, 89, 91, 177, 180, 217

Coleman, D. C., 科尔曼, D. C., 1, 9, 17, 32—34, 36

commodity prices, demand and supply theory of, 物价的供求理论, 178, 204

Consuetudo vel Lex Mercatoria (1622),《习惯法与商业法》(1622 年), 156, 160

consultant administrators, 顾问行政官, 33, 54, 63, 69, 72, 74, 78, 92, 174, 219

corruption, 腐败, 193, 200, 202

Council of Trade, 贸易理事会, 134, 176, 185, 190, 194

Council of Trade and Plantations (1696-1700), 贸易与殖民地理事会 (1696—1700 年), 203

Cranfield, Lionel, 克兰菲尔德, 莱昂内尔, 107, 152

Culpepper, Thomas, 卡尔佩帕, 托马斯, 160, 183—186

Cunningham, W., 坎宁安, W., 16, 21—27, 31—32, 191

D

Davanzati, Bernardo, 达万萨蒂, 伯纳多, 82

Davenant, Charles, 达维南特, 查尔斯, 6, 9, 11, 58—59, 61—63, 77, 101, 104, 106, 110, 118, 123—

124,126,175,177—178,191,193,200—203
de Azpilcueta,Martin,阿斯皮奎塔,马丁,67
de Boisguilbert,Pierre,布阿吉尔贝尔,皮埃尔,77
de Mercado,Tomas,梅尔卡多,托马斯,67
de Mirabeau,M.,米拉波,M.,3,217
de Montechrétien,A.,蒙特克里因,A.,70—71,74—76,83,89—90;economic policies proposed by,提出的经济政策,76
de Santis,Marc,桑蒂斯,马克,65
de Soto,D.,索托,D.,67
de Uztáritz,G.,乌茨塔里兹,G.,68
de Vauban,Sebastian le Prestre,沃邦,塞巴斯蒂安·勒普雷斯特,77
de Vitoria,F.,费多礼亚,F.,67
Decker,Matthew,戴克,马修,56,104,110,112,121—123
Defoe,D.,笛福,D.,119,178,193
Della ragion di stato (1589),《论国家的理性》(1589 年),65
Der Teutsche Furstenstaat (1655),《德意志公国》(1655 年),84
Discourse Concerning Coining the New Money Lighter,A (1696),《新币轻铸论》(1696 年),197
Discourse of Coin and Coinage,A (1675),《论铸币及其铸造》(1675 年),189—190
Discourse of the Common Weal (1581),《论英格兰王国的福利》(1581 年),107,187
Discourse of the General Notions of Money,Trade and Exchange,A (1695),《论货币、贸易与兑换的一般观念》(1695 年),205
Discourse of the Nature,Use and Advantages of Trade,A (1694),《论贸易的性质、功用和利益》(1694 年),196
Discourses on the Public Revenues and the Trades of England (1698),《论英国的公共收入与贸易》(1698 年),200
Discourse of Trade,A (1621),《贸易论》(1621 年),105,134,145,179,194
Discourse of Trade,A (1690),《贸易论》(1690 年),197
Discourse Upon Coins (1588),《铸币论》(1588 年),82
Discourses Upon Trade (1691),《贸

易论》(1691 年),124
Discourse Upon Usury, A (1572),《论高利贷》(1572 年),160,183
drainage of coinage, reasons for, 铸币流失,其原因,187
Dutch republic, 荷兰共和国,176; balance of trade, 贸易差额,61; methods in order to snatch the trade of others, 抢夺他人贸易的方法,59—63; monopoly of the trade, 对贸易的垄断,60; freedom to foreigners, 给外国人的自由,57; political power and military strength, 政治与军事实力,55; rise of trade and industry, 贸易和工业的崛起,58; war of liberation against the Habusburgs, 反哈布斯堡的解放战争,55
Dutot, C., 迪托, C., 77

E

East India Company, 东印度公司,12,118,134,137,143—146,152,176,178—181,183,185,191,193,196
Eastland Company, 东地公司,137,175
economic doctrines, history of, 经济学说,其历史,7—8,25,121
economic globalization, 经济全球化,222
economic language, 经济话语,7—9,12,209
economistes, "纯经济学人",67,76—78
economy, Aristotelian concept of, 经济,亚里士多德的概念,76,81
Ekelund, R. E., 伊克伦, R. E., 17, 42—44,55
England, balance of trade for, 英国, 其贸易差额,177; cloth industry, 的毛纺织业,118,134; during the seventeenth century, 在 17 世纪,174—177; Navigation Acts (1651),《航海法》(1651 年),58,133,174—175,194—195; peace treaty with France, 与法国的和约,177
England's Looking in and out (1640),《英国内外观察》(1640 年),161
England's Treasure by Forraign Trade (1664),《英国得自对外贸易的财富》(1664 年),5,102,108,133—134,146,149,152—253
England's View in the Unmasking of Two Paradoxes (1603),《英国对揭露两个悖论的看法》

(1603年),156

English currency, revaluation of, 英国的货币,其币值重估,137,139,141

English Royal Society, 英国皇家学会,91

English textile industries, 英国纺织业,118,134;1620s discussion on,1620年代的有关讨论,135—141;cloth manufacture, development of, 呢绒加工的发展,137;market process, 市场运行过程,141—155

Essay of the East-India Trade, An (1697),《论东印度贸易》(1697年),200

Essay on the Probable Methods of Making the People Gainers in the Balance of Trade, An (1699),《论国民在贸易差额中成为得利者的可能方法》(1699年),200

Essay on the Ways and Means of Supplying the War, An (1695),《论筹措战费的方法》(1695年),200

Essays (1625),《论说文集》(1625年),107,112,151—152

exchange for moneys, 外币兑换,156

F

factory income, 工厂收入,117

Factum de la France (1705),《法兰西辩驳书》(1705年),77

favourable balance of trade, 贸易顺差,148,150,196,208;concept of, 的概念,107—108;decline in, 的衰落,123—126;foreign paid incomes and, 外国付酬与,117—122;foreign surplus, 对外顺差,116;and increase of the kingdom's stock, 与王国积存的增加,115—117;and inflation, 与通货膨胀,110—111;and money in the king's coffers, 与国王库房的货币,108—109;objective of, 的目标,109;profit from, 所得利润,108

Ferguson, Adam, 弗格森,亚当,82

Filip V., King, 腓力国王,68

fishing trade, in England, 渔业,在英国,60—61;competition from Dutch over, 来自荷兰的竞争,60

foreign exchange relations, theory of, 外汇关系,其理论,147,160

foreign money, demand for, 外国货币,其需求,221

foreign paid incomes, 外国付酬,163,

202; balance of trade and, 贸易差额与, 117—122; doctrines of, 的学说, 100, 125, 196, 219

Fortrey, S., 福尔特雷, S., 62, 102, 111, 176—177, 181, 194, 201

France, Kingdom of, 法兰西王国, 69—78; agricultural and other natural resources, 农业及其他资源, 75; balance of trade, 贸易差额, 77; ban of bullion export, 禁止金银输出, 70; Colbert's rise to power, 科尔贝掌权, 70; commerce and foreign trade, role of, 商业与外贸的作用, 70, 77; consultant administrators, 顾问行政官, 69; domestic production, 国内生产, 72; economic nationalism and self-sufficiency, 经济民族主义与自给自足, 71; *economistes*, "纯经济学人", 76—78; inflation and the rise of prices, 通货膨胀与价格上涨, 71; metal craft industry, 五金加工业, 75; policy of provision, 保障供应政策, 70, 72; religious and political turbulence, 宗教和政治动荡, 69; trade regulations, 贸易管控, 76—77; wealth creation, 财富创造, 77

Frederick the Great, 腓特烈大帝, 19

Free Trade or the Meanes to Make Trade Flourish (1622),《自由贸易或贸易繁荣的方法》(1622年), 143

"free trade" system, "自由贸易"体制, 3, 12, 45, 122, 125, 145, 180, 208, 223; concept of, 的概念, 179; during eighteenth and nineteenth centuries, 在18和19世纪, 179; imperialism in, 相关的帝国主义, 63, 126; international system of, 的国际体系, 24; protectionism *versus*, 保护主义对垒, 24, 208—209; regulated companies and, 特权公司与, 179—183

freedom of press, 出版自由, 173

Fürstliche Schatz- und Rentkammer (1686),《君主财政和国库》(1686年), 91

Further Condsiderations Concerning Raising the Value of Money (1696),《关于提高币值的再思考》(1696年), 204

G

Galiani, Ferdamamdo, 加利亚尼, 斐迪南多, 66—67, 82

Gee, Josiah, 吉, 乔舒亚, 59—60, 106—107, 119—120, 122, 178

Gemeinschaft organic order, 基于礼俗的有机秩序, 22

General Wealth of the Nation, 国家总财富, 58

Genovesi, Antonio, 吉诺维西, 安东尼奥, 66

German countries, 德意志邦国, 78—84; Cameralism, 官房学, 79—80, 84; commercial rivalry and power struggles, 商业竞争与权力角逐, 83; consultant administrators, 顾问行政官, 78; Habsburg dynasty, 哈布斯堡王朝, 78; history of economic thought and doctrines in, 经济思想与学说史, 79; importation of luxury wares, 奢侈品的进口, 79; international trade and commerce, 国际贸易与商业, 78; nexus between science and economic development, 科学与经济发展的联系, 80; Thirty Years' War (1618-1648), 三十年战争(1618—1648年), 79, 84; *Verfassung* of, 的宪法, 85

German *Sonderweg*, idea of, 德国独特性, 其观念, 16, 79—80

Gervaise, Issac, 杰维斯, 艾萨克, 125, 198

Gesellschaft industrial order, 基于法理的工业秩序, 22

Glorious Revolution (1688), 光荣革命(1688年), 173—174, 191

Goschen, G., 高申, G., 147

Gould, J. D., 古尔德, J. D., 35—36, 113—114, 133—134, 136—137, 150

Gournay circles, 古尔奈圈子, 3

Grampp, W. D., 格朗普, W. D., 41

Gresham, T., 格雷欣, T., 35—36, 144, 153, 156

Gresham's law, 格雷欣法则, 191

Grotius, Hugo, 格劳休斯, 雨果, 193

Guicciardini, Francesco, 圭恰迪尼, 弗朗切斯科, 65

H

Habsburg dynasty, 哈布斯堡王朝, 55, 68, 78

Hamilton, Alexander, 汉密尔顿, 亚历山大, 222

Hansa-verband, 汉萨同盟, 179

Harris, Joseph, 哈里斯, 约瑟夫, 6, 124, 209

Hartlib circle, 哈特利布圈子, 48, 169

注106,176

Hartlib Samuel,哈特利布,塞缪尔,47

Heckscher,E. F.,赫克歇尔,E. F.,1; *magnum opus*,大作,25; *Merkantilismen*(1931),《重商主义》(1931年),23; work on mercantilism,对重商主义的著述,23—28

Heckscher-Ohlin theorem,赫克歇尔—俄林定理,24,222

Henry IV,King,亨利四世国王,69,72—73

Hewins,W. A. S.,休温斯,W. A. S.,21—22

historical economics in Britain,school of,英国的历史经济学派,21—22

History of Italy(1537-40),《意大利史》(1537—1540年),65

Hobbes,Thomas,霍布斯,托马斯,91,207

Holy Roman Empire,神圣罗马帝国,78,80,86

I

industrial competition,工业竞争,121

industrial protection,national,国家工业保护,222

inflation,issue of,通货膨胀问题,110—111; and principle of price elasticity,与价格弹性原理,110

interest rates,利率,2,40,117,124,177—178,183—187,194—195,199,204,209,219,223

international trade,国际贸易,61,164; patterns of,的方式,222

Isenmann,M.,伊森曼,M.,76

J

"jealousy of trade","贸易的猜忌",2,46,55,61,118,220

Jevons,S.,杰文斯,S.,67

Johnson,E. A. J.,约翰逊,E. A. J.,2,33,45,117

"joint stock" companies,"合股"公司,47,180,191

K

Keynes,Lord,凯恩斯勋爵,8,16,31,37—41

king's coffers,money in,国王库房中的货币,108—109

L

labour balance,theory of,劳动差额

论,45,100,121,196,219

Laffemas,Barthélmy,拉菲马斯,巴泰莱迈,72—74;economic policies proposed by,提出的经济政策,76

laissez-faire,自由放任,16,22,24,28—29,38,87,180; *versus* protectionist tendencies,对垒保护主义趋向,126

Law,John,劳,约翰,9,77

Le Détail de la France（1695）,《法兰西详情》(1695年),77

liquid capital,流动资本,114,116,126,177

loan market,贷款市场,186

Locke,John,洛克,约翰,67,110—113,117,122,188—189,192,197—198,203,206

"Lombard bankers","伦巴第银行家",141

Lous XIV,King,路易十四国王,70,89,177,217

Lowndes,William,朗兹,威廉,192,204,206; re-coinage project,货币重铸计划,204

M

Machiavelli,Niccolo,马基雅维利,尼科洛,55,60,64—65,202

Malynes,Gerrard,马利内,热拉尔,17,36—37,66,101,107,110,114,134,138—148,151—164,155—156,158—159,164,181,183—188,221

Manley,Thomas,曼利,托马斯,186—187

marchandizing exchange, regulations of,经商兑换,相关监管,161—162,188

Marchant Exchanger,兑换商,138

Marx,Karl,马克思,卡尔,8,43—44,78,207

Melon,Jean-François,梅隆,让-弗朗索瓦,77

Menger,C.,门格尔,C.,21

mercantile system,重商体系,16,148; Brander-Spencer model of,布兰德—斯潘塞模型,223;concept of,的概念,1,2—7,19,217;definition of,的定义,19—21; development and underdevelopment,发达与欠发达,44—46; economic aspects of,的经济方面,24; economic history of,的经济史,31—37; German *Sonderweg* of,德国独特性,79; Heckscher's work on,

赫克歇尔的论著,23—28;
historical development of,的历史发展,19—23;Keynes' views on,凯恩斯的观点,37—41;politics of,的政治,175—176;in Prussia,在普鲁士,20—21;as rent-seeking society,形成寻租社会,42—43;social order of,的社会秩序,42;strategic trade policy,战略贸易理论,223

Mercantile System and its Historical Significance, The(1884),《重商体系及其历史意义》(1884年),79

Mercantilism and the East India Trade(1926),《重商主义与东印度贸易》(1926年),163

mercantile manifesto,重商主义宣言,133,146

Merchant Adventurers,冒险商人公司,137—138,142—143,163,175,179—180,182;export of bullion from Britain to the East Indies,从英国向东印度群岛输出金银,179

Mill,J.S.,穆勒,J.S.,4,121

Misselden,Edward,米塞尔登,爱德华,9,17,35—36,66,101,107,110—111,117,134,137—139,141—145,147—157,159,161—164,173,183,185—186,188,221,223

money,beneficial influence of steady flow of,货币,其稳定流入的有益影响,117;in circulation,流通中,112;demand of,的需求,204;drainage of,的流失,187;foreign exchange,外汇,221;foreign money,demand for,外币需求,221;impact on demand,对需求的影响,113;in the king's coffers,在国王库房中,108—109;as liquid assets,作为流动资产,111—115;methods for increasing supply of,增加其供应的方法,187;negative balance of trade,impact of,贸易逆差,其影响,123;net inflow of,的净流入,116,218;net surplus of,的净盈余,116;overplus of,的过剩,147;price paid for the loan of,为贷款付价,199;quantity theory of,的数量理论,67,71;in seventeenth century,在17世纪,187—190;stock of,的积存,105,111;supply of,的供应,

111,188,204; value of,的价值, 189—190

Money Answers to All Things (1734),《货币万能》(1734 年), 123

money-capital,货币资本,186

monopoly,垄断,42—43,45,60,89, 121,145,155,157—159,179— 180,182,191

Monroe,A.,门罗,A.,67

Montanari,Geminiano,蒙特纳里,赫米尼亚诺,82

Mun,Thomas,孟,托马斯,113— 114,133—134,137—138,145, 148,152—153,161,187,220; emphasis on balance of trade,重视贸易差额,141; humble report (1622),粗浅报告(1622 年),149; mercantilist manifesto,重商主义宣言,133—134; presentation of exchange relations,论述兑换关系,148

Myrdal,Gunnar,缪尔达尔,冈纳, 45,223

N

Naples,Kingdom of,那不勒斯王国, 64—67; currency exchange rates, 货币汇率,65; "favourable balance of trade" in goods,货物"贸易顺差",65; public debt,公债,64; share-cropping practices,收益分成法,64; shortage of money,货币紧缺,65; social and economic crisis,社会与经济危机,64

national gain, concept of,国家获利,其概念,106; by foreign trade,来自外贸,103

national income,国民收入,106— 107,109

National Product (GDP),国民产出（国内生产总值）,106

national stock, of treasure,国民财富存量,104

natural rights, doctrines of,自然权利学说,28

Navarra, Kingdom of,纳瓦拉王国,68

Navigation Act (1651),《航海法》(1651 年),58,70,133,174— 175,194—195

Neapolitan Enlightenment,那不勒斯启蒙运动,66

New Discourse of Trade,A (1693),《贸易新论》(1693 年),190, 194—196

Nicole, Pierre, 尼古拉, 皮埃尔, 78

Nine Years' War (1688-97), 九年战争 (1688—1697 年), 174, 177

North, Dudley, 诺思, 达德利, 104—105, 123—124, 126, 177, 191

O

Observations Upon the United Provinces of the Neitherlands (1673),《联省共和国见闻》(1673 年), 57

offshoring, 离岸经营, 62

Ortis, L., 奥尔蒂斯, L., 68, 219

overbalance, of commodities, 失衡, 商品的, 155—156; of trade, 贸易的, 141, 147, 161, 164

P

Parker, H., 帕克, H., 183

Peace of Utrecht (1713),《乌德勒支和约》(1713 年), *see* 参见 Utrecht, Peace of

Perrotta, C., 佩罗塔, C., 45—46, 68

Petty, William, 配第, 威廉, 104, 113, 192—193, 200, 206—208

Phillips, Erasmus, 菲利普斯, 伊拉斯姆斯, 68, 192

physical capital stocks, 实物资本存量, 115

polipoly, 众断, 180

Political Anatomy of Ireland (1691),《爱尔兰政治剖析》(1691 年), 207

Political Arithmetick (1690),《政治算术》(1690 年), 207

political commerce, administration of, 政治性商贸, 其管理, 120; rules for, 相关规则, 173

political economies, creation of, 政治经济, 其创立, 2, 19—20, 141, 147

political power, through economic means, 政治实力, 借助经济手段, 54—55

Politische Discurs (1668),《政论》(1668 年), 88

Polizei-wissenschaften, "治安科学", 82

Poor Man's Advocate, The (1649),《为穷人呼吁》(1649 年), 102

Postlethwayt, M., 波斯特韦特, M., 59, 62, 104—105, 108—109, 112, 116—117, 120, 173, 221

poverty, 贫穷, 46, 61, 68—69, 74, 103, 184, 206

Prebisch, Raul, 普雷维什, 劳尔, 45, 223

price, competition, 价格, 竞争, 62; inflation 通货膨胀, 110, 218; principle of elasticity, 弹性原理, 110; revolution, 革命, 68; theory of, 的理论, 193

Projet d'une Dime Royale (1707),《皇家什一税计划》(1707 年), 77

protection and money, system of, 保护与货币体制, 25

public debt, 公债, 64, 68

Pufendorff, Samuel, 普芬多夫, 塞缪尔, 78, 84, 193, 200

Q

Quantulumcunque Concerning Money (1695),《货币简论》(1695 年), 207

R

"rarity of money", causes for growth of, "货币荒", 加剧的原因, 114, 190

ready money, 现金, 41, 105, 116

regulated companies, 特权公司, 175, 179—183

Reinert, Erik, 赖纳特, 埃里克, 46, 66

Renaissance, 文艺复兴, 55

rent-seeking society, mercantilism as, 寻租社会, 重商主义本质, 42—43

"Report of Manufactures" (1791),《关于制造业的报告》(1791 年), 222

Roberts, L., 罗伯茨, L., 59, 103—104, 175, 182—183

Robinson, H., 鲁宾逊, H., 56, 60—61, 153, 161—162, 175, 188

Royal mint, 皇家造币厂, 189

Russian Company, 俄国公司, 137

S

Saint George for England, Allegorically Described (1601),《圣乔治对英国的讽喻式描述》(1601 年), 138, 159

Schaeffer, R., 西弗尔, R., 18

Schmoller, Gustav, 施穆勒, 古斯塔夫, 2, 11, 15—16, 19—28, 30, 46—47, 54, 220; definition of mercantilism, 对重商主义的定义, 20

Schumpeter, Joseph, 熊彼特, 约瑟夫, 3, 7, 10, 17—19, 33, 54, 64—65, 69, 72, 82, 101, 103, 105, 174, 219

"science of trade", "贸易科学", 174,

190—196,221; discussions on trade and economy,有关贸易和经济的讨论,177—178; England during the seventeenth century,17 世纪的英国,174—177

Sen,A. K.,森,A. K.,41

Senior,N. W.,西尼尔,N. W.,4

Serra,A.,塞拉,A.,46,63—68,117,218—220

Shaw,W. A.,肖,W. A.,139

Smith,Adam,斯密,亚当,2—4,8,11,18,29,100,217

Smith,Thomas,史密斯,托马斯,187

social imperialism,社会帝国主义,21—22

Spain,Kingdom of,西班牙王国,67—69; bullion trade,金银贸易,67—69; consultant administrators,顾问行政官,69; domestic industry,国内工业,69; foreign competition in agricultural products,农产品的外来竞争,68; price revolution,价格革命,68; tax system,税收制度,68

specie-flow mechanism,铸币流动机制,110,115,125,150,189,198,218

Staatswirtschaft(1755),《国家经济》(1755 年),81

Staple Act of 1662,1662 年《贸易中心法》,176

statute of employement,现金使用制度,136,143,178,188,190

stock of money,货币积存,104—105,109,113,187

Supple,Barry,萨普,巴里,17,36,136—137,139,149,220

supply and demand,供求,149; economic order of balance between,平衡的经济秩序,146—147; mechanism of,的机制,78,141,151,173,189,221,223

Surviranta,Bruno,苏维冉塔,布鲁诺,100

T

tabula rasa,"白板",164

tariff barriers,关税壁垒,20

Tautscher,A.,陶彻,A.,81

Temple,W.,坦普尔,W.,57—58,64,102,104

Thirty Years' War (1618-48),三十年战争(1618—1648 年),36,79,84,136—137

Thomas,Joseph,托马斯,约瑟夫,163

Tollison,R.,陶里森,R.,17,42—

44,55

Tory free traders,托利党自由贸易分子,63,77,105,201

Tract of Ursurie,A(1621),《论高利贷》(1621年),160,183

trade and economy,discussions on,贸易与经济的讨论,124,177—178

Trade and Navigation of Great Britain,The(1729),《英国的贸易和航运》(1729年),120

trade depression,贸易萧条,17,35,137,178

trade relationships,贸易关系,32,175,193

trade surplus,impact of,贸易盈余,其影响,110,163,194,199

trade unions,工会,22

Trattato della Moneta(1751),《货币论》(1751年),67

Treasure of Traffike,The(1641),《商贸的财富》(1641年),103,183

Treatise of the Canker of England's Common Wealth,A(1601),《论英国公共福利之积弊》(1601年),138,155

Treatise of Commerce,A(1601),《商业论》(1601年),179

Treatise of Taxes and Contributions,A(1662),《赋税论》(1662年),207

True Picture of a Modern Whig in Two Parts,The(1701-2),《现代辉格党人写真两篇》(1701—1702年),200

U

"underbalance" of trade,贸易"入超",164

unemployment,失业,39,134—135

Universal Dictionary of Trade and Commerce(1751-5),《贸易和商业通用词典》(1751—1755年),59

Utrecht,Peace of(1713),《乌德勒支和约》(1713年),119,174,177

V

value of money,货币的价值,189—190,204,206—207,221

value-added goods,export of,附加值产品,其出口,118

value-added industry,增值的工业,223

Vanderlint,J.,范德林特,J.,110,115,123,125

Vaughan, R., 沃恩, R., 114, 189—190, 209

Verbum Sapienti(1691),《献给英明人士》(1691年), 207

Verri, Pietro, 维里, 皮特罗, 82

Vickers, Douglas, 维克斯, 道格拉斯, 40

Villiers, George, 维里埃斯, 乔治, 107, 152

Viner, J., 瓦伊纳, J., 2, 16—18, 24—25, 29—31, 38, 101, 105, 108—110, 150, 217

von Hörnigk, Philipp Wilhelm, 霍尔尼克, 菲利普·威廉, 89—90

von Justi, Johan Heinrich Gottlieb, 尤斯蒂, 约翰·海因里希·戈特利布, 81

von Schröder, Wilhelm, 施罗德, 威廉, 90—92

von Seckendorff, Ludwig, 泽肯多夫, 路德维希, 84—86, 91

von Sonnenfels, Joseph, 宗南费尔斯, 约瑟夫, 82

W

wages, issue of, 工资问题, 62—63

Wakefield, A., 韦克菲尔德, A., 80

War of the Spanish Succession(1701-14), 西班牙王位继承战争(1701—1714年), 174

wealth, artificial, 财富, 人造的, 115; creation of, 的创造, 101—107; national stock of treasure and, 国家钱财的积存与, 104; physical capital stock and, 实物资本积存与, 115; ready money, 现金, 105; stock of money, 货币存量, 105

Wealth of Nations(1776),《国富论》(1776年), 3, 19, 37

Wheeler, J., 惠勒, J., 142, 146, 179, 182—183

Wichman, Christian August, 维希曼, 克里斯蒂安·奥古斯特, 66

Wilson, Charles, 威尔逊, 查尔斯, 17, 34—35, 38—39, 115, 175—176, 178, 183

Wilson, Thomas, 威尔逊, 托马斯, 160

Worsley, B., 沃斯利, B., 176

Wostenholme, John, 沃斯腾豪姆, 约翰, 152

Z

Zeitschrift,《学刊》, 23

图书在版编目(CIP)数据

重商主义政治经济学/(瑞典)拉斯·马格努松著；梅俊杰译．—北京：商务印书馆，2021(2022.5 重印)
(经济史与国富策译丛)
ISBN 978-7-100-19614-7

Ⅰ．①重… Ⅱ．①拉… ②梅… Ⅲ．①重商主义－政治经济学 Ⅳ．①F091.31

中国版本图书馆 CIP 数据核字(2021)第 035774 号

权利保留，侵权必究。

经济史与国富策译丛
重商主义政治经济学
〔瑞典〕拉斯·马格努松 著
梅俊杰 译

商务印书馆出版
(北京王府井大街36号 邮政编码100710)
商务印书馆发行
北京市十月印刷有限公司印刷
ISBN 978-7-100-19614-7

2021年10月第1版 开本 880×1230 1/32
2022年5月北京第2次印刷 印张 11¾
定价：58.00元